Bayerische Akademie der Wissenschaften

# Rundgespräche
der Kommission für Ökologie

# 5

Zustand und Gefährdung
der Laubwälder

Titelbild:

Kranke Eichen an der Mauer des Nymphenburger Schloßparks.

Links: Vergilbungsstufe I: Krone mit einzelnen, bereits leicht vergilbten Ästen.
Rechts: Vergilbungsstufe IIIa: vollständig vergilbte Krone mit abgestorbenen Ästen.

Stieleiche, *Quercus robur* L., im Winter-Habitus

Abb. wie die auf S. 10, 24, 80, 128 und 152 aus
»Der Wald« von E. A. Roßmäßler,
Leipzig u. Heidelberg, Winter'sche Verlagshandlung 1881

Bayerische Akademie der Wissenschaften

# Rundgespräche
## der Kommission für Ökologie

**5**

## Zustand und Gefährdung
## der Laubwälder

Rundgespräch
am 28. und 29. Oktober 1991
in München

Verlag Dr. Friedrich Pfeil
München, April 1993
ISSN 0938-5851
ISBN 3-923871-67-8

Die Deutsche Bibliothek - CIP-Einheitsaufnahme

**»Zustand und Gefährdung der Laubwälder«** : Rundgespräch am 28.
und 29. Oktober 1991 in München / Bayerische Akademie der
Wissenschaften. – München : Pfeil, 1993
(Rundgespräche der Kommission für Ökologie / Bayerische Akademie
der Wissenschaften ; Bd. 5)
ISBN 3-923871-67-8
NE: Bayerische Akademie der Wissenschaften <München>; Bayerische
Akademie der Wissenschaften <München> / Kommission für Ökologie:
Rundgespräche der Kommission ...

Copyright © 1993 by Verlag Dr. Friedrich Pfeil, München
Dr. Friedrich Pfeil, Nymphenburger Straße 26, D-8000 München 2
Alle Rechte vorbehalten

Satz: Desktop Publishing mit PageMaker®
Satzbelichtung: Printshop Schimann, Ingolstadt
Druck: Druckerei Braunstein, München
Buchbinderische Verarbeitung: Bierschneider & Partner OHG, München

Printed in Germany

– gedruckt auf chlorfrei gebleichtem Papier –

ISSN 0938–5851  –  ISBN 3-923871-67-8

# Rundgespräche der Kommission für Ökologie

Herausgegeben von der Bayerischen Akademie der Wissenschaften

Band 5 • April 1993

## »Zustand und Gefährdung der Laubwälder«

Rundgespräch am 28. und 29. Oktober 1991

## INHALT

| | |
|---|---|
| Verzeichnis der Vortragenden und der Diskussionsteilnehmer | 7 |
| Vorwort | 9 |
| Zusammenfassung | 11 |
| Zustand und Gefährdung der Laubwälder – Einführungsreferat   Edwin Donaubauer | 13 |
| Diskussion | 21 |
| Gesundheitszustand der Feldobstbäume   Walter Feucht | 25 |
| Diskussion | 31 |
| Absterbeerscheinungen an Eichen – Symptome, Ursachen und Verbreitung   Hartmut Balder | 33 |
| Diskussion | 44 |
| Eichensterben in Norddeutschland – Symptomatik und mögliche Ursachen   Ratburg Blank & Günter Hartmann | 45 |
| Diskussion | 57 |
| Eichenschäden in Bayern – Situation und Fragen nach den Ursachen   Josef Reindl | 59 |
| Diskussion | 68 |
| Das Programm zur Erforschung der Eichenerkrankungen in Österreich und einige vorläufige Ergebnisse   Herbert Hager | 69 |
| Untersuchungen über Eichenerkrankungen in Österreich   Christian Tomiczek | 81 |
| Diskussion | 84 |
| Epidemiologie und Ursachen der Eichenerkrankungen in Ungarn   Ferenc Varga | 85 |
| Diskussion | 89 |
| Forstökologische Untersuchungen über die Eichenerkrankungen in Rumänien   Nicolae Doniță, A. Alexe & T. Toader | 91 |
| Diskussion | 96 |
| Oak dieback in France: historical and recent records, possible causes, current investigations   Guy Landmann, M. Becker, C. Delatour, E. Dreyer & J.-L. Dupouey | 97 |
| Diskussion | 114 |

Bodenversauerung und Photosynthese von Buchen. Ergebnisse von Zeitvergleichen und einem Düngungsversuch   Walter Stickan, Michael Schulte & Michael Runge ............................................. 115

Diskussion ........................................................................................................................... 126

Photosynthese und Nährstoffgehalte von Buchen unterschiedlich stark $SO_2$-belasteter Standorte   Hardy Pfanz & Birgit Vollrath ......................................................................... 129

Diskussion ........................................................................................................................... 143

Mykoplasma-Krankheiten bei Laubgehölzen des Waldes in Europa   Erich Seemüller ................... 145

Diskussion ........................................................................................................................... 151

Eichenvergilbung im Raum München: eine Fallstudie   Otto Kandler & Margot Senser ................ 153

Abschlußdiskussion ............................................................................................................ 169

## Verzeichnis der Vortragenden (*)
## und der Diskussionsteilnehmer am Rundgespräch

* **Balder**, Hartmut, Dr., Pflanzenschutzamt Berlin, Moriner Allee 137, 1000 Berlin 37
* **Donaubauer**, Edwin, Prof. Dr., Institut für Forstschutz, Seckendorf Gudentweg 8, A-1130 Wien, Österreich
* **Donită**, Nicolae, Dr., Lab. f. Forstökologie, Dionisiu Lupu 74, AP 26, R-70184 Bukarest, Rumänien
* **Feucht**, Walter, Prof. Dr., Lehrstuhl für Obstbau, Technische Universität München, D-(W)-8050 Freising-Weihenstephan
  **Fuchs**, Alfred, Forstrat, Lehrstuhl für Waldbau, Hohenbachernstraße 22, D-(W)-8050 Freising-Weihenstephan
* **Hager**, Herbert, Univ. Doz. Dr., Institut für Forstökologie, Peter Jordanstraße 82, A-1190 Wien, Österreich
* **Hartmann**, Günter, Dr., Niedersächsische Forstliche Versuchsanstalt, Grätzelstraße 2, D-(W)-3400 Göttingen
* **Huber**, Franz, Prof. Dr. Drs. h.c., Watzmannstraße 16, D-(W)-8130 Starnberg
* **Knoppik**, Dietmar, Prof. Dr., Technische Universität München, D-(W)-8050 Freising-Weihenstephan
  **Kreutzer**, Karl, Prof. Dr., Hohenbachernstraße 22, D-(W)-8050 Freising-Weihenstephan
* **Kandler**, Otto, Prof. Dr., Drs. h. c., Botanisches Institut der Universität München, Menzinger Straße 67, D-(W)-8000 München 19
* **Landmann**, Guy, Département de la Santé des Forêt; INRA Centre de recherches forestières F-54 280 Champenoux, Frankreich
  **Matzner**, Egbert, Prof. Dr., Lehrstuhl für Bodenkunde, Postfach 10 12 51, D-(W)-8580 Bayreuth
* **Pfanz**, Hardy, Dr., Julius v. Sachs Institut für Biowissenschaften, Lehrstuhl Botanik II, Mittlerer Dallenbergweg 64, D-(W)-8700 Würzburg
  **Rehfuess**, Karl-Eugen, Prof. Dr., Hohenbachernstraße 22, D-(W)-8050 Freising
* **Reindl**, Josef, Dr., Ltd. Forstdirektor, Bayerische Forstliche Versuchs- und Forschungsanstalt, Hohenbachernstraße 20, D-(W)-8050 Freising
* **Runge**, Michael, Prof. Dr., Systematisch-Geobotanisches Institut der Georg-August-Universität, Untere Karspüle 2, D-(W)-3400 Göttingen
  **Schneider**, Dietrich, Prof. Dr., Sandstraße 15, D-(W)-8130 Starnberg
  **Schmidt**, Olaf, Forstrat, Bayerisches Staatsministerium für Ernährung, Landwirtschaft und Forsten, Praterinsel 1, D-(W)-8000 München 22
  **Schöter**, Hansjochen, Forstdirektor, Forstliche Versuchs- und Forschungsanstalt, Abt. Waldschutz, Wonnhalde 4, D-(W)-7800 Freiburg i. Breisgau
  **Schwertmann**, Udo, Prof. Dr., Lehrstuhl für Bodenkunde, Technische Universität München, D-(W)-8050 Freising-Weihenstephan
* **Seemüller**, Erich, Prof. Dr., Biologische Bundesanstalt für Land- und Forstwirtschaft, Institut für Pflanzenschutz im Obstbau, Schwabenheimer Straße 101, D-(W)-6915 Dossenheim
* **Tomiczek**, Christian, Dr., Institut für Forstschutz, Forstliche Bundesversuchsanstalt, Wien, Seckendorff Gudentweg 8, A-1131 Wien, Österreich

\* **Varga**, Ferenc, Doz., Universität für Forst- und Waldwesen, Pfl. 132, H-9410 Sopron, Ungarn

**Weber**, Michael, Dr., Lehrstuhl für Waldernährung und Forst., Hohenbachernstraße 22, D-(W)-8050 Freising-Weihenstephan

**Ziegler**, Hubert, Prof. Dr. Dr. h.c., Institut für Botanik und Mikrobiologie, Technische Universität, Arcisstraße 16, D-(W)-8000 München 2

**Zöttl**, Heinz, Prof. Dr., Institut für Bodenkunde und Waldernährung, Universität Freiburg, D-(W)-7800 Freiburg i. Breisgau

# Vorwort

Nach den Ergebnissen der Waldzustandsinventuren sind die Blattverluste der Buchen- und Eichenwälder in der Bundesrepublik Deutschland seit 1987 stark angestiegen und verharren bis heute auf hohem Niveau, während bei Fichte, Kiefer und Tanne Phasen zunehmender Kronenverlichtung mit solchen der Erholung wechseln. Die Ursachen dieser Blattverluste bei den Laubbaumarten sind bisher weitgehend unbekannt; breit angelegte, interdisziplinäre Fallstudien, die zu einer Erklärung dieser Kronenschäden beitragen, liegen nur für die Eichen in einzelnen Waldregionen vor.

Aus diesem Grund lud die Kommission für Ökologie der Bayerischen Akademie der Wissenschaften am 28. und 29. Oktober 1991 namhafte Forscher aus Mittel- und Westeuropa zu einem Rundgespräch über den Zustand und die Gefährdung der Laubwälder ein. Dabei sollten der Kenntnisstand umfassend beschrieben, die Forschungsergebnisse über die Krankheitsphänomene ausführlich verglichen und diskutiert, die Rolle der Luftschadstoffe abgeklärt und der zukünftige Forschungsbedarf erhoben werden.

Der vorliegende Band informiert über die anläßlich dieser Besprechung vorgetragenen Referate, die daran anschließenden Diskussionen und die Schlußfolgerungen aus diesem 2-tägigen intensiven Meinungsaustausch

Prof. Dr. Dr. h.c. H. Ziegler                                    Prof. Dr. K. E. Rehfuess

Stieleiche, *Quercus robur* L., im Sommer-Habitus

# Zusammenfassung

Am 28. und 29. Oktober 1991 veranstaltete die Ökologie-Kommission der Bayerischen Akademie der Wissenschaften in ihren Räumen am Marstallplatz 8 ein Rundgespräch über den Zustand und die Gefährdung der Laubwälder.

In einem intensiven Gedankenaustausch zwischen Fachleuten aus der Bundesrepublik Deutschland und den angrenzenden Ländern wurde versucht, die bislang kaum verstandenen Schädigungen insbesondere von Eichen- und Buchenwäldern besser zu definieren, Erklärungshypothesen auszutauschen und Leitlinien für die weitere Forschung zu entwickeln.

Als Ergebnis ist festzuhalten:

1. Die Übersicht über den Forschungsstand zu den Erkrankungen von Eichen und Buchen in Norddeutschland, Frankreich, der Schweiz, in Österreich, Ungarn und Rumänien ergab, daß in den Stiel- und Traubeneichenwäldern dieses Raumes mehrere deutlich zu unterscheidende Erkrankungstypen auftreten. Sie haben verschiedenartigen Verlauf, weisen spezifische Symptome auf und werden durch verschiedenartige Ursachen ausgelöst und bestimmt (z. B. Eichenerkrankungen des Typs A, B und C in Norddeutschland, Stieleichen-Erkrankungen in Frankreich, verschiedene Erkrankungen von Stieleiche und Traubeneiche in Ungarn). Für die Rotbuche fehlen dagegen bislang sowohl eine exakte und umfassende Beschreibung der Schäden und Streßfaktoren als auch plausible Arbeitshypothesen.

2. Bei keiner der vorgetragenen Fallstudien zu den Eichen- und Buchen-Erkrankungen wurden Luftschadstoffe als maßgebliche Schadfaktoren identifiziert, und zwar weder hinsichtlich ihrer Wirkung auf die Blattorgane noch im Hinblick auf mittelbare Effekte über den Boden. Bei den Eichenerkrankungstypen spielen vielmehr ganz offensichtlich Wechselwirkungen von Witterungsstreß (Spätfröste z. Zt. des Austriebs, extreme Wintertemperaturen, ungewöhnliche Folgen von Trockenjahren), Insekten- und Pilzschäden eine dominierende Rolle; dabei haben die einzelnen Faktoren regional und typenspezifisch wechselndes Gewicht. Die meisten Referenten messen Witterungsstreß eine wichtige Rolle bei der Auslösung der häufig komplexen, langwierigen Erkrankungen bei Laubbäumen zu. Wassermangel und/oder Frosteffekte setzen die Vitalität der Eichen herab und fördern blattfressende Insekten; die so induzierte Schwächung nützen Eichen-Prachtkäfer, pilzliche Bastparasiten und der Wurzelschädling Hallimasch aus, um die betroffenen Bäume weiter zu beeinträchtigen oder zu töten (Sterberate etwa 1-3 Bäume je ha und Jahr). Ungünstige Bodenverhältnisse - natürlich oder anthropogen bestimmt - sind lokal oder regional beteiligt.

Mehrfach wurde erwähnt, daß ähnliche Epidemien in Mitteleuropa/Nordamerika bereits früher auftraten und durch Erholungsvorgänge abgelöst wurden.

3. In allen Fällen fehlen noch eine detaillierte und vollständige Aufklärung des Erkrankungsverlaufs und der beteiligten Prozesse sowie die experimentelle Verifikation der Hypothesen zur Erklärung des Erkrankungsgeschehens; zuweilen steht sogar die umfassende Beschreibung der Symptome noch aus. Diese Aufklärung wird besonders erschwert durch den Umstand, daß zwischen der Induktion der Schäden und der Ausprägung der ersten auffallenden Symptome Jahre oder Jahrzehnte vergehen können. Eine zusätzliche Schwierigkeit ergibt sich daraus, daß vielfach Wurzelparasiten beteiligt, der Beobachtung aber nur schwer zugänglich sind. Von vielen Referenten wurde die Notwendigkeit intensiver Wurzelstudien zur Erforschung der Eichenschäden betont.

4. Für die lückenlose Aufklärung der Schadenstypen an Eiche und Buche ist eine intensive Zusammenarbeit von Phytopathologen, Entomologen, Klimatologen, Physiologen und Biochemikern sowie Standortskundlern Voraussetzung. Den phytochemischen Resistenzmechanismen von Eiche und Buche gegenüber blattfressenden Insekten und Wurzelparasiten und der Schwächung dieser Resistenzen kommt dabei besondere Bedeutung zu.

5. Die Komplexität der Krankheitsphänomene einerseits und das geringe Potential an erfahrenen Experten andererseits erfordern zwingend internationale Zusammenarbeit. Diese sollte sich erstrecken auf
   – nach einheitlichem Arbeitsplan durchzuführende Fallstudien zur Beschreibung der Schäden und zur Identifikation plausibler Schadursachen und
   – das Aufklären der Krankheitsabläufe nebst physiologisch-biochemischem Hintergrund in international und interdisziplinär zusammengesetzten Arbeitsgruppen.

# Zustand und Gefährdung der Laubwälder

– Einführungsreferat –

Edwin Donaubauer *

## Zusammenfassung

Symptome von Laubbaum-Erkrankungen treten oft mit großer Verzögerung in Erscheinung, vor allem wenn eine Schadeinwirkung im Wurzelkörper vorliegt. Gegenwärtig treten ähnliche oder gleiche Streßsymptome in Europa weitverbreitet auf, was Parallelen in anderen Kontinenten und auch früheren Perioden findet. (Beispiele hierfür werden behandelt.)

Häufig genannte und als neu apostrophierte Symptome (Blattfall, schüttere Krone, Kroneneinzug, Kleinblättrigkeit etc.) werden kritisch diskutiert und als unspezifisch und überwiegend altbekannt erläutert.

Allen Gebieten mit Schadsymptomen ist gemein, daß Witterungseinflüsse als primäre Auslöser am ehesten in Frage kommen; andere Stressoren - einschließlich der Immissionen von Luftverunreinigungen - variieren von Region zu Region und dürften im Großteil der Schadgebiete eher einen Verstärkereffekt als einen Primäreinfluß darstellen.

Zum besseren Verständnis der Wirkungsgefüge werden Forschungsaktivitäten über den Wurzelkörper, wenig erforschte Organismen und deren physiologischen Fernwirkungen (Toxine) als wünschenswert erachtet.

## 1 Einleitung

Mehrere Laubbaumarten weisen in vielen europäischen Ländern zu einem bestimmten Prozentsatz Veränderungen in Belaubung und Krone, oder sogar - wie besonders bei Eiche - eine ungewohnt hohe Mortalitätsrate auf. Nachdem ähnliche Kronenbilder schon etwas länger bei den meisten Koniferenarten beobachtet worden waren, sind die Erscheinungsbilder Anlaß zu Sorge und nicht selten auch zu monokausalen Erklärungsversuchen und Spekulationen. Wenig Beachtung schenkte man bisher der phytopathologischen Fachliteratur, die seit etwa 130 Jahren zur einen oder anderen Frage anwendbare Hinweise und Erkenntnisse liefert; es ist daher nicht verwunderlich, daß man dann die gegenwärtigen Probleme samt und sonders als neu und erstmalig betrachtet.

Im Rahmen dieses Einführungsreferates können und sollen nicht alle Aspekte der vielschichtigen Problematik ausgewogen und erschöpfend behandelt werden, doch möchte ich versuchen, durch meine Auswahl von Beispielen einige grundsätzliche Aspekte zu beleuchten und Schlaglichter auf wichtige Fragestellungen zu werfen. Die nachfolgenden Vorträge werden eine Reihe von Problemen besonders herausstellen, weshalb ich trachte, mich bei dem so präsentierten Thema besonders kurz zu halten.

---

* Donaubauer, Edwin, Prof. Dr., Institut für Forstschutz, Seckendorff Gudentweg 8, A-1131 Wien, Österreich

## 2 Zum Faktor Zeit

### 2.1 Reaktions- und Erholungszeiten

Je nach Qualität und Quantität (Einwirkungsstärke und -dauer) von Stressen treten phänologische Veränderungen der Baumkronen mit einer mehr oder weniger langen Verzögerungszeit auf; das bedeutet, daß wir von vornherein nicht wissen, wann die entscheidende (auslösende) Stress-Situation eingetreten war, ob sie mittlerweile längst nicht mehr oder noch einwirkt. Diese Ungewißheit bringt erhebliche Schwierigkeiten für alle Versuche und Untersuchungen, die nahezu ausschließlich erst dann eingesetzt haben, als die Symptomausprägungen makroskopisch aus der Froschperspektive erkennbar geworden sind. Die heutzutage oft erfreulich detaillierten Untersuchungen über gegenwärtige, abiotische und biotische Stressoren sind und bleiben mit dem Fragezeichen belastet, ob sie auch für eine retrospektive Interpretation brauchbar sind. Dies können wir nicht ändern, sollten aber das Problem stets in Erinnerung behalten, um Schlußfolgerungen entsprechend zu relativieren.

Die Problematik Reaktionszeit darf ich mit folgenden Beispielen illustrieren:

– Wenn man im Zuge von Bautätigkeiten (zu beobachten vor allem im urbanen Bereich) Eichen höheren Alters übererdet, d. h. durch Planierungen oder Aufschüttungen die Distanz zwischen Bodenoberfläche und Rhizosphäre erheblich (vielleicht 1 m oder mehr) verändert wird, tut sich viele Jahre gar nichts. Häufig dauert es mehr als zehn Jahre, bis die Rinde am Stammfuß aufzureissen beginnt und sich Streßsymptome im Kronenbereich erkennen lassen (schüttere Belaubung, partielle Vergilbung, allmählich Einzug der Krone, d. i. Absterben der oberen Krone). Vom Auftreten dieser Symptome bis zum Absterben des Baumes können nun wieder einige Jahre vergehen und können zuletzt mancherlei biotische Krankheitserreger beteiligt sein (nahezu obligat findet man dann Hallimasch-*Armillaria* sp. -Befall).

– Kraftwerksbauten an der Donau haben in Österreich in manchen Gebieten Anhebungen und anderswo Absenkungen des Grundwasserspiegels bewirkt. Die Laubwaldbestände der betroffenen Gebiete haben keineswegs spontan reagiert. Auch in diesen Bereichen hat es an die zehn Jahre oder länger gedauert, bis es bei Pappel, Erle, Ulme, Eiche und Esche - scheinbar - plötzlich nach wiederum etwa einem Dezennium die Symptome von Kroneneinzug, Blattvergilbung, Schütterkeit der Krone und schließlich oft auch erhöhte Mortalität gegeben hat. Wieder war - besonders auffallend bei Pappel - *Armillaria*-Befall zuletzt beteiligt. Die Geschwindigkeit der Symptomausprägung scheint sehr stark von den jährlichen Niederschlagsverhältnissen beschleunigt oder verzögert worden zu sein. (Vgl. auch gleiche Erfahrungen in Canada: Rood & Heinze-Milne, 1989.)

– Andererseits führen extreme Hagelschläge relativ rasch zu einer Symptomausprägung: Unmittelbar erfolgt eine Ausdünnung der Krone, die je nach Zeitpunkt des Ereignisses noch im selben Jahr durch Ersatztriebbildung egalisiert werden kann. Schwere Hagelschläge und deren Folgen (z. B. durch *Nectria*-Befall bei Buche) führen bei Eiche und Buche etwa ab dem zweiten Jahr nach dem Ereignis zur Ausprägung schwerer Krankheitssymptome (schüttere Krone, Vergilbung, Kleinblättrigkeit, Absterben, Ganzbaum-Mortalität). Beispiele für derartige Krankheitsverläufe lassen sich recht häufig im ost-steirisch/burgenländischen Raum (wie gegenwärtig im Bezirk Hartberg/Stmk. und vor wenigen Jahren bei Bernstein im Burgenland) erleben.

Der Baum beweist also hinsichtlich Symptomausprägung eine mehr der weniger lange währende »Geduld«. (Vgl. hierzu auch Falck 1918 u. 1924.)

Aber auch die Zeichen einer Regeneration lassen auf sich warten; dies trifft besonders dann zu, wenn es zu abnorm hoher Mortalitätsrate im Wurzelkörper gekommen ist. Wenn ein Baum - durch welche Ursachen immer - einen unüblich hohen Prozentsatz an Fein- oder gar Grobwurzeln verloren hat, kann er diese Verluste nicht leicht im Jahr nach Wegfall der Ursache ersetzen und die oberirdischen Teile wieder versorgen wie vorher. Sind die Wurzeln z. B. durch extreme Trockenheit abgestorben, darf man nicht erwarten, daß sich ein niederschlagsreiches Jahr sofort positiv auswirkt. Die Regenerationsfähigkeit der Wurzeln nimmt nach meinen Erfahrungen mit dem Alter der Bäume ab und ist selbstverständlich von Baumart zu Baumart sehr verschieden. Ferner ist bekannt, daß der Kronenzustand (Assimilationsleistung, Wasserverbrauch) die Regeneration der Wurzeln ganz wesentlich beeinflußt. Ist es zum Absterben einiger alter Wurzeln (samt dem dazugehörigen Feinwurzelsystem) gekommen, erleidet der Baum nicht nur den Ausfall an Wasser- und Mineralstoffversorgung, sondern auch eine Verringerung seiner Standfestigkeit (z. B. bei Windbeanspruchung) und bietet bodenbürtigen Pathogenen zahlreiche Eintrittspforten. So tritt offensichtlich sehr häufig der Fall ein, daß z. B. *Armillaria* spp. (Hallimasch) diese Chancen rasch nützt und stock- bzw. stammwärts vordringt und auf diesem Wege weitere Teile des Wurzelkörpers tötet. Regeneration und Verlust an Wurzelmasse bleiben daher durch das Hinzutreten von Wurzelpathogenen noch lange in Konkurrenz und verzögern die Erholung der oberirdisch erkennbaren Krankheitssymptome - oder es kommt lange nach dem Aufhören der schädigenden Einwirkungen noch zu einem weiteren Dahinsiechen und sogar Absterben von Bäumen.

Selbst bei einmaligen Schadereignissen, die nur die Zweige und Äste betreffen, wie starke Hagelschläge, tritt ein solcher Verzögerungseffekt durch das Hinzutreten von Pathogenen ein: Bei Buche werden die anfangs gar nicht sichtbaren Prellungen sehr häufig durch *Nectria* sp. besiedelt, wodurch es häufig zwei Jahre später zu fortschreitenden Rindennekrosen und Ast- bzw. Kronensterben kommt. Hagel-geschädigte Eichenkronen werden überwiegend von *Stereum* spp. besiedelt, wodurch nach Jahren noch ein sekundäres Zurücksterben der Äste folgt.

## 2.2 Synchrones Auftreten von Laubbaumschäden?

Vielleicht ist es tatsächlich neu, daß ähnliche oder gleiche Streßsymptome bei einigen Laubbaumgattungen und -arten in vielen Ländern Europas einigermaßen gleichzeitig auftreten: So sind Eichenprobleme von Westeuropa bis Rumänien und bis in den asiatischen Teil der früheren USSR beobachtet worden; auch bei Buche ist das betroffene Areal sehr groß - wenngleich offenbar kleiner als bei Eiche. Auf diese Baumarten (*Quercus robur* und *petraea*, *Fagus sylvatica*) konzentriert sich das Interesse; in Vergessenheit scheint geraten zu sein, daß - Anfang der 80er Jahre - zuerst oder zugleich Schadsymptome an Esche (*Fraxinus excelsior*) aufgefallen sind, die sich aber nur ein paar wenige Jahre zeigten. Ahorn- (*Acer*), Birken- (*Betula*) und Erlen- (*Alnus*) Arten werden kaum beachtet, obwohl auch sie kurzfristig und kleinregional schüttere Kronen hatten; gänzlich unbeachtet schien geblieben zu sein, daß im Alpenraum zu allererst (Mitte der 70er Jahre) bei *Alnus viridis* ein flächenhaftes Absterben oder zumindestens Zurücksterben bis Bodennähe zu beobachten gewesen ist. Das allmähliche Fortschreiten der Eichenerkrankung von Ost-Ungarn bis Ost-Österreich legte die Vermutung nahe, daß ein Pathogen - und zwar eine *Ceratocystis*-Art - eine ähnliche Rolle spielte wie der Erreger eines Eichensterbens in Nordamerika. Diese Vermutung hat sich nicht bestätigen lassen; interessant ist aber, daß die Erholung der Eichenwälder in diesem Raum ebenfalls von Ost nach West fortschreitet.

## 2.3 Haben die gegenwärtigen Laubwaldprobleme Parallelen in früheren Perioden oder auch außerhalb Europas?

In weiten Gebieten West-, Nord- und Mitteleuropas war im Gefolge von Koniferenproblemen - die wir heute als Waldsterben bezeichnen würden - während der ersten zwei Dezennien des Jahrhunderts auch ein Eichensterben aufgetreten.

Wiederholt war auch von Buchen-Problemen berichtet worden. Auch bei der einen oder anderen Laubbaumart sind mehr oder weniger kleinregional »Sterben« beschrieben worden. Es scheint jedoch in Europa die gegenwärtigen geografischen Ausmaße der Schäden früher nicht gegeben zu haben.

Sehr detailliert sind aber in der gemäßigten Klimazone Laubwald-Probleme aus Nordamerika dokumentiert:

*Acer*: In Nordamerika hält man bis zu fünf verschiedene Ahorn-Sterben auseinander. Vor allem in Nordosten sind die Krankheitserscheinungen des allgemeinen Ahornsterbens bereits seit den 50er Jahren aufgefallen, in den USA zeichnete sich während der 60er Jahre eine Erholung ab (mit Ausnahme stark geschädigter Bäume), während sich die Erkrankung in Canada noch viel länger hinzog. (Hibben, 1962; Griffin, 1965; Kessler, 1963; Welch, 1963; Linzon, 1986.)

**Betula:** Vor allem *Betula alleghaniensis* (etwas weniger auch *B. papyrifera*) litten ab den 30er Jahren schwer in Canadas Maritime Provinces, von wo sich die Krankheitserscheinungen gegen Süden und Westen auch in die USA (Maine, New Hampshire, Vermont, New York) ausbreiteten. Tausende Hektar von Birkenbeständen wurden damals weitgehend vernichtet. In machen Gebieten war die Krankheit noch Anfang der 60er Jahre zu beobachten. (Clark & Barter, 1958; Hepting, Fowler & Marvin, 1962; Redmond, 1955; Hepting, 1971.)

**Fraxinus:** *(F. americana und pennsylvanica)*: Das Eschensterben in den USA - New England, New York bis Michigan - begann in den frühen 40er Jahren; bis 1960 sind z. B. im Staat New York etwa 37 % aller *F. americana* abgestorben oder waren absterbend. (Silverborg, Risley & Ross, 1963; Ross, 1964.)

**Liquidambar styraciflua:** Ein *Liquidambar*-Sterben im nahezu ganzen Verbreitungsgebiet erreichte zwischen 1950 und 1960 alarmierende Ausmaße. Im gleichen Gebiet entlang des Mississippi zeigten gleichzeitig Pappel und Weide, sowie Ulme Absterbeerscheinungen. (Toole, 1959.)

**Quercus:** Verschiedene Eichenarten litten unter schweren Schädigungen in den frühen 60er Jahren, weitverbreitet in USA und Canada. Das »Eichensterben« währte in Pennsylvania über 10 Jahre (Dance, 1959; Nichols, 1968; Staley, 1965). Synchron mit den europäischen Eichenproblemen wird auch aus Kolumbien aus jüngerer Zeit (ab 1987) von einem Eichensterben *(Qu. humboldtii)* berichtet (Correa, 1988).

Erwähnt sollte auch werden, daß es im pazifischen Raum, in Süd- und Südostasien in derselben Periode europäischer Waldsterbens-Phänomene vergleichbare Ereignisse bei subtropisch-tropischen Laubbaumarten gegeben hat, bzw. z. T. diese noch anhalten. Mit Aufmerksamkeit sollte vielleicht auch bedacht werden, daß in gebirgigen Gebieten (wie in Sri Lanka, Nordostborneo, Hawaii) ganz bestimmte Höhenzonen besonders betroffen waren. (Vgl. z. B.: White, 1986; Mueller-Dombois, Jacobi, Cooray & Balakrishnan, 1982; Mueller-Dombois, 1983; Jane & Green, 1983.)

## 3 Symptome und Krankheitsverläufe

Manche Schadursachen lösen spezifische Symptome aus; dies gilt z. B. für manchen Insektenfraß an Blattorganen (Buchenspringrüßler: *Rhynchaenus fagi*, Eichenwickler: *Tortrix viridana*), für einige Pilzkrankheiten (Buchenblattbräune: *Apiognominia errabunda*; Eichenmehltau: *Microsphaera alphitoides*) und oft auch für Hagelschäden, Sonnenbrand u. a. m..

Wenn man sich die Mühe macht, während der Vegetationszeit mehrmals den Baum genauer zu betrachten und auch Proben für mikroskopische Untersuchungen zu gewinnen, wird man eine Reihe weiterer Schadverursacher bestimmten Symptomen zuordnen können, so z. B. Gallmilben-Befall in Buchenkronen als Ursache von Blattdeformationen und -verfärbungen (seit Jahren kommt ein solcher Befall im Gradationsstadium weitverbreitet in den Buchenbeständen Österreichs vor).

Leider beschränken sich die diversen Waldschadensbeobachtungen in den meisten Ländern Europas auf eine mehr als grobe Erhebung von visuell aus der Froschperspektive erkennbaren Veränderungen von Blättern und Habitus u. dgl; dies geschieht aus technischen und budgetären Gründen auch nur einmal während der Vegetationszeit. Zwangsläufig sind die so erhobenen Merkmale zumeist unspezifisch und können einmal durch diese, einmal durch jene Ursache herrühren. Für eine Ursachenzuordnung oder wenigstens -vermutung sind solche Vorgangsweisen wissenschaftlich völlig unbefriedigend und nicht einmal gut geeignet, einen allgemeinen Waldzustand zu charakterisieren.

Im Zuge der gegenwärtigen Laubwaldprobleme in Europa werden vor allem folgende Symptome herausgestellt:

– Spontaner Abfall grüner Blätter im Sommer: Dies wurde 1983 in Süddeutschland und in Westösterreich in vielen Buchenbeständen beobachtet; 1991 war eine gleiche Erscheinung in Schwarzerlen-Beständen *(Alnus glutinosa)* in Ostösterreich zu beobachten gewesen.

Die physiologisch-biochemischen Voraussetzungen dieses sommerlichen Blattfalles sind seit langem bekannt und wiederholt in europäischer und nordamerikanischer Literatur beschrieben, wobei auch der Zusammenhang mit bestimmten Witterungskonstellationen betont wird.

- Schüttere Krone: Zahlreiche Ursachen (abiotischer Natur wie Hagel, Frost, oder biotischer Natur wie Arthropoden) können hierfür ebenso in Frage kommen, wie Probleme im Wurzelbereich.

- Kleinblättrigkeit und Vergilbungserscheinungen: Diese Symptome werden bereits bei den oben kurz zitierten früheren Laubbaumproblemen Nordamerikas häufig erwähnt.

- Veränderungen von Blatträndern und -form: Verschiedene saugende oder gallenbildende Arthropoden können hierfür in Frage kommen. (Zum Beispiel: Gallmilben; Buchenblattlaus, *Phyllaphis fagi*; Gallmücke, *Mikiola fagi* (gegenwärtig außerordentlich häufig im Bereich der nördlichen Kalkalpen).)

- Zweigabsprünge: Die Abortion von mehrjährigen Zweigen kann bei vielen Laubbaumarten vorkommen; als besonders auffallend wird die Neigung der Eiche zu spektakulären Zweigabwürfen seit mehr als einem Jahrhundert wiederholt beschrieben.

- Einzug der Krone: Das Zurücksterben der oberen Krone ist als Reaktion des Baumes auf geänderte Versorgungsverhältnisse (z. B. Veränderungen des Bodenwasserhaushaltes; Verlust zu vieler Wurzeln) seit langem bekannt und wird als wesentlicher Teil der Überlebensstrategie betrachtet.

- Mortalität: Die offensichtlich vorhanden gewesenen oder noch wirksamen Stresse haben besonders bei Eiche zu deutlicher Anhebung der Mortalitätsraten geführt. Auch diese Folgen sind bereits bei früheren Laubwaldproblemen beschrieben worden, wobei wiederholt darauf hingewiesen wurde, daß die erhöhte Mortalitätsrate durchaus zehn und mehr Jahre anhalten kann und dann selbstverständlich bemerkenswerte ökonomische Folgen nach sich zieht. Auch die gegenwärtige Beobachtung, daß selbst bei zunehmender Erholung zahlreicher Bestandesglieder andere Bäume weiter dahinsiechen und letztlich absterben, wurde ebenfalls bei früheren Ereignissen erwähnt.

Es liegt an der Schwierigkeit der Beobachtung, daß über Symptomatik und Krankheitsverlauf bei Fein- und Grobwurzeln recht wenig bekannt ist.

- Stammschäden: Unter diesen fällt gegenwärtig bei Eiche besonders jene Schädigung auf, die sich am Stamm (manchmal auch Ästen) als kurze bis längere, axial verlaufende Rindenrisse manifestiert, aus denen besonders im Mai-Juni ein bald zu schwarz verfärbendes Exudat hervorquillt. Am Stammquerschnitt kann man erkennen, daß im Verlauf des Jahrringes das Kambium (1-mehrere Zentimeter breit) und zum Teil das Phloem abgestorben war. Ferner kann man erkennen, daß diese Erscheinung - auf die bereits Hartig (1882) hingewiesen hat, periodisch gehäuft auftritt. Das Symptom ist aus allen Vorkommensgebieten der Eiche bekannt, doch ist die Ursache bis heute unklar.

### 4 Ursachen und Stressoren?

Die Diskussion um die Ursachen ist - vor allem im deutschen Sprachraum - weitgehend durch die Behauptung (oder Konvention) präjudiziert, daß die Wirkungen von Luftverunreinigungen primär für die Situation verantwortlich wären, bzw. daß die Ausprägung der Schadsymptome und die wirtschaftlichen Konsequenzen *ohne* diese Einwirkungen unbedeutend wären. Nun, es besteht kein Grund, das Problem der Umweltbelastung im allgemeinen und jenes der Wirkungen auf Waldökosysteme zu verniedlichen, da viele Sparten der Wissenschaft und noch mehr das Verantwortungsgefühl der Gesellschaft ohnehin recht spät begannen, sich Sorgen zu machen.

In der wissenschaftlichen Diskussion des Ursachenkomplexes kann man in vielen Regionen der industrialisierten Welt davon ausgehen, daß Luftverunreinigungen in unterschiedlicher Zusammensetzung und Quantität der Komponenten vorkommen; deshalb steht jedenfalls *auch* die Frage an, ob Luftverunreinigungen als primäre Ursache (Auslöser) der gegenwärtigen Laubbaumerkrankungen anzusehen wären, oder ob sie als Teil eines Stressoren-Paketes jenen entscheidenden Beitrag leisten, daß das Gedeihen der Bäume oder gar deren Überlebenschance ernsthaft gefährdet würde.

Versuchen wir unter diesen Aspekten die Untersuchungen und Ergebnisse über frühere Laubwaldprobleme und die bisherigen Kenntnisse der gegenwärtigen Erscheinungen zu vergleichen:

– Betrachtet man die geografische Verbreitung aller heutigen Schadgebiete und keine subjektiv ausgewählte Teilfläche mit den Zonen unterschiedlicher Schadstoffbelastung, so muß man zur Kenntnis nehmen, daß sich keine Deckungsgleichheit abzeichnet; zieht man die Laubbaum-Schadgebiete in Übersee mit heran, so wird dies noch deutlicher, da dort vielfach auch in immissionsfreien Gebieten die Schäden aufgetreten sind.

(Umgekehrt ist aber bekannt, daß Laubwaldsterben selbstverständlich in Gebieten extremer Schadstoffimmissionen seit mehr als 2-3 Dezennien - besonders konzentriert in Mittel- und Osteuropa - vorkommen, doch haben diese Verhältnisse keine Parallelen zu den hier diskutierten Symptomen und Krankheitsverläufen.)

– Die auftretenden Symptome sind im wesentlichen unspezifisch und sind seit mehr oder weniger langer Zeit bekannt; die Ausmaße der betroffenen Flächen finden zumindestens in den Ereignissen der 50er und 60er Jahre in Nordamerika Parallelen.

– Am häufigsten wird bei allen bisherigen Arbeiten über die Ursachen die Witterung als primärer Auslöser herausgestellt; in erster Linie wird eine erhebliche und meist länger anhaltende Störung der Wasserversorgung genannt. Nahezu bei allen eingehenden Untersuchungen wird darauf verwiesen, daß Erreger von Wurzelfäulen - bes. Hallimasch-*Armillaria* sp. - sekundär die Schädigungen wesentlich vergrößern und letztlich an der stark verzögerten Erholung bzw. Mortalität wesentliche Schuld tragen. Die meisten der auffälligen Symptome (wie chlorotische, kleinere Blätter, Belaubungsgrad, Abortion von Blättern und Trieben, Kroneneinzug) werden mit einer schweren Beeinträchtigung des Wurzelkörpers in Zusammenhang gebracht. (Vgl. z. B. Welch 1963, Clark & Barter, 1958.)

In Europa sind die Trockenjahre 1976, z. T. 1979, 1981, besonders aber auch 1983 in Erinnerung; zwei Indizien deuten aber darauf hin, daß es schon viel länger Wasserdefizite gegeben haben muß: In weiten Teilen Europas (zuerst in Osteuropa) haben sich schon lange vorher Tendenzen des Absinkens der Grundwasserspiegel gezeigt. Die Bedeutung dieser Entwicklung mag dadurch illustriert werden, daß seit Mitte der 70er Jahre in Niederösterreich zahlreiche Brunnen um mehrere Meter tiefer gebohrt werden mußten. Auch einige dendrochronologische Untersuchungen (Jahrringanalysen) deuten darauf hin, daß der Beginn der physiologischen Probleme der Bäume eher in den 60er Jahren, z. T. gar Ende der 50er Jahre anzunehmen ist; die späteren, extremen Trockenjahre hätten demnach den vorhandenen Wasserstreß akut verschärft und das Auftreten der bekannten Schadbilder letztlich ausgelöst. (Vgl. auch Milescu, 1986.)

Von anderen Witterungseinflüssen wird Frost und zwar Bodenfrost (wegen unzureichender Schneebedeckung), aber auch wiederholter Spätfrost als bedeutende (Mit-) Ursache angesehen. Pomerleau (cit. bei Hepting 1971) führt das Birkensterben in Canada weitgehend auf ungewöhnliche Bodenfrostperioden zurück. (Vgl. auch Staley, 1965; Tomiczek & Marcu, 1989 und Tomiczek, 1989 hins. Eiche.)

Hinsichtlich Eichensterben wird in Süd- und Südosteuropa, sowie in Nordamerika dem Auftreten blattfressender Insekten große Bedeutung beigemessen (prädisponierend oder/und als Zusatzstressoren). (Vgl. z. B. Staley 1965.)

Ohne Zweifel können weitreichende Entlaubungen durch Blattfresser (vor allem, wenn diese mehrere Jahre hintereinander erfolgen) die Bäume ganz erheblich schwächen, für das gesamte Gebiet von Eichenwaldproblemen ist dieser Streßfaktor aber nicht aufgetreten; deshalb kann er nicht als obligater Teil des Streßpaketes angesehen werden.

Das nahezu überall beobachtete Auftreten von *Agrilus* spp. und *Scolytus intricatus* dürfte mit größter Wahrscheinlichkeit eine sekundäre Erscheinung sein; allerdings können diese Käfer, ebenso wie *Armillaria* sp., die Schädigungen irreversibel machen und dadurch den Prozentsatz der Mortalität mitbestimmen.

Zur Rolle wenig oder gar nicht untersuchter Organismen:

In Ostösterreich treten Splintholz-bewohnende Nematoden in ungewöhnlicher Befallsstärke an kranken und absterbenden Eichen auf (Tomiczek, 1988). Es erhebt sich die Frage, welche Rolle diese Tiere im gesamten Krankheitsgeschehen (z. B. Auswirkungen der Toxinproduktion auf Symptome und Mortalität) spielen und ob sie an bestimmte Klimagebiete gebunden sind (= thermophile Tiere). Verschiedentlich wird auch die Frage gestellt, ob noch wenig erforschte kleinste Krankheitserreger (wie RLOs oder MLOs) eine größere Rolle im Krankheitsgeschehen der Laubbäume spielen könnten, als sie gegenwärtig bekannt ist. Parameswaran u. Liese (1988) haben RLOs und MLOs in Buchen gefunden, die Schadsymptome aufgewiesen hatten. Ähnlich wie beim verstärkten Auftreten von Splintholz-Nematoden ist aber völlig ungeklärt, ob diese Organismen auch in gesunden Bäumen endophytisch und symptomlos vorkommen und erst bei stark geschädigten Bäumen oder/und bestimmten Witterungsbedingungen (Temperatur?) eine solche Vermehrung erfahren, daß sie letztlich für die Mortalität ausschlaggebend werden - oder ob es eher eine Frage der Quantität des Inokulums ist, ob der Baum erkrankt oder nicht. (Hier käme der Frage nach den Vektoren eine große Bedeutung zu.) Also harren Fragen über Fragen der Bearbeitung, unter denen die Berücksichtigung etwaiger disponierender Anbau- und Bewirtschaftungsmethoden nicht ganz außer acht zu lassen wäre, wenn man z. B. daran denkt, daß die berühmte sandal-spike-disease (MLO-bedingt) lediglich im plantagemäßigen Anbau von besonderer Bedeutung ist.

In der Fülle angedeuteter Fragen sollte auch erwähnt werden, daß über die Ätiologie der Wurzelerkrankungen, deren disponierende Einflüsse und auch über die beteiligten pilzlichen Krankheitserreger äußerst bescheidenes Wissen vorliegt. Eher noch weniger verstehen wir gegenwärtig die Fern- und Spätwirkungen von Wurzelerkrankungen, z. B. die Bedeutung biochemischer Veränderungen (wie z. B. Fomannosin- oder Fomatoxin-Produktion durch Wurzelpathogene) auf die Nährstoffaufnahme und die Symptomatologie der oberirdischen Organe. Sehr vielen Autoren, die sich mit Krankheitserscheinungen der oberirdischen Baumteile befassen, sind m. A. diese Zusammenhänge zu wenig bewußt.

Ein schwieriger Fragenkomplex ist auch im Zusammenhang mit den Laubwaldproblemen das Verständnis komplexer Schadeinflüsse: Welcher Stressor ist der Auslöser, wäre er es, wenn nicht andere Stresse prädisponierend oder zugleich oder hinterher wirksam würden? Welche Verkettungen führten letztlich zu gleichen Symptomen? Wann gibt es den »point of no return«, d. h. wann resultiert die Erkrankung unweigerlich in einem langsamen oder raschen Absterben des Individuums?

Das mehr oder weniger gleichzeitige Auftreten von Krankheitserscheinungen verleitet dazu, von vornherein an eine gemeinsame Ursache zu denken; aber ist dies so? Oder gibt es mehrere »Laubwaldsterben«? Auch diese Frage sollte man nicht ganz vergessen, denn so wie man bei den Ahorn-Problemen in Nordamerika (*Acer saccharum*) fünf verschiedene Syndrome unterscheidet, ist ähnliches auch in Europa nicht ganz von der Hand zu weisen: So weist man z. B. in Südosteuropa auf die Bedeutung von starken Fraßschäden durch Insekten im Rahmen des Eichensterbens hin; gleiche Einflüsse gibt es nicht im Zusammenhang mit den neuesten Schadereignissen in anderen Regionen.

Die vorstehende Erwähnung offener Fragen ist bei weitem nicht vollständig; ich wollte aber auf deren beispielshafte Nennung nicht verzichten, um den nachfolgenden Beiträgen einen bestimmten Hintergrund zu bieten.

## 5 Literatur

Clark, J. & G. W. Barter. 1958. Growth and climate in relation to dieback of yellow birch. Forest. Sci., 4: 343-364.

Correa, L. & A. Ramirez. 1988. Agentes causales del secamiento del Roble (*Quercus humboldtii*) en el norte de Antioquia. Servicio nacional de proteccion forestal. INFORMA, 2(1): 9-14.

Dance, B. W. & D. F. Lynn. 1959. Excessive red oak mortality following ice storm damage. Can. Dep. Forest. Bimonthly Progr. Rep., 19, 6; 3.

Falck, R. 1918. Eichenerkrankung in der Oberf. Lödderitz und in Westfalen. Ztschr. f. Forst- u. Jagdwesen, 50: 123-132.

Falck, R. 1924. Über das Eichensterben im Regierungsbezirk Stralsund nebst Beiträgen zur Biologie des Hallimaschs und Eichenmehltaus. Allg. Forst- u. Jagdz., 100: 298-317.

Griffin, H. D. 1965. Maple dieback in Ontario. Forest. Chron., 41: 295-300.

Hartig, R. 1882. Lehrbuch der Baumkrankheiten. Verl. Springer, Berlin, 198 pp..

Hepting, G. H. 1971. Diseases of forest and shade trees of the United States. U.S. Dep. of Agric. Forest Serv. Handbook Nr. 386, 658 pp..

Hepting, G. H. & M. E. Fowler. 1962. Tree diseases of eastern forests and farm woodlands. U.S. Dep. Agr. Inform. Bull., 254, 48 pp..

Hibben, C. R. 1962. Status of sugar maple decline in New York woodlands. (Abstr.) Phytopathology, 52: 736.

Jane, G. T. & T. G. A. Green. 1983. Vegetation mortality in the Kaimai Ranges, North-Island, New Zeeland. Pacific Science, 37(4): 385-389.

Kessler, K. J. 1963. Dieback of sugar maple, upper Michigan-1962. USDA Forest Serv. Res. Note LS-13, 2 pp..

Linzon, S. N, 1986. Sugar maple dieback studies in Canada. Proceedings, IUFRO-Congress, Div. 2, vol. 1: 389-398.

Milescu, I. 1986. Stadiul evolutei fenomenului de uscare a arborilar de stejari in R.S. Romaia. Bul. Informativ al Academiei de Stiinte Agricole si Silvice, Romania, 16: 153-167.

Mueller-Dombois, D., J. D. Jacobi, Cooray, R. G. & N. Balakrishnan. 1982. Ohi'a rain forest study: ecological investigations of the ohi'a [*Metrosideros collina* subsp. *polymorpha*] dieback problem in Hawaii. Misc. Publ. Univ. of Hawaii, 183, 64 pp.

Mueller-Dombois, D. (ed.) 1983. Canopy dieback and dynamic processes in Pacific forests. Pacific Science, 37(4): 313-493.

Nichols, J. 0. 1968. Oak mortality in Pennsylvania: A ten-years study. J. Forest., 66: 681-694.

Parameswaran, N., & W. Liese. 1988. Occurrence of rickettsialike organisms and mycoplasmalike organisms in beech trees at forest dieback sites in the Federal Republic of Germany. In: Tree mycoplasmas and mycoplasma diseases, Edmonton, Alb./Canada. Univ. of Alberta Press, 109-114.

Remond, D. R. 1955. Studies in forest pathology. XV. Rootlets, mycorrhiza, and soil temperature in relation to birch dieback. Can. J. Bot., 33: 595-627.

Rood, S. B. & S. Heinze-Milne. 1989. Abrupt downstream decline following river damming in southern Alberta, Canadian J. Bot., 67(6): 1744-1749.

Ross, E. W. 1964. Etiological and developmental studies on the dieback disease of *Fraxinus americana*. 249 pp. Thesis, Ph. D. Syracuse Univ./USA.

Silverborg, S. B., H. J. Risley & E. W. Ross. 1963. Ash dieback spreads. The Conservationist, 17(4): 28-29, 38.

Staley, J. M. 1965. Decline and mortality of red and scarlet oaks. Forest Science, 11: 2-17.

Toole, E. R. 1959. Sweetgum blight. USDA, For. Serv., Forest Pest Leafl., 37, 4 pp.

Tomiczek, Ch. 1988. Über das Auftreten von Splintholznematoden in erkrankten Eichenbeständen Österreichs. Anz. f. Schädlingskunde - Pflanzenschutz - Umweltschutz, 61: 121-122.

Tomiczek, Ch. & Marcu, G. 1989. Der Einfluß von Klimastreßfaktoren auf das Eichensterben in Ostösterreich. FIW-Forschungsberichte, 1, 112 S.

Tomiczek, Ch. 1989. Ist Klimastreß die Ursache des Eichensterbens in Österreich? Forstschutz-aktuell, 1: 2-3.

Welch, D. S. 1963. Maple decline in the northeast. 39th Int. Shade tree Conf., Proc., 43-48.

White, T. C. R. 1986. Weather, *Eucalyptus* dieback in New England, and a general hypothesis of the cause of dieback. Pacific Science, 40(1-4): 58-78.

# Diskussion

**Ziegler:** Wir haben nun eine umfangreiche Einführung in die Problematik der Schäden und der Gefährdung von Laubbäumen und der Laubwälder bekommen; sie bereitet die Diskussion heute und morgen vor.

Ich selbst habe eine Frage zum Hagel. Wir hatten in München und in der Umgebung von München vor einigen Jahren einen ungeheueren Hagel. Die Grenze des Hagels zog sich durch den Englischen Garten. Ein Teil des Englischen Gartens war furchtbar beschädigt. Der andere Teil war kaum vom Hagel betroffen. Wenn man der Sache genauer nachging, stellte man fest, daß Bäume mit ungeteilten Blättern, wie Buchen, Eichen u.s.w., entlaubt waren, während Eschen und Robinien, die geteilte Blätter besitzen, ihr Laub nicht verloren hatten. Darin könnte man einem Selektionsvorteil von geteilten Blättern sehen.

**Donaubauer:** Eine Reihe von Faktoren spielen eine Rolle dabei, ob und inwieweit Hagel Schädigungen an Bäumen bewirken:

– Blattschädigungen: Nicht selten beobachtet man, daß in einem Bestand große Variationen von Baum zu Baum (auch gleicher Art) vorkommen; dies geschieht häufig, wenn der Hagel während der Austriebszeit fiel und hat seine Ursachen dann im unterschiedlichen Austriebsverhalten. Unmittelbar nach der Entwicklung der jungen Blätter können schon kleine Hagelkörner charakteristisch (parallel verlaufende) Risse bewirken, die erst nach ein bis zwei Wochen braun werden. Ältere, ausgereifte Blätter sind weniger flexibel und können herunter geschlagen werden.

– Prellungen: Der Zeitpunkt des Hagelereignisses spielt bei Prellwunden an der Rinde ebenfalls eine ausschlaggebende Rolle; die größte Anfälligkeit besteht im zeitigen Frühjahr. Ähnlich wie bei Prellwunden durch Maschinen ist der Schadensverlauf: Die Rinde wird durch Erstbesiedler (z. B. *Hypoxylon fragiforme*) infiziert und die Fäule breitet sich rasch aus. Dies ist nicht der Fall, wenn die Rinde ganz abgeschlagen wird, d. h. das Holz frei gelegt wird, was ganz besonders auffallend bei der Buche zu beobachten ist.

– Die Symptomausprägung kann nach Hagelschäden - je nachdem, ob ein sekundärer Pilzbefall hinzukam oder nicht - erst etwa zwei Jahre nach dem Ereignis besonders deutlich werden, also zu einer Zeit, zu der man sich des Hagels nicht mehr erinnert bzw. den Zusammenhang nicht sieht. Eine Beurteilung von Baumkronen aus der Froschperspektive muß diesen Nachteil in Kauf nehmen. Um die etwaigen Wirkungen bei der Interpretation von Waldzustandserfassungen nicht zu vergessen, ist man in Österreich dabei, Unterlagen aus der Landwirtschaftlichen Hagelversicherung auszuwerten und kartenmäßig darzustellen; es zeigt sich, daß der Kronenzustand in manchen Gebieten durchaus von Hagelereignissen geprägt sein kann. Dies ist besonders häufig z. B. in Waldgebieten der Süd- und Südost-Steiermark und im Burgenland der Fall, wo es immer wieder auf Flächen von 50-100 ha zu so schweren Hagelschäden kommt, daß selbst dickborkige Bäume (wie Eichen) in den Folgejahren allmählich absterben.

**Rehfuess:** Mir fiel in Ihrer schönen Übersicht über verschiedenartige Laubwaldschäden auf, daß zumindest die vordergründigen Ursachen für die Defekte, die Sie zeigten, eigentlich durchweg konventioneller Art waren. Immissions- oder Depositionsschäden waren in Ihrer Übersicht nicht enthalten. Was ist der Grund dafür? Ist das zufällig oder kann man daraus ableiten, daß klare immissionsbedingte Schädigungen nicht vorkommen oder kein bedeutendes Ausmaß annehmen. Können Sie dazu noch etwas aussagen?

**Donaubauer:** Ich wollte keine Bilder von akuten Immissionschäden an Laubbäumen zeigen, obwohl ich solche - vor allem verursacht durch hohe Konzentrationen von HF oder $SO_2$ - seit 1968 wiederholt und besonders deutlich in Polen - beobachten konnte. Großräumig erscheint mir im Zusammenhang mit diversen Symptomen die Frage wichtiger, ob bzw. inwieweit

Immissionen von Schadstoffen an der Ausprägung der häufigen, aber unspezifischen, Symptome kausal mitwirken (können).

Es fehlen m. W. wesentliche Grundlagen in dieser Hinsicht, es mangelt auch an Kenntnissen und großräumigen Untersuchungen über die Wasserversorgung der Bäume; in weiten Teilen Europas ist der Grundwasserspiegel während der letzten zwei Deziennien beträchtlich gesunken, was zumindest als Indiz für geänderte Verhältnisse gelten darf, aber auf grundwassernahen Standorten (wie in weiten Teilen Polens) entscheidende Veränderungen im Wasserhaushalt der Bäume bedeuten mußte. Im Nordosten und Osten Österreichs sind z. B. schon 1976 zahlreiche Trinkwasserversorgungsanlagen ausgefallen. Ein Großteil der Stadt Zwettl mußte im darauffolgenden Winter aus Tankwagen versorgt werden. In kurzen Abständen folgten weitere niederschlagsarme Jahre und erst in den jüngsten Jahren hat sich wieder eine günstigere Niederschlagsmenge und -verteilung eingestellt, worauf sich die Kronen von Buche und Eiche - sofern noch nicht stärkst geschädigt - wieder zu erholen begannen. Es stört mich bei der Diskussion über die Ursachen von Schadsymptomen und Absterbeerscheinungen bei Laubbäumen, daß man es sich oft sehr leicht macht und jede Verschlechterung der Situation als Folge der Luftverunreinigungen interpretiert und jede Verbesserung mit günstigerer Wasserversorgung erklärt. Über die Wirkung von Luftverunreinigungen hat man viel Forschung betrieben, aber über die hydrologischen Verhältnisse und vor allem ihre baumphysiologischen (Spät-) Wirkungen fehlen fundierte Regionaluntersuchungen.

**Huber:** Ich bin kein Fachmann auf diesem Gebiet. Dennoch habe ich zwei kurze Fragen. Erstens: Sind verschiedene Laubbaumarten unterschiedlich regenerationsfähig, wenn sie von Schädlingen befallen sind? Die zweite Frage betrifft die Sukzession des Befalls: Können Schädlinge ermessen oder wissen, ob ein Baum bereits vorgeschädigt ist?

**Donaubauer:** Krankheitserreger haben es leichter in den Wirtsbaum einzudringen oder/und sich darin auszubreiten, wenn Barrieren fehlen (Wunden) oder der physiologische Zustand des Baumes seine Strategien physiologisch-biochemischer Abwehr einengt oder gar blockiert. Der Baum als standortsgebundenes Lebewesen ist im Jahresverlauf und während seines oft mehrhundertjährigen Lebens einer Variation schwächender Einflüsse ausgesetzt; ist der Erreger in solchen Phasen präsent und selbst physiologisch in der Lage aktiv zu sein, kommt es zur Erkrankung. Unsere Waldbestände bestehen aus zahlreichen Baumindividuen, d. h. daß eine große genetische Variation - auch hinsichtlich Anfälligkeit oder Resistenz - vorliegt, weshalb das »Schicksal« eines Einzelbaumes nicht viel über seine Nachbarn sagen muß. Über den genetischen Hintergrund von Waldbeständen wissen wir meist zu wenig, z. B. ist bei älteren Beständen oft nicht bekannt, woher das Saatgut stammte und ob es für den bestimmten Standort überhaupt geeignet ist. Aber manchmal ist nicht einmal völlig klar, um welche Arten es sich handelt. So hat man jüngst in der Slowakei mehrere Eichenarten neu beschrieben; eine umfangreiche Studie soll im angrenzenden Eichengebiet Österreichs nun die Frage beantworten, wie es hier in der Frage der Arten, Provenienzen und Bastarde steht.

**Ziegler:** Die Zahl der Arten hängt natürlich auch von der Einstellung des Beschreibers ab. Es gibt Leute, die machen aus jeder leichten Abweichung eine Art. Bei den Bäumen kommt noch dazu, daß man nicht einmal sicher sein kann, daß man bei Stecklingen aus einer Krone dieselbe Genetik hat, da durch die Langlebigkeit der Bäumen viele somatische Mutanten entstehen können. Diese unterscheiden sich natürlich nicht so stark wie bei regionalen Differenzierungen.

**Fuchs:** Sie ließen zu Beginn ihres Vortrages auch forstliche Maßnahmen zur Eliminierung von Laubbaumarten anklingen. Unter anderem erwähnten Sie das Schlagwort »Grüne Hölle«. Darf ich eine kleine Korrektur anbringen. Unter »Grüner Hölle« verstand Klotz im Bayerischen Wald ein überreichliches Ankommen von Buchennaturverjüngung, und dieser Forstmann hatte Angst, daß die Mischbaumarten hier nicht mehr durchkommen. Die Maßnahmen zur Zurückdrängung der Buche richteten sich ausschließlich auf die Sicherung der Existenz der Mischbaumarten und waren somit kein Programm zur Eliminierung von Laubbaumarten.

**Donaubauer:** Darf ich Sie fragen, ob Sie Klotz kannten?

**Fuchs:** Nein, nicht persönlich.

**Donaubauer:** Forstmeister Klotz war ein interessanter Forstmann und außerdem ein hervorragender Maler. Hinsichtlich der Bekämpfung von Buchennaturverjüngung mit Herbiziden habe ich Ende der 50er Jahre leider bei meinem Besuch einen anderen Eindruck gewonnen, da damals dort wie anderswo Buche wirtschaftlich nicht attraktiv war. Die Eliminierung mancher Laubhölzer (bes. Buche und Esche) war zu jener Zeit vielerorts erklärtes Ziel und geübte Praxis. Die von Ihnen erwähnte Interpretation (»chemische Mischwaldpflege« u. dgl.) setzte sich erst später durch. Wenn ich am Rande auf diese Phase der forstwirtschaftlichen Beeinflussung der Bestandeszusammensetzung bzw. auf das Fehlen heute gewünschter Arten und Anteile hinwies, so sollte dies lediglich in Erinnerung rufen, daß für die als mangelhaft angesehene Laubbaum-Naturverjüngung mehrere Gründe in Betracht zu ziehen sind. So möchte ich auch betonen, daß daneben klimatische Faktoren mitgespielt haben müssen, denn wir beobachten in den nördlichen Kalkalpen nach fast 30 Jahren trotz hoher Wildstände eine Zunahme der Eschenverjüngung.

**Ziegler:** Vermehrt sie sich in den bayerischen Kalkalpen auch?

**N. N.:** Dort ist dieses Phänomen nicht auffallend. Es läßt sich eher beim Bergahorn beobachten.

**Ziegler:** Vor allen Dingen hinter wilddichten Zäunen entwickelt sich der Bergahorn.

**Schneider:** Ist es denkbar, daß die Esche in ihrem Sekundärstoffgehalt eine Wandlung durchgemacht hat, so daß sie jetzt als Äsung nicht mehr so attraktiv ist?

**Donaubauer:** Sie wird sogar sehr stark geäst. Das Angebot ist jedoch so groß, daß sie sich trotzdem durchsetzt.

Buchenwald (*Fagus sylvatica* L.)

# Gesundheitszustand der Feldobstbäume

Walter Feucht *

## Zusammenfassung

Durch die Selektion auf Ertrag und Genießbarkeit der Obstfrüchte wurden wesentliche Resistenzfaktoren, wie Phenole, weggezüchtet. Phenole sind keine wohlschmeckenden Substanzen, die Gerbstoffe sind adstringierend. Deshalb führte Selektion auf Geschmack automatisch zu geringeren Werten an Phenolen. Zu diesem genetischen Resistenzverlust kam etwa seit Mitte des letzten Jahrhunderts zunächst eine zunehmende Anbau-Monopolisierung der Obstarten und dann auch der Obstsorten hinzu. Es entwickelten sich ausgesprochene Kirschen- oder Zwetschengebiete und auch Apfellandschaften. Innerhalb dieser artbetonten Regionen schoben sich dann noch einzelne Sorten mengenmäßig nach vorne, wie Goldparmäne und Gewürzluike bei Apfel oder die Hauszwetschen bei den Zwetschen. Die genetische Monopolisierung ließ die Schädlingspopulation ansteigen, und die noch vorhandenen Rest-Resistenzen mußten zusammenbrechen. Ein weiteres wichtiges Moment ist der starke Kurztriebbesatz der Obstbäume, ein Merkmal, das wohl auch auf die Selektion zurückgeht, weil auf ihm die Fruchtbildung beruht. Der nicht geschnittene Kurztrieb ist per se in wenigen Jahren senescent. Spezifische phänologische Merkmale, die auf Umwelt- bzw. Luftverschmutzung zurückgeführt werden könnten, fehlen bzw. sind bis heute nicht erkannt worden. Aufgrund der Untersuchungen von Retzlaff et al. (1991) kann ein schwächeres Wachstum in Sprossen und Blättern durch Ozonbelastung in Betracht gezogen werden. Mathematisch läßt sich dies aber aufgrund der anderen beschriebenen Streßeinflüsse derzeit nicht quantifizieren.

## 1. Relative genetische Homogenität

Der heutige Feldobstbestand ist durch weitgehend verklontes Genmaterial gekennzeichnet. Seit etwa 200 Jahren wird bei uns verstärkt die Pfropfung als Vermehrungsmethode von Sorten angewandt. Zunächst wurde auf Sämlinge gepfropft. Jüngeren Datums ist die Verwendung von verklonten Wurzel- und Stammbildnern. Letztere lassen sich z. B in Baden-Württemberg bei Apfel an einer Hand aufzählen. Zum Waldbaum bestehen somit große Unterschiede in der genetischen Vielfalt.

## 2. Die anthropogenen Selektionskriterien

Schon in den alten vorchristlichen Kulturen wurde Obst nach anthropogenen Kriterien selektioniert und zwar auf Fruchtmenge und Qualität. Damit wurde zunächst unbewußt auf eine hohe Assimilationsleistung und auf eine Konzentration des assimilierten Kohlenstoffs in den fruchtenden Kurztrieben der äußeren Kronenpartien selektioniert auf Kosten von Baumgerüst, Stamm und Wurzelkörper. Daraus resultieren entscheidende Differenzen zu den beim Waldbaum angewendeten Selektionskriterien.

---

\* Feucht, Walter, Prof. Dr., Lehrstuhl für Obstbau, Technische Universität München, W-8050 Freising-Weihenstephan

Diese äußere Kronenperipherie mit dem Fruchtholz ist eine bevorzugte Sinkrichtung der Stoffbewegung beim Obst. Bei starkem Fruchtbehang ist der Zuwachs und die Reservebildung im Gerüst reduziert.

## 3. Der Gesundheitszustand des heutigen Feldobstbestandes

Das Feldobst war etwa bis 1950 immer ein Bestandteil des landwirtschaftlichen Betriebes. Mit Beginn dieses Jahrhunderts wurden in ganz Deutschland Hochstämme als eigentliche Intensivkulturen erstellt. In den kleinparzellierten Hanglagen West- und Süddeutschlands hat sich ein eher buntes Mosaik von Streuobstlandschaften entwickelt.

Ab 1950 wurde im westlichen Deutschland der gut gepflegte Feldhochstamm aufgrund großer soziologischer Umwälzungen zu einem ruinösen Relikt einer vergangenen Zeit. Die Baumwarte sind fast ausgestorben, und davon gab es in jedem kleinen Dorf ein halbes Dutzend. Zwei sehr umfangreiche mehrjährige Untersuchungen aus der Schweiz und aus Baden-Württemberg belegen diesen Tatbestand. Sie umfassen großflächig über 6000 Bäume in der Schweiz (Hasler, Schüpp und Frei 1990) und über 3000 Bäume in Südwestdeutschland (Buchter-Weisbrodt 1989).

In der Schweiz wurden 1988 die Feldobstbäume folgendermaßen bonitiert:

- 19 %  ohne Schaden
- 26 %  schwach geschädigt
- 34 %  mäßig geschädigt
- 18 %  schwer geschädigt
-  3 %  sehr schwer geschädigt.

In Baden-Württemberg wiesen 44 % aller Bäume Schäden auf, davon 18 % irreversibel. Die einzelnen Standorte variieren von 70 % gesund bis weniger als 20 % gesund. Frostgefährdete Standorte waren deutlich mehr geschädigt.

Baden-Württemberg:

- 38 %  ohne Schäden
- 44 %  reversible Schäden
- 18 %  irreversible Schäden.

| Faktor Frost (Jahr) | frost-exponiert | frostgeschützt |
|---|---|---|
| 1983 | 67 % gesund | 74 % gesund |
| 1988 | 25 % gesund | 47 % gesund |

Einzelne Standorte, wo sich schlechte Baumpflege, hohes Baumalter und starke Frostgefährdung summieren, weisen hohe Werte an Schadbäumen auf (bis 80 %).

Als Schadursachen werden in beiden Untersuchungsräumen - Schweiz und Südwestdeutschland - folgende Faktoren mangelnder Pflegeintensität angegeben:

- Überalterung der Bestände, teilweise auch bedingt durch alte Sorten, die den Konsumenten nicht mehr interessieren.
- mangelnder Baumschnitt und unterbleibende Schädlingsbekämpfung
- Pilzbefall (Schorfbefall kann maximal bis zu 55 % aller Schadursachen ausmachen. *Nectria galligena,* sog. Obstbaumkrebse; ältere Bäume sind fast regelmäßig befallen. *Monilia* tritt vor allem bei Apfelfrüchten auf.)
- Bakterien (*Pseudomonas syringae* und *P. morsprunorum*).
- Feuerbrand bei Kernobst (*Erwinia amylovora*).
- Schadinsekten (Milben, Läuse, Holzbohrer)
- Mäuse (Nagetiere können bis zu 20 % der Schadursachen ausmachen).

Bei den klimatischen Faktoren ergibt sich folgende Reihenfolge:

- Frost
- Trockenheit
- zu schwere Böden
- Luftschadstoffe sind theoretisch als seneszenzfördernd zu betrachten.

Der Einfluß des Faktors Baumpflege konnte für die beiden Standorte Stuttgart und Heilbronn statistisch abgesichert werden. Bedingt durch die soziologische Struktur der Bevölkerung war die Pflege im Raum Stuttgart schlechter als im Raum Heilbronn. Dementsprechend sind im Raum Heilbronn 67 % der Bäume noch gesund, im Raum Stuttgart nur noch 43 %.

Die gesamten Untersuchungen wurden mit grosser Akribie in ausgesuchten Parzellen und mit mehrjährigen Wiederholungen durchgeführt. In Baden-Württemberg wurden die Bonitierungen durch Color-Infrarot Luftbildaufnahmen ergänzt.

Beide genannten Untersuchungen vermeiden es, eine Aussage zum Faktor Luftverschmutzung zu machen. Es wird nur andeutungsweise von einer solchen Möglichkeit gesprochen. Der Grund ist folgender: Eindeutige äußere Symptome, die ausschließlich der Luftverschmutzung zuzuordnen wären, konnten bislang nicht gefunden werden. Experimentelle Nachweise sollten noch intensiviert werden.

**4. Die Symptomatik der Seneszenz**

Das äußere Erscheinungsbild der Seneszenz bei den einzelnen Obstarten ist weitgehend korreliert mit der genetisch fixierten unterschiedlichen Vitalität der Kurztriebe.

Die Kurztriebe des Apfels und der Birne sind 3 bis 5 Jahre produktiv, fallen aber nach völligem Vitalitätsverlust leider nicht ab. So bieten fast alle Apfelsorten, die jahrelang nicht durch Baumschnitt verjüngt wurden, ein jammervolles Bild absoluter Seneszenz. Der Apfelbaum stellt sich deshalb dem umweltbewußten Beschauer unter allen Obstbäumen als der Prototyp feldobstbaulicher Dekadenz dar.

Viele Kirschen und Zwetschensorten werfen, solange sie noch einigermaßen aktiv sind, altes oder totes Kurzholz ab, sie reinigen sich selbst und sehen deshalb beim selben Grad der Pflegevernachlässigung noch deutlich besser aus als der Apfel.

Aus dieser Situation heraus kommt ein Laie sehr schnell zur Ansicht, daß der Apfel evtl. stärker umweltgeschädigt sei als die Süßkirsche oder die Hauszwetsche.

**5. Unterschiedliche Toleranz der Feldobstbäume gegenüber Bodenqualität und Nährstoffmangel**

Eindeutig steht auch hier der Apfel mit der geringsten Toleranz ganz vorne. Er zeigt sehr schnell N-, K-, Zn-, Mg- und Fe-Mangel. Die Birne zeigt unter vergleichbaren Umständen phänologisch fast nur Kaliummangel an. Die Sauerkirsche würde neben dem soeben beschriebenen chlorotischen Apfelbaum immer noch grün und frisch erscheinen.

Tonige oder magere bzw. viele Jahre ungedüngte Böden lassen somit vor allem den Apfel im Streuobstgebiet sehr schlecht dastehen. Ohne Kenntnisse des Nährstoffanspruchs bzw. der Toleranz der Chloroplasten gegenüber einem Nährstoffmangel darf eine pauschale Bonitierung auf mögliche Umweltschäden der Obstarten und -Sorten somit nicht stattfinden. Überlastung durch N in Güllebetrieben kann zur Maskierung von Chlorosen führen.

**6. Befall durch Mikroorganismen vorwiegend nach Frostschaden**

Alle Obstgehölze werden in etwa demselben Maße durch zahlreiche Pilze und Bakterien befallen. Dies wiederum steht in deutlichem Zusammenhang mit Frühfrösten im Oktober/November und Polarfrösten im Winter. Durch sogenannte Frostrisse in den Ästen und im Stamm dringen diese Schädlinge ein. Frühfröste von minus 6 Grad werden häufig gar nicht beachtet, bereiten jedoch den Hauptinfektionen den Weg; Hagelschlag bringt ebenfalls zahlreiche Infektionspforten.

Bäume mit guter Kondition (hohe Assimilationsleistung) vermögen bestimmte Phenole (z. B. Gerbstoffe) zu bilden. Dadurch wiederum wird die Frostschadstelle vor Schädlingen geschützt. *Valsa (Leucostoma)*, ein Pilzparasit, und Bakterien (*Pseudomonas*) sind wesentliche Schadauslöser bei Süßkirschen. Die Erkrankung wird häufig erst nach 4-5 Jahren sichtbar, da der Schädling einige Zeit benötigt, um sich zu etablieren. Dies bestätigen an *Valsa* erkrankte Süßkirschen, die nach dem Polarfrost 1984/85 infiziert wurden, dies aber erst 1988/89 durch rosa färbende und abfallende Laubblätter sowie durch Gummifluß erkennbar werden ließen. Beim Steinobst muß Schrotschuß (*Clasterosporium carpophyllum*), aber auch *Monilinia*-Zweigdürre erwähnt werden.

Apfelschorf und Birnengitterrost können beim Feldobst die Photosyntheseleistung in einem solchen Maße reduzieren, daß die natürlichen Resistenzstoffe nur noch in ungenügendem Maße pro-

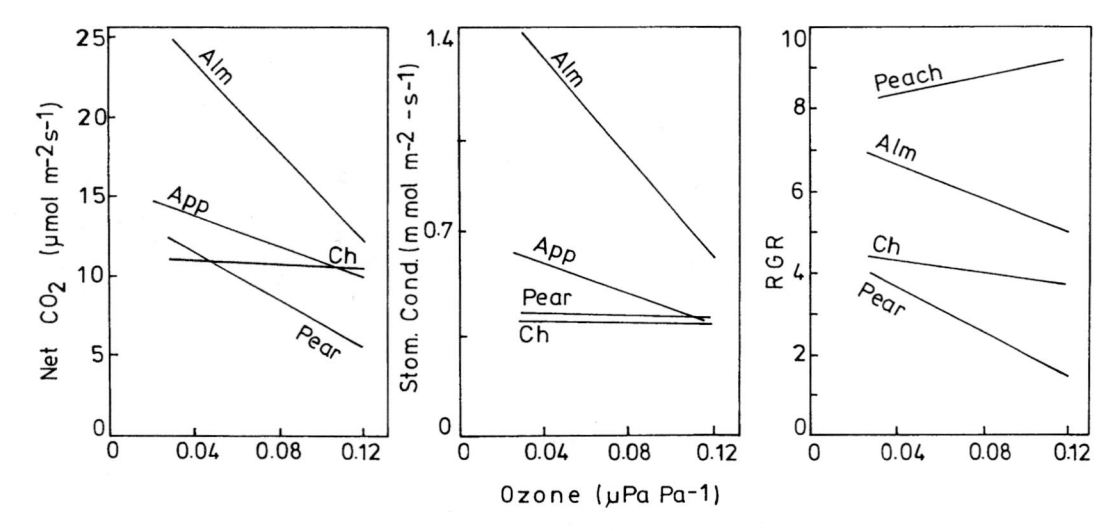

**Abb. 1.** Netto-Photosynthese, Leitfähigkeit der Stomata und relative Wachstumsrate (RGR) bei verschiedenen Obstarten nach Ozon-Behandlung. Vereinfachte Darstellung aus Retzlaff et al. 1990 (Alm, Mandel; App, Apfel; Ch, Süßkirsche; Pear, Birne und Peach, Pfirsich)

duziert werden. Beide Schädlinge breiten sich als Folge im Baum langsam, aber kontinuierlich aus, was nach etlichen Jahren zum Absterben von Astsystemen oder Bäumen führen kann. Beim Gitterrost sind es Gerbstoffe, die den Pilz an einer raschen Ausbreitung hemmen. Sie bilden eine ringartige Reaktionszone um die Schadstelle.

Beim Apfel sind es ferner der sogenannte Obstbaumkrebs *(Nectria galligena)* und der Mehltau, welche in größerem Umfange schädigen.

### 7. Viren

Unter den etwa 100 bekannten Obstviren sind die Schadsymptome beim Steinobst ausgeprägter als beim Kernobst. Ältere Bestände können bis zu 90 % virös sein.

Bei Sauerkirschen und Zwetschen können große Verluste auftreten. Da Viren aus dem Baum nicht mehr zu entfernen sind, breiten sich die Schäden mit zunehmendem Baumalter auch bei weniger virulenten Stämmen langsam aus. Ein Großteil alter Bäume ist virös und damit im Wachstum zusätzlich eingeschränkt.

Manche Viren sind überhaupt nicht zu erkennen, da das Blattgrün über eine Toleranz verfügt. Trotz-

dem ist das Wachstum max. bis zu 30 % reduziert. Bei Apfelbäumen ist häufig das Dickenwachstum lokal eingeschränkt, so daß Rillen und Eindellungen entstehen.

### 8. Mangel an Symptomen für Schadstoffe aus der Luft

Es fehlen jedoch bis heute spezifische Symptome für $NO_2$-, $NO_x$-, $SO_2$-, Ozon-, Peroxyacetylnitrat- und Sauerstoffradikal-Schäden an Obstbäumen. Die Johannisbeere ist eine sog. Zeigerpflanze für $SO_2$-Immissionen, was an Blattnekrosen erkennbar wird.

Im alternativen Obstbau wird Schwefel über 10 mal pro Vegetationsperiode gespritzt, ohne daß typische Schäden auftreten würden.

Insgesamt ist das Obst offenbar in den assimilierenden grünen Teilen relativ tolerant.

### 9. Experimentelle Ozonbehandlung und saurer Regen

Im Experiment läßt sich tatsächlich nachweisen, daß verschiedene Obstarten auf Ozon-Behandlung negativ reagieren (Retzlaff et al. 1991). Ein Teil der

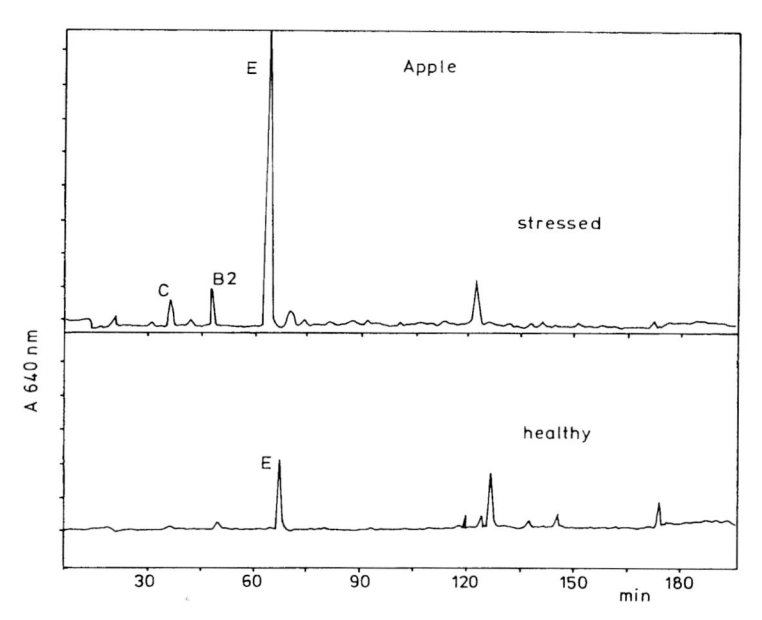

**Abb. 2.** Catechin (C), Epicatechin (E) und einige oligomere Flavanole, darunter B2, aus Apfelblättern von 2 Standorten: 840 m Höhe, Schwarzwald (stressed) und 640 m Höhe, Neckartal (healthy).

Bäume zeigte am Blatt gelbe Flecken, Verbräunung sowie Blattfall. Die Netto-Assimilation und die Stomata-Leitfähigkeit werden vor allem bei Mandel, Pflaume, Aprikose, etwas schwächer bei Zwetsche, Birne und Apfel reduziert. Keine Reaktion zeigen Pfirsiche, Nektarinen und Kirsche. Auch das Dickenwachstum ist artspezifisch reduziert (Abb. 1).

Diese Untersuchungen sind jedoch mit einjährigen Bäumen in Töpfen vorgenommen worden, somit nicht völlig mit Freilandbäumen vergleichbar.

In USA wurde auch saurer Regen künstlich imitiert. Die Apfelbäume zeigten bei einem Säurewert von pH 3.0 erste Symptome, d. h. braune Kronblätter. Bei pH 2.7 waren die Früchte bei der Ernte kleiner und die Reife verzögert. Die äußeren Schadsymptome zeigen sich somit nur verzögert und schwach.

## 10. Forschung nach Indikation für die Luftverschmutzung

In den beiden Untersuchungsgebieten Schweiz und Baden-Württemberg wurden an besonderen Standorten, wo Ozon-Werte bis zu 200 µg/m$^3$ (Schweiz) bzw. eine mittlere Belastungsstufe (Offenburg und Freiburg/Breisgau) vorlagen, sensible Bioindikatorpflanzen in den Obstparzellen aufgestellt. Die Indikatorpflanzen reagierten jeweils deutlich, am Obst ließen sich äußerlich keine Symptome erkennen.

## 11. Physiologische Streßindikatoren in der Grenzzone des Obstbaus

In einer Höhenlage des mittleren Schwarzwaldes um 800-850 m hat der Obstbau seine natürliche ökologische Grenze erreicht. Hier sind die Symptome für Waldschäden schon deutlich ausgeprägt. Es ist reizvoll, auf solchen Standorten Obstbäume mit Waldbäumen zu vergleichen, insbesondere dann, wenn die Obstbäume sich in einem naturgemäßen Zustand ohne Baumschnitt, Düngung und Schädlingsbekämpfung befinden. Sie zeigen dann häufig Kronenverlichtung und Absterben von Ästen.

Die Blattsymptome jedoch sind nichtssagend, die Blätter sind klein und etwas blaß, kein volles Grün. Wie bereits betont, kommen hierfür verschiedene Ursachen in Frage. Deshalb sollte nach Markern im Stoffwechsel gesucht werden.

Langjährige Untersuchungen an Kulturobstbäumen erbrachten, daß bestimmte Phenolgruppen einen breiten Wirkungsgrad an Resistenzpotential besitzen bzw. als Indikatoren auf verschiedene Schädlinge und Umweltstressoren ansprechen. Das sind z. B. die Gerbstoffe oder Tannine, wissenschaftlich exakt ausgedrückt, die Catechine und Proanthocyanidine. Die präformierten Gerbstoffe verhalten sich in der Dynamik wie andere Stoffe, die als Reaktion auf Streß zu betrachten sind. Zunächst, bei Streßbeginn, nehmen sie zu, später nehmen sie wieder ab und dies je nach Streßstärke verschieden stark. Sie erreichen kurz vor dem Absterben Werte nahe Null.

Vorläufige Testversuche zeigen (Abb. 2), daß Apfelblätter vom Standort 840 m höhere Catechinwerte aufweisen als solche von 600 m Meereshöhe (am Neckar).

## 12. Die Obstbäume als Selektionen mit mangelhafter Resistenz gegen Schädlinge

Der Vergleich Obstbäume-Waldbäume mit identischem Pflegezustand und Standort hinkt jedoch. Insgesamt 64 Pilze und Schädlinge (Insekten) stehen auf dem jährlichen Spritzkalender für unser Kern- und Steinobst.

Die Selektion durch den Menschen hat beim Obst zu einem Resistenzverlust geführt. Auch dies läßt sich anhand der Gerbstoffe beweisen. Der ungenießbare Wildapfel *Malus floribunda* hat die 7-fache Menge an Flavanolen (Gerbstoffen), verglichen mit unseren Kuluräpfeln (Klarapfel, Gravensteiner, Golden Delicious, die zu *Malus domestica* gehören). Der Wildapfel *M. floribunda* ist schorfresistent, da die Gerbstoffe den Pilz *Venturia inaequalis* hemmen.

Allein der Schorfpilz schädigt, wie beide Untersuchungen aus der Schweiz und aus Baden-Württemberg belegen, die Obstbäume in außerordentlichem Maße. Eine natürliche Resistenz im Biotop Feldobst baut sich bei *Malus domestica* nicht auf.

Im Intensivobstbau muß bis zu 15 mal pro Vegetationsperiode mit Fungiziden gegen den Schorf gespritzt werden.

## 13. Schlußfolgerungen

Durch die Selektion auf Ertrag und Genießbarkeit der Obstfrüchte wurden wesentliche Resistenzfaktoren, wie Phenole, weggezüchtet. Phenole sind keine wohlschmeckenden Substanzen, die Gerbstoffe sind adstringierend. Deshalb führte Selektion auf Geschmack automatisch zu geringeren Werten an Phenolen.

Zu diesem genetischen Resistenzverlust kam etwa seit Mitte des letzten Jahrhunderts zunächst eine zunehmende Anbau-Monopolisierung der Obstarten und dann auch der Obstsorten hinzu. Es entwickelten sich ausgesprochene Kirschen- oder Zwetschengebiete und auch Apfellandschaften. Innerhalb dieser artbetonten Regionen schoben sich dann noch einzelne Sorten mengenmäßig nach vorne, wie Goldparmäne und Gewürzluike bei Apfel oder die Hauszwetschen bei den Zwetschen.

Die genetische Monopolisierung ließ die Schädlingspopulation ansteigen, und die noch vorhandenen Rest-Resistenzen mußten zusammenbrechen.

Ein weiteres wichtiges Moment ist der starke Kurztriebbesatz der Obstbäume, ein Merkmal, das wohl auch auf die Selektion zurückgeht, weil auf ihm die Fruchtbildung beruht. Der nicht geschnittene Kurztrieb ist per se in wenigen Jahren senescent.

Spezifische phänologische Merkmale, die auf Umwelt- bzw. Luftverschmutzung zurückgeführt werden könnten, fehlen bzw. sind bis heute nicht erkannt worden.

Aufgrund der Untersuchungen von Retzlaff et al. (1991) kann ein schwächeres Wachstum in Sprossen und Blättern durch Ozonbelastung in Betracht gezogen werden. Mathematisch läßt sich dies aber aufgrund der anderen beschriebenen Streßeinflüsse derzeit nicht quantifizieren.

# Diskussion

**Ziegler:** Ich danke Herrn Kollegen Feucht für diesen diskussionswürdigen Vortrag, der die Betrachtungen für die Laubbäume in den Wäldern sehr schön ergänzt hat. Ist eigentlich im Feldobstbau ähnlich wie im Gartenobstbau die Sauerkirsche besonders gefährdet?

**Feucht:** Sie sprechen die *Monilia* an. Das trifft zu. Die Obstbäume im Garten wie im Feld sind mehr und mehr sich selbst überlassen. Man müßte sofort, wenn die Blüten dunkel werden, den ganzen Ast bis zum Stamm zurücknehmen und die befallenen Äste aus dem Garten heraus schaffen.

**Pfanz:** Sie sagten, daß der Überbehang mit Äpfeln zur »Erschöpfung« der Bäume an Kohlenhydraten führen würde. Kann denn das zutreffen? Man muß doch davon ausgehen, daß eine Apfelfrucht zu weit mehr als 80 % aus Wasser besteht. Von den maximal 20 % Trockenmasse sind höchstens 50 % reiner Kohlenstoff. Fehlt dem Baum tatsächlich soviel Kohlenstoff, daß er absterben muß, wenn er im Herbst voll mit Äpfeln hängt?

**Feucht:** Es kommt darauf an, wie groß der Baum ist. Die Masse der Früchte ist selbst dann, wenn man von 90 % Wassergehalt ausgeht so enorm, daß die 10 % Trockensubstanz eine relativ große Menge ausmachen können. Sie beträgt etwa 40 % der Gesamtproduktion an Trockensubstanz des Baumes.

**Pfanz:** Verhindert dieser Kohlenstoffmangel dann die Neubildung von Knospen?

**Feucht:** Der Mangel führt dazu, daß kein ausreichender Frostschutz der Knospen im Winter gegeben ist. Dieser Sachverhalt wurde mehrfach bewiesen.

**Ziegler:** Ein Apfel hat Kohlenhydrate nicht nur nötig, um sie zu speichern, sondern er braucht für seine Entwicklung auch eine ganze Menge Kohlenhydrate. Das hat bereits Rodewald gemessen.

**Feucht:** Die Blätter fruchtender Bäume haben im Vergleich zu den nicht fruchtenden Bäumen etwa die doppelte Atmung.

**Pfanz:** Ich wundere mich, daß Sie nicht auf andere anorganische Nährstoffe eingingen, sondern nur den Kohlenstoff erwähnten. Ich hätte eher vermutet, daß verschiedene anorganische Salze mitgewirkt hätten.

**Feucht:** Ich bin besonders auf die Kohlenhydrate eingegangen, weil sie im Winter zu Zuckern umgebildet werden. Die Frostresistenz im Winter wird in der Hauptsache über den Zucker und nur zu geringem Anteil über Eiweiße, Fette und anorganische Salze gewährleistet.

# Absterbeerscheinungen an Eichen
## – Symptome, Ursachen und Verbreitung –

Hartmut Balder *

## Zusammenfassung

Das derzeitige Eichensterben ist ein Beispiel für komplexe Schadensabläufe in einem Ökosystem. In Abhängigkeit von der Vitalität der Eichen bedarf es eines akuten Streßfaktors, der allein oder unter Beteiligung prädisponierender Faktoren ein unmittelbares Absterben von Bäumen bewirkt. Der übrige Teil der Eichenpopulation verbleibt über eine lange Zeit in einer labilen Phase, wobei in Abhängigkeit von den folgenden Wachstums- und Streßbedingungen sowie den Schwächeparasiten eine Regeneration einsetzt oder weitere Bäume absterben. An der aktuellen Entwicklung sind die Frostwinter der letzten Jahre ursächlich beteiligt. Bisher liegen keine Belege vor, daß der Erreger der Amerikanischen Eichenwelke (*Ceratocystis fagacearum* (Bretz) Hunt) in Europa eingeschleppt wurde. Die bisherigen Quarantänemaßnahmen müssen weiterhin streng eingehalten und die Erforschung der Biologie und Pathogenität anderer Vertreter dieser Pilzgattung intensiviert werden.

## 1. Einleitung

Die Stiel- *(Quercus robur)* und Traubeneiche *(Quercus petraea)* bildet in den europäischen Laubwaldregionen die wirtschaftliche Grundlage vieler Forstbetriebe sowie der holzverarbeitenden Industrie. Das Einschleppen des Erregers der Amerikanischen Eichenwelke *Ceratocystis fagacearum* (Bretz) Hunt nach Europa würde nachhaltige ökonomische und ökologische Beeinträchtigungen bewirken und wird daher seit Jahren befürchtet. Mit Quarantänemaßnahmen der nationalen Amtlichen Pflanzenbeschau ist man bemüht, dieses zu verhindern.

Seit den 70er Jahren wird nun aus Ungarn, Rumänien, Jugoslawien, Polen, CSFR und UdSSR ein epidemisches Eichensterben beschrieben (Igmandy, 1987; Marcu, 1987; Leontovic und Capek, 1987; Krjukova und Balder, 1991). Als Ursache wird mit regionaler Schwerpunktsetzung zwar ein Komplex aus parasitären und nichtparasitären Faktoren vermutet, doch werden in diesem Zusammenhang auch immer wieder Pilze der Gattung *Ceratocystis* genannt. Mit zunehmender Sorge werden daher Berichte zur Vitalitätsbeeinträchtigung von Eichenbeständen in West- und Osteuropa verfolgt. Offensichtlich hat sich diese Entwicklung zwischenzeitlich nach Westeuropa hin weiter fortgesetzt, denn seit Beginn der 80er Jahre werden auch in hiesigen Laubwaldregionen zunehmend Schäden an Eiche beobachtet (Balder, 1987; Delatour, 1983; Hartmann u. a., 1989; Oosterbaan, 1987; Skadow und Traue, 1986).

---

\* Balder, Hartmut, Dr., Pflanzenschutzamt Berlin, Mohriner Allee 137, 1000 Berlin 47

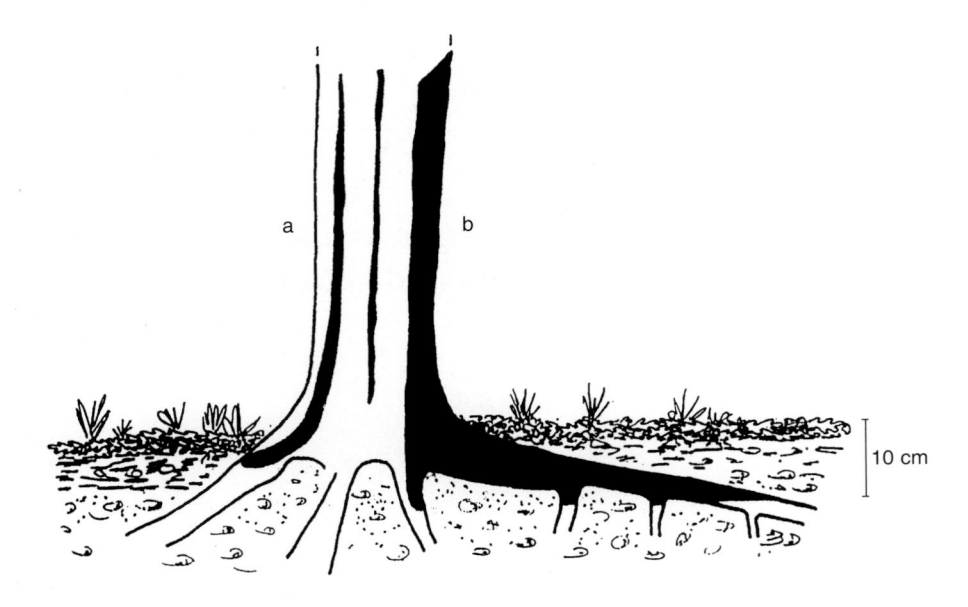

**Abb. 1.** Skizzierte Symptomzusammenstellung mit schmalem zungenförmigem Verbräunungsstreifen (a) und stärker geschädigtem Wurzelbereich (b).

## 2. Symptome

Im gesamten nordeuropäischen Raum bis weit hinein in den europäischen Bereich der UdSSR finden sich derzeit Eichen, die unabhängig vom Schmetterlingsraupenfraß nach starken Absprüngen in den zurückliegenden Jahren eine nur dürftige Belaubung aufweisen. Charakteristisch ist ein nur geringer Zuwachs und eine mehr oder weniger intensive Büschelbildung am Terminaltrieb. Die Blattfarbe ist gelb bis hellgrün, meist aber mittel- bis dunkelgrün. Ein Teil der Eichen starb in den letzten Jahren innerhalb weniger Wochen, im gleichen Jahr der Symptomausbildung oder nach längerem Siechtum ab.

Neben der beschriebenen Kronenverlichtung werden weitere Schäden am Stamm oder/und der Wurzel beobachtet. Dabei handelt es sich um Nekrosen im kambialen Bereich, wobei diese unterschiedliche Formen annehmen können. Zum einen finden sich z. T. rund um den Stamm verteilt Nekrosen von nur 3 bis 6 cm Breite und 5 bis 10 cm Länge. Stärkere Nekrosen nehmen dagegen streifenförmige Gestalt an (Abb. 1). Sie erstrecken sich bis in die Krone hinein und können auch Teile der Wurzelsysteme erfassen, wobei in diesem Fall die Wurzeln nur bis zu einer bestimmten Bodentiefe geschädigt sind. Ihre Breite variiert von wenigen Zentimetern bis hin zum halben Stammumfang. Mitunter kommen auch mehrere Nekrosen gleichzeitig vor. Alle Formen der Nekrose werden erst bemerkt, wenn die Rinde entfernt wird, starke Schleimflußbildung auftritt oder die nachfolgende Kallusentwicklung des ungeschädigten Bereiches die Rinde aufreißen läßt. Längliche Nekrosen dürfen dabei nicht mit klassischen Frostrissen verwechselt werden. Insbesondere die letzte Phase der Symptomentwicklung ist in vielen Eichenregionen derzeit deutlich zu beobachten.

Das Splintholz geschädigter Eichen ist im Bereich der Nekrose sichtbar verändert (Abb. 2). Unmittelbar nach Schadenseintritt ist die Farbe gräulich, mit fortschreitender Entwicklung eher braun-gelblich. Die Lignin- und Wassergehalte sind im Vergleich zum ungeschädigten Bereich deutlich erhöht. Der geschädigte Bereich ist zum gesunden Gewebe hin deutlich abgegrenzt, die Gefäße sind stark verthyllt. Eine Zuordnung der Nekrosen zur Himmelsrichtung konnte bisher nicht klar erkannt werden.

In Abhängigkeit von der Vitalität der Eichen werden die jeweiligen Nekrosen offenbar abgeschottet und im Laufe der Zeit überwallt, oder es treten

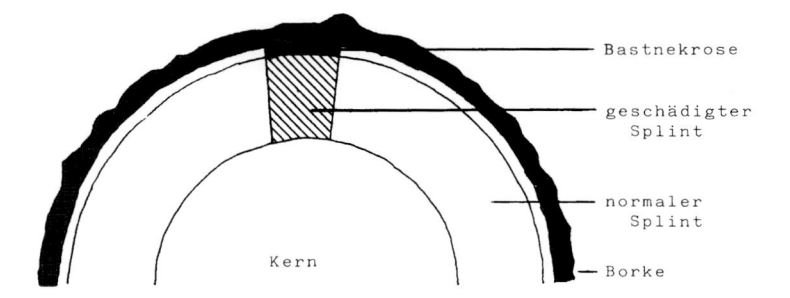

**Abb. 2.** Skizzierte Bastnekrose mit Veränderungen im Splint.

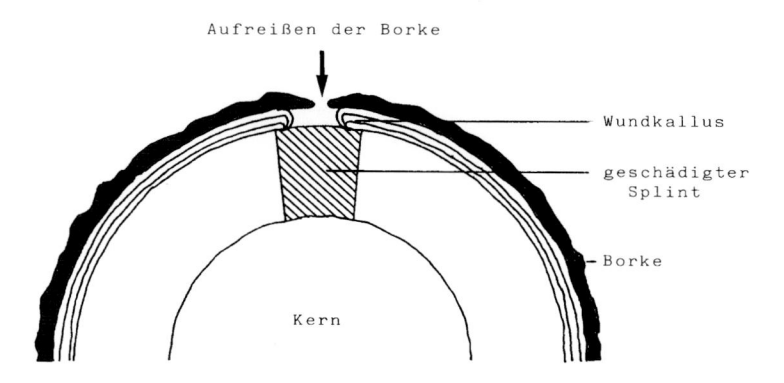

**Abb. 3.** Bastnekrose mit Überwallung und Aufreißen der Borke.

Folgeerscheinungen ein. So bilden vitale Eichen einen kräftigen Kallus, der schon nach wenigen Jahren die Nekrosen völlig überdeckt. Schwache Eichen zeigen dagegen nur eine geringe Kallusentwicklung, so daß die Nekrosen über einen langen Zeitraum nach Abstoßen der Rinde sichtbar und unverschlossen bleiben (Abb. 3). Darüberhinaus sterben bei wenig vitalen Eichen weitere, den Nekrosen benachbarte Gewebebereiche ab. Auf diese Weise entstehen in den Folgejahren sekundäre Nekrosen.

Bei stark geschädigten Eichen können in der Regel am Stamm und in der Krone Bohrlöcher und Fraßgänge unterschiedlicher Insektenarten sowie am Wurzelsystem bzw. am Stammfuß die Myzelien und Rhizomorphen des Hallimasches (*Armillaria mellea* (Vahl.) Kumm.) gefunden werden. Hierbei dürfte es sich jedoch um Folgeerscheinungen der Sukzession handeln, die vom ursprünglichen Schadereignis klar getrennt werden müssen.

## 3. Verbreitung

Von dieser Schadentwicklung sind Eichen aller Altersstufen betroffen, doch sind Bäume ab dem Alter von 60 Jahren und höher häufiger und stärker geschädigt. Sie finden sich in innerstädtischen Parkanlagen ebenso wie im Bereich der Forsten. Sogar Straßenbäume zeigen vereinzelt diese Schädigung. Es kann sich dabei um einzelne, nesterförmig zusammenstehende Eichen oder auch um ganze Eichenbestände handeln. Sie finden sich sowohl auf grundwasserfernen oder nährstoffarmen Böden als auch auf optimalen Eichenstandorten. Auch Durchforstungsmaßnahmen oder die Zusammensetzung der Waldgesellschaften scheinen keinen Einfluß auf die Verbreitung zu haben.

Im differenzierten europäischen Vergleich zeigt sich, daß Kronenverlichtungen in Nord-, West- und Osteuropa gleichermaßen zu beobachten sind, während die unterschiedlichen Nekroseformen offensichtlich nur zum Teil gleichzeitig vorkommen (Abb. 4). Dieses mag durch regionale Gege-

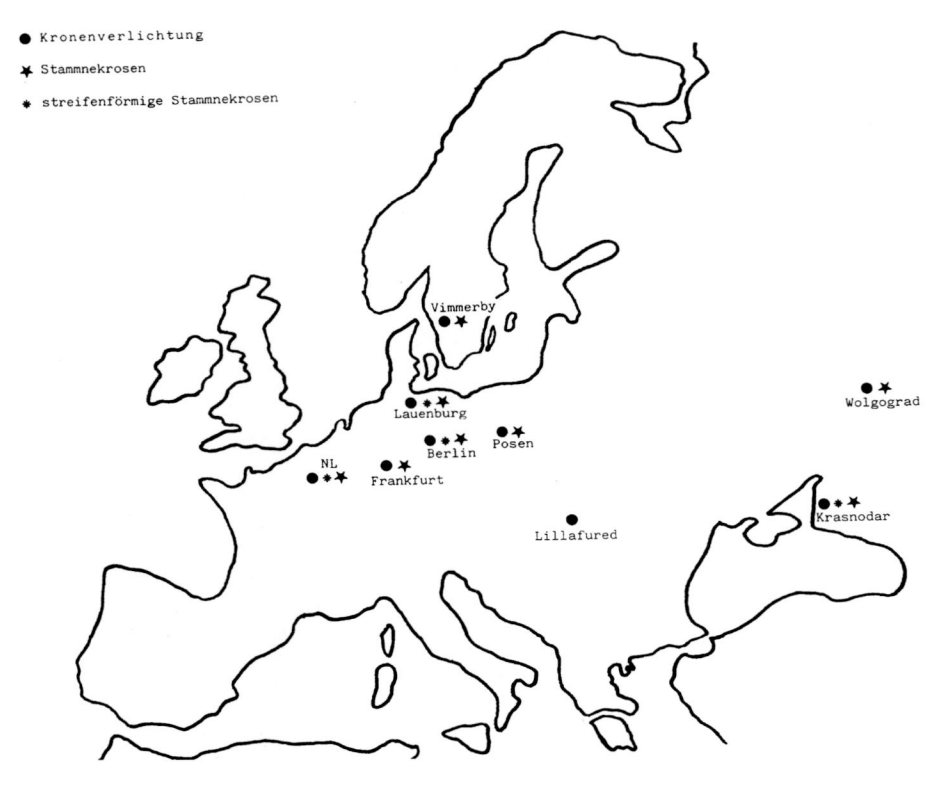

- Kronenverlichtung
* Stammnekrosen
\* streifenförmige Stammnekrosen

Abb. 4. Übersicht über die Symptomverbreitung der Eichenschäden in Europa.

benheiten bedingt sein, wahrscheinlicher ist, daß die Symptome mangels umfassender Untersuchungen in einigen Regionen noch nicht beobachtet wurden. Auffällig ist jedoch, daß es sich bei der Eichenschädigung um eine Entwicklung handelt, die über große Entfernungen parallel verläuft. Auch im europäischen Vergleich ist das Vorkommen derartiger Eichenschäden weder auf bestimmte Waldgesellschaften, Bodentypen noch auf Grundwassersituationen beschränkt. Sie finden sich auf Standorten mit anthropogenen Einflüssen ebenso wie in Regionen ohne nennenswerte Schadstoffeinträge.

## 4. Ursachen

Zur Klärung der Eichenschäden wurden in den letzten Jahren umfangreiche Untersuchungen in west- und osteuropäischen Ländern unternommen. Neben der Pflanze und potentiellen Pathogenen galt das Interesse dem Boden, aber auch der langfristigen Klimaentwicklung.

### 4.1 Parasitäre Faktoren

Unabhängig von der Herkunft der Eichen können aus den geschädigten Bast-, Kambium- und Splintbereichen immer wieder Pilze der Gattung *Ceratocystis* isoliert werden. Der Erreger der Amerikanischen Eichenwelke *Ceratocystis fagacearum* (Bretz) Hunt wurde bisher nicht nachgewiesen, doch konnten die von Kowalski und Butin (1989) beschriebenen neuen Arten *Ceratocystis grandicarpa* sp. nov. und *Ceratocystis prolifera* sp. nov. auch in

Tab. 1. Übersicht über isolierte *Ceratocystis*-Arten und Herkunft bei Eiche.

| Pilzart | Herkunft |
|---|---|
| *Ceratocystis piceae* (Münch) Bakshi | Wurzel |
|  | Stamm |
|  | Lichtkrone |
|  | Eichel |
| *Ceratocystis stenoceras* (Robak) C. Moreau | Lichtkrone |
| *Ceratocystis grandicarpa* sp. nov. | Stamm |
| *Ceratocystis prolifera* sp. nov. | Stamm |

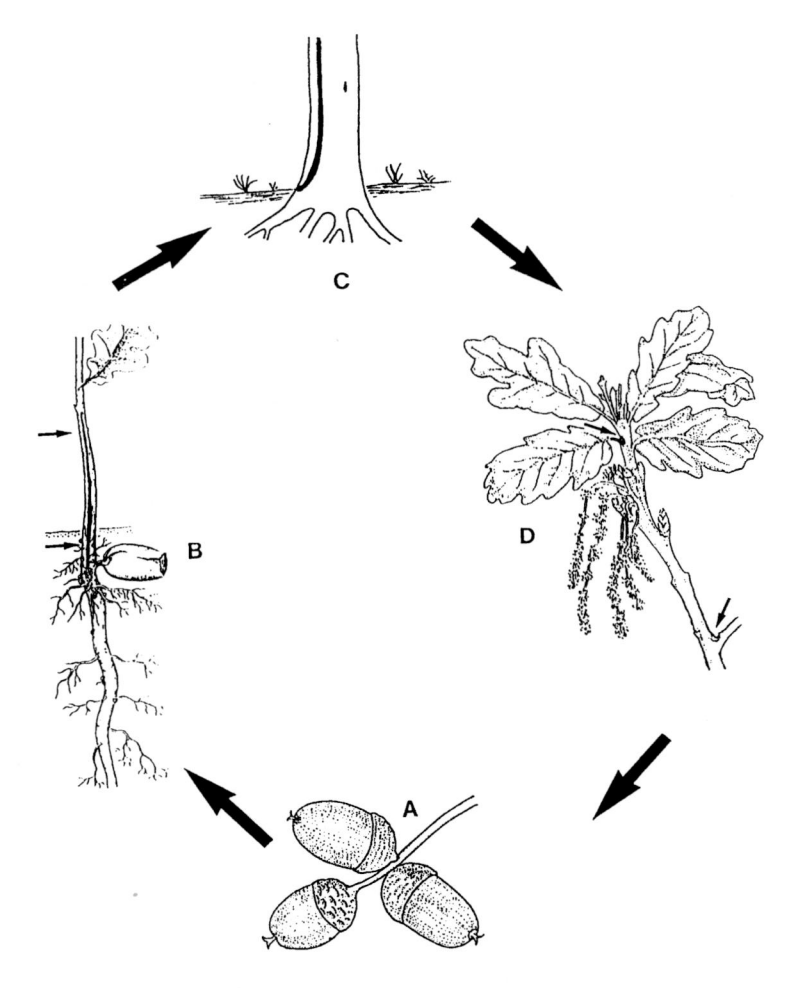

**Abb. 5.** Hypothetischer Verbreitungszyklus von *Ceratocystis*-Arten bei Eiche (A=Eichel, B=infizierter Sämling mit Gefäßnekrose, C=Eiche mit Stammschädigung, D=Trieb mit Reifungsfraß des Eichensplintkäfers).

Berlin isoliert werden. Die jeweiligen Species kommen offensichtlich in verschiedenen Pflanzenteilen vor (Tab. 1). Ihr Auftreten ist unabhängig von der Schädigung der Eichen, da sie nicht nur aus ungeschädigtem Pflanzengewebe geschädigter Eichen isoliert werden können, sondern auch aus optisch gesunden Bäumen (Balder, 1989). Darüberhinaus lassen sie sich in Eicheln bzw. in Sämlingen nachweisen. Hypothetisch ergibt sich daher ein Verbreitungszyklus der Pilze, bei dem als Vektoren bekannte Insekten wie der Eichensplintkäfer *(Scolytus intricatus)* die Verschleppung während des Reifungsfraßes in die Krone übernehmen (Abb. 5). Die Pathogenität der *Ceratocystis*-Arten ist jedoch offensichtlich sehr gering; denn in ersten Infektionsversuchen an Jungeichen konnte zwar eine gewisse Entwicklung der geprüften Isolate belegt werden, eine Welke wurde jedoch nicht induziert (Balder, 1990). Es ist vielmehr davon auszugehen, daß sich die *Ceratocystis*-Arten weit verbreitet in Eichen endophytisch entwickeln und höchstens nach einer Prädisposition der Bäume eine geringe Pathogenität zu entwickeln vermögen.

Bei Eichen mittlerer und starker Schädigung treten darüberhinaus in den geschädigten Splintbereichen Nematoden auf, die als *Bursaphelenchus fraudulentus* identifiziert werden konnten (Schauer-Blume und Sturhan, 1989). Sie werden zuerst in

Tab. 2. Übersicht über Schwächeparasitenbefall der Eiche.

| Pflanzenteil | Art |
|---|---|
| Lichtkrone | Eichensplintkäfer *(Scolytus intricatus)* |
| Stamm | Eichenwidderbock *(Plagionotus arcuatus)* |
| | Eichenprachtkäfer *(Agrilus* sp.) |
| | Laubnutzholzborkenkäfer |
| | *(Xyloterus domesticus)* |
| Wurzel | Hallimasch *(Armillaria mellea)* |

der Wurzel und erst mit zunehmender Schädigung in höheren Pflanzenbereichen nachgewiesen (Balder, 1989). Ihr Auftreten ist eng korreliert mit dem Nachweis von Pilzen im Gewebe. Sie gelten als mycophage Organismen, was durch negative Pathogenitätstests bestätigt wurde (Tomiczek 1988). Diese Nematoden konnten zwischenzeitlich sowohl in geschädigten Eichen osteuropäischer Länder als auch in anderen Laubbäumen wie der Ulme in Verbindung mit Pilzbefall nachgewiesen werden.

Neben den beschriebenen Organismen wird bei geschädigten Eichen weiterer Pilz-, aber auch Insektenbefall beobachtet. So ist gerade auf trockenen Standorten unmittelbar nach Symptomausbildung an vielen Eichen der Hallimasch (*Armillaria mellea* (Vahl.) Kumm.) nachzuweisen. Es spricht einiges dafür, daß dieser sich in seinem Verbreitungsgebiet durch Streßfaktoren begünstigt seit Jahren latent an den Wurzeln der Eichen und bei akuter Schädigung derselben weiter entwickeln konnte. Darüberhinaus befallen in diesem Stadium unterschiedliche Insekten die Eichen (Tab. 2). Sie bewirken zwar einen weiteren Vitalitätsabfall der Bäume, müssen aber als Sukzessionsfolger klar vom eigentlichen Schadereignis getrennt werden.

Blattfressende Insekten wie Kleiner und Großer Frostspanner (*Operophthera brumata* L. und *Eranis defoliara* Clerk), Eichenwickler *(Tortrix viridana)* u. a. traten in den letzten Jahren in den untersuchten Eichengebieten nicht in besonders starkem Maße auf. Ihre Wirkung dürfte höchstens prädisponierend sein.

### 4.2 Nichtparasitäre Faktoren

In der forstlichen Fachliteratur werden Eichenschäden der Vergangenheit immer wieder mit Klimaextremen wie Trockenheit und strengen Winterfrösten in Zusammenhang gebracht. Eine Literaturauswertung (Tab. 3) ergab, daß es in Mitteleuropa insbesondere die extremen Frostwinter 1739/40, 1928/29 und 1939/40 waren, die ein großflächiges Eichensterben auslösten. Betroffen war vorrangig die frostempfindlichere Traubeneiche (Hausendorff, 1940). Der hieraus resultierende Einschlag geschädigter Eichen zog sich jeweils 10-15 Jahre hin, was die langwierigen Auswirkungen und viel-

Tab. 3. Auftreten von Eichenschäden nach Klimaextremen.

| Jahr | Region | Ursache | Autor |
|---|---|---|---|
| 1739/40 | Schorfheide (D) | Frost | Hausendorff (1940) |
| 1892 | UdSSR | Trockenheit/Frost | Dubravi (1949) |
| 1911-17 | Westfalen (D) | Trockenheit | Falck (1918) |
| 1921 | Belgien | Trockenheit | Bos (1924) |
| 1924 | Westfalen (D) | Trockenheit | Falck (1924) |
| 1928/29 | | Frost | Hausendorff (1940) |
| 1939-42 | Krotoschin (PL) | Frost | Krahl-Urban (1944) |
| | Rumänien | Frost | Georgescu (1942) |
| | UdSSR | Frost | Spektor (1977) |
| 1947 | CSFR | Trockenheit | Stolina (1954) |
| | Rumänien | Trockenheit | Georgescu (1951) |
| 1966-68 | UdSSR | Trockenheit | Krasnitsky (1976) |
| 1971-72 | UdSSR | Trockenheit | Krasnitsky (1976) |
| 1976 | Frankreich | Trockenheit | Guillaumin (1983) |
| 1982-84 | Westfalen | Trockenheit | Spelsberg (1985) |
| 1985-87 | Niederlande | Frost | Osterbaan (1987) |
| | BRD | Frost | Balder (1989) |
| | | Trockenheit/Frost | Hartmann (1989) |
| | Österreich | Trockenheit/Frost | Marcu (1989) |

schichtigen Folgeschäden dokumentiert. Auch für die aktuelle Entwicklung wurde bereits strenger Frost, insbesondere des Winters 1984/85 verantwortlich gemacht. Dieser hatte sich nach einem milden Herbst durch eine lange Frostperiode und tiefe Bodentemperaturen ausgezeichnet (Balder, 1989; Hartmann u. a., 1989). Beobachtungen zu Frostschäden an anderen Pflanzen unterstützten schon bald diese Ursachenerklärung (Bosch und Rehfuess, 1988). In vermehrtem Maße werden nun seit drei Jahren weitere Stammnekrosen an anderen Baumarten beobachtet. Hierzu zählen insbesondere Ahorn, Buche, Linde und Kastanie. Auch sie sind i. d. R. datierbar auf den Winter 1984/85, teilweise entstanden sie in den zwei nachfolgenden Wintern. Kleinflächige Klimauntersuchungen in den Berliner Forsten ergaben, daß diese Schadsymptome insbesondere in den Frostlöchern beobachtet werden können. Auswertungen zur zeitlichen Entstehung von Nekrosen bei Eichen und zur Klimaentwicklung in der UdSSR belegen ebenfalls diesen Zusammenhang. Stets korreliert auch dort die Nekroseausprägung mit harten Frostperioden (Balder, 1992).

Um zu klären, inwieweit sich auch in der Vergangenheit Klimaextreme, insbesondere Frostperioden, auf das Wachstum von Eichen ausgewirkt haben, wurden an einem Berliner Eichenstandort 27 geschädigte Bäume auf ihr Wuchsverhalten hin untersucht. Die dendroklimatische Analyse seit dem Jahre 1900 ergab, daß stets ein Teil einer Eichenpopulation unter Zuwachsverlusten leidet. Der Schadanteil ist umso höher, je gravierender sich ein Ereignis auswirkt. Neben den Trockenperioden lösen ungewöhnliche Frostperioden immer wieder deutliche Einbrüche in der Zuwachsleistung einer Eichenpopulation aus (Abb. 6). Besonders auffällig sind für die Berliner Forsten die bereits genannten Winter 1928/29 und 1939/40 - 1941/42, zusätzlich die Winter 1962/63 und 1969/70. Sie sind als Weiserjahre für die hiesige Region eindeutig ausgewiesen (Lührte, 1989). Dieses belegt sehr deutlich die Reaktionsempfindlichkeit der Eiche auf einen derartigen Stressor. Auffällig ist aber auch die Tatsache, daß der Niederschlagshaushalt für Berlin immer wieder längere Zeiträume mit Defiziten aufweist. So werden ähnlich wie von 1910 bis 1924 seit 1970 bis heute über einen langen Zeitraum hinweg Trockenperioden gemessen, die nicht nur unmittelbar schädigen, sondern auch prädisponierend für andere Faktoren wirken dürften.

Bezüglich der Bodensituation konnte für die Berliner Forsten kein Zusammenhang zwischen anthropogenen Einträgen und der Eichenschädigung ermittelt werden. Die Böden sind mittelmäßig versauert und arm an essentiellen Nährstoffen wie Kalium, Phosphat, Calcium und Magnesium (Balder und Dujesiefken, 1989). Erste Blatt- und Wurzelanalysen belegen, daß mit der Schädigung viele Nährelemente in ihrer Konzentration abnehmen, während Phosphat, Schwefel und Natrium im Blatt bzw. Mangan, Eisen, Aluminium und Schwefel in der Wurzel zunehmen (Tab. 4 und 5). Ein erklärbarer Zusammenhang mit einer Nekrosebildung konnte jedoch nicht gefunden werden (Balder u. a. 1992)

Tab. 4. Blattinhaltsstoffe von Eichen unterschiedlicher Schädigung (n=11).

| Element | Schadstufe | | | |
|---|---|---|---|---|
| | 0 | 1 | 2 | 3 |
| Stickstoff [%] | 2,94 | 3,03 | 2,65 | 2,72 |
| Phosphat [%] | 0,05 | 0,07 | 0,10 | 0,13 |
| Kalium [%] | 0,70 | 0,72 | 0,69 | 0,53 |
| Magnesium [%] | 0,14 | 0,17 | 0,13 | 0,13 |
| Calcium [%] | 0,54 | 0,58 | 0,52 | 0,33 |
| Kupfer [mg/kg] | 21 | 21 | 19 | 30 |
| Mangan [mg/kg] | 2000 | 1705 | 1430 | 1051 |
| Zink [mg/kg] | 27 | 31 | 18 | 22 |
| Eisen [mg/kg] | 122 | 121 | 99 | 106 |
| Aluminium [mg/kg] | 104 | 116 | 104 | 83 |
| Sulfat [mg/kg] | 826 | 827 | 858 | 926 |
| Natrium [mg/kg] | 597 | 688 | 686 | 767 |

Tab. 5. Wurzelinhaltsstoffe von Eichen unterschiedlicher Schädigung [n=5], o.N. = ohne Nekrose, m.N. = mit Nekrose.

| Element | Schadstufe | | | | |
|---|---|---|---|---|---|
| | 0 | 1 | 2 | | 3 |
| | | | o.N. | m.N. | |
| Stickstoff [%] | 0,71 | 0,64 | 0,42 | 0,52 | 0,52 |
| Phosphat [%] | 0,03 | 0,06 | 0,04 | 0,02 | 0,05 |
| Kalium [%] | 0,19 | 0,29 | 0,22 | 0,11 | 0,10 |
| Magnesium [%] | 0,10 | 0,14 | 0,08 | 0,06 | 0,08 |
| Calcium [%] | 0,68 | 0,89 | 0,86 | 0,85 | 0,78 |
| Kupfer [mg/kg] | 13 | 12 | 13 | 12 | 15 |
| Mangan [mg/kg] | 299 | 304 | 261 | 174 | 385 |
| Zink [mg/kg] | 26 | 24 | 55 | 39 | 27 |
| Eisen [mg/kg] | 437 | 412 | 831 | 374 | 1185 |
| Aluminium [mg/kg] | 925 | 1216 | 2238 | 839 | 4181 |
| Schwefel [mg/kg] | 277 | 329 | 779 | 250 | 1074 |
| Natrium [mg/kg] | 935 | 928 | 976 | 829 | 923 |

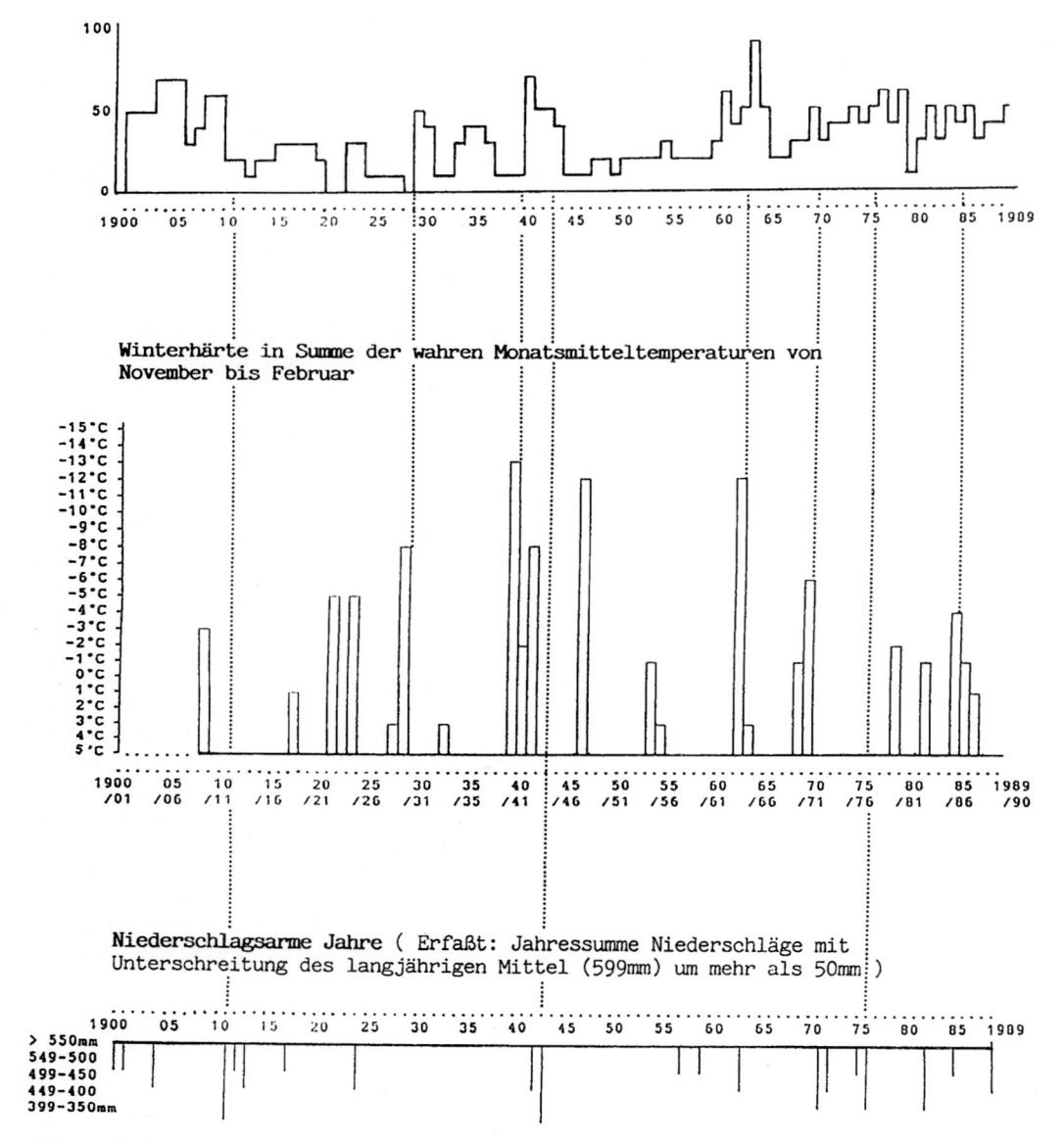

**Abb. 6.** Gegenüberstellung der Entwicklung einer Eichenpopulation und von Klimaextremen seit dem Jahr 1900 in Berlin.

## 5. Diskussion und Ausblick

Die Untersuchung der Eichenschäden in West- und Osteuropa hat in den letzten Jahren eine Fülle neuer Erkenntnisse ergeben. So wurden neuartige Schadsymptome wie Kambium- und Bastnekrosen beobachtet, unbekannte Organismen isoliert und komplexe Krankheitsabläufe beschrieben. Als Ursache der Eichenschädigung werden parasitäre und nichtparasitäre Faktoren diskutiert, aus denen sich drei Hypothesen ableiten lassen. Zunächst wurde bei Beginn der Schadentwicklung, unterstützt durch Berichte aus der UdSSR (Krykova und Plotnikova, 1979) und Rumänien (Marcu,

Tab. 6. Schadentwicklung der Eiche in West-Berlin. (KILZ, 1992)

|             | 1983 | 1984 | 1985 | 1986 | 1987 | 1988 | 1989 | 1990 | 1991 |
|-------------|------|------|------|------|------|------|------|------|------|
| Schadstufe 0 | 92   | 76   | 20   | 38   | 43   | 49   | 56   | 61   | 25   |
| Schadstufe 1 | 6    | 22   | 72   | 44   | 42   | 35   | 33   | 27   | 56   |
| Schadstufe 2 | 2    | 2    | 8    | 14   | 14   | 12   | 9    | 8    | 17   |
| Schadstufe 3 | 0    | 0    | 0    | 4    | 1    | 4    | 1    | 2    | 2    |
| Schadstufe 4 | 0    | 0    | 0    | 0    | 0    | 0    | 1    | 2    | 0    |

1987), als Ursache eine Infektion befürchtet, da das Einschleppen des Erregers der Amerikanischen Eichenwelke (*Ceratocystis fagacearum* (Bretz) Hunt) aus Nordamerika nach Europa vermutet werden mußte. Bisher konnte aber in keinem Falle der Erreger in Ost- oder Westeuropa sicher nachgewiesen werden. Auch andere isolierte *Ceratocystis*-Arten sowie erstmals in Laubbäumen nachgewiesene Nematoden scheinen aufgrund bisheriger Infektionsversuche eine nur schwache Pathogenität zu besitzen, so daß einer Infektionshypothese z. Zt. wenig Bedeutung beigemessen werden muß. Vielmehr scheinen diese Organismen endophytisch zu leben und weit verbreiteter zu sein als bisher bekannt. Das Auftreten weiterer Pilze und Insekten kann derzeit lediglich im Rahmen der Sukzession gesehen werden, wenn sie auch sicherlich nach vorheriger Prädisposition lokal zu massiven Eichenschäden führen können.

Schäden an Laub- und Nadelbäumen werden in jüngster Zeit immer wieder mit anthropogenen Einträgen in Verbindung gebracht, was zu einer weiteren Hypothese führt. Die Beteiligung des Stickstoffs steht dabei im Vordergrund der Betrachtungen. Diskutiert wird sowohl die Bodenversauerung und folglich Schäden am Feinwurzelsystem durch mobilisierte Schwermetallionen, Disharmonien in der Nährstoffversorgung sowie eine Verminderung der Frostresistenz (Balder u. a., 1992; Hartmann u. a., 1989). Die bisher durchgeführten Boden- und Pflanzenanalysen haben bisher jedoch keinen deutlichen Hinweis erbracht. Vielmehr spricht das großräumige parallele Auftreten der Schäden, insbesondere auch in Regionen ohne nennenswerten Eintrag, gegen eine ursächliche Beteiligung der Luftschadstoffe. Regional ist dagegen eine Prädisposition gegenüber anderen parasitären und nichtparasitären Schadfaktoren wahrscheinlich.

Als dritte Hypothese ist die Beteiligung von Witterungsextremen zu nennen. Dendroklimatische Untersuchungen sowie der europäische Vergleich belegen deutlich die Parallelität von Symptomatik und Klimaentwicklung der momentanen Eichenschäden. Insbesondere die periodischen strengen Frostwinter lösen ein großflächiges und langwieriges Eichensterben aus, wie in der forstlichen Fachliteratur immer wieder belegt werden konnte (s. Tab. 3). Gleichzeitig auftretende Schäden an anderen Holzpflanzen unterstreichen diese Entwicklung. Doch auch die differenzierte Schadsymptomatik liefert Belege für diese These. So fällt auf, daß Nekrosen mit Wurzelbeteiligung stets in gleicher geringer Bodentiefe mit scharfem Übergang zum gesunden Gewebe hin enden (s. Abb. 1). Letztlich belegt auch die differenzierte Betrachtung der Waldzustandserfassung diese Hypothese. In den Berliner Forsten konnte eine sprunghafte Zunahme der Eichenschäden unmittelbar nach dem harten Frostwinter 1984/85 ermittelt werden (Tab. 6). In den Folgejahren setzte eine Regeneration der schwach und mittelstark geschädigten Bäume ein, während die stark geschädigten Bäume in der Regel durch Schwächeparasitenbefall abstarben. Da dieser Prozeß nach forstlicher Erfahrung bei der Baumart Eiche sehr langsam voranschreitet, darf es nicht verwundern, daß nach wie vor ein Großteil der Eichen eine schüttere Belaubung und eine pinselartige Kronenform aufweist. Die Blattfarbe hat meist wieder den Normalzustand erreicht, während der Zuwachs erst langsam zunimmt. Natürlich ist die Revitalisierung abhängig von allen beeinflussenden Wachstumsfaktoren. Da der Witterung hierbei eine große Bedeutung zufällt, darf es nicht verwundern, daß der zurückliegende trockene Sommer 1991 diesen Prozeß aufgehalten und die Situation wieder verschärft hat. Es ist daher davon auszugehen, daß auch in den nächsten Jahren weitere Eichen als Folge des primären Ereignisses absterben werden. Schwächeparasiten werden regional an Bedeutung zunehmen und diesen Prozeß insbesondere nach erneuten Streßjahren beeinflussen.

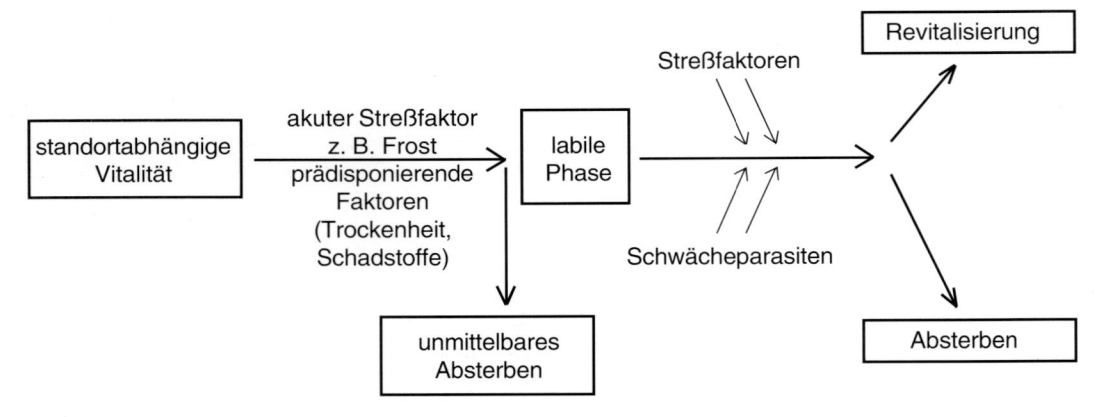

**Abb. 7.** Übersicht zum Schadensablauf der Eichenschäden.

Es spricht demnach vieles dafür, daß die strengen Winterfröste der letzten Jahre diese Entwicklung ausgelöst haben. Die Prädisposition der Eichenbestände durch Trockenheit und Luftschadstoffe ist lokal wahrscheinlich, bedarf aber noch der endgültigen Klärung. In jedem Falle befinden sich derzeit große Teile der europäischen Eichenwälder in einer labilen Phase, wobei Quantität und Qualität von Streßfaktoren jeglicher Art in Verbindung mit der Agressivität von Schwächeparasiten in den nächsten Jahren eine Revitalisierung der Bestände oder ein weiteres Absterben nach sich ziehen werden (Abb. 7). Dieses deckt sich mit dem Abschlußkommuniqué des internationalen Eichenkongresses in Polen (Liese u. a., 1990; Balder, 1991).

Die physiologischen Hintergründe der unterschiedlichen Nekrosebildung sind derzeit noch nicht endgültig geklärt. Bei Eiche wurden sie erst jetzt beschrieben, obwohl z. B. aus dem Obstbau ähnliche Phänomene seit langem bekannt sind (Sorauer, 1985). Insgesamt bleibt noch zu klären, ob es sich bei der Eichenschädigung tatsächlich um neuartige Schadsymptome oder um bis dato übersehene Phänomene handelt.

Dennoch können für die forstliche Praxis nachfolgende Handlungsempfehlungen gegeben werden:

1. Vorsorgliche Fällungen erkrankter Eichen sind aus hygienischer Sicht nicht erforderlich, da eine ursächliche Infektionskrankheit wenig wahrscheinlich ist.

2. Direkte Bekämpfungsmaßnahmen gegen rinden- oder holzbrütende Insekten sind bei derzeitigem Kenntnisstand i. d. R. nicht erforderlich, doch ist bei stark geschädigten Beständen eine intensive Bestandesüberwachung in Zusammenarbeit mit den zuständigen Forstschutzdienststellen anzuraten.

3. Die Fällung abgestorbener Einzelbäume sollte unterbleiben, da sie die Bestände nur weiter auflockern und die sich aufbauenden Schwächeparasiten nur bedingt an ihrer Ausbreitung hindern würden.

4. Kalkungen und/oder Düngungsmaßnahmen sind unter dem Aspekt der derzeitigen Erkenntnisse der Eichenerkrankung nicht notwendig.

5. Ein Baumartenwechsel ist nicht erforderlich, so daß bei Aufforstungen die Eiche uneingeschränkt verwendet werden kann.

### Literatur

Balder, H. & E. Lakenberg. 1987. Neuartiges Eichensterben in Berlin. AFZ, 42: 684-685.

Balder, H. 1989. Untersuchungen zu neuartigen Absterbeerscheinungen an Eichen in den Berliner Forsten. Nachrichtenbl. Deut. Pflanzenschutzd., 41: 1-6.

Balder, H. & D. Dujesiefken. 1989. Stand der Untersuchungen zum Eichensterben in Westberlin. AFZ, 32: 845-848.

Balder, H. 1990. Zur Beteiligung von *Ceratocystis*-Arten am Eichensterben. Gesunde Pflanzen, 42: 369-373.

Balder, H. 1991. »OAK - Decline in Europe« - Internationales Eichensymposium vom 15. bis 18. Mai 1990 in Kornik (Polen). Nachrichtenbl. Deut. Pflanzenschutzd., 43: 36-37.

Balder, H., D. Dujesiefken & E. Kilz (1992). Nähr- und Schadstoffeinträge in die Berliner Forsten - prädisponierende Faktoren f. d. Eichenerkrankung? In: Eckstein, D. & D. Dujesiefken, 1992: Eichensterben - Ein Problem in Berlin. Arbeitsmaterialien der Berliner Forsten, Band 2.

Balder, H. 1992. Erkennen von Frostschäden. Das Gartenamt 12: 848-852.

Balder, H. 1992. Europaweite Eichenschäden durch Frost. Allgemeine Forstzeitschrift 14: 747-752.

Bos, H. 1924. Le dépérissement des arbres. Tijdschr. over Plantenziekten, Vol. 30: 132-142.

Bosch, G. & K. E. Rehfuess. 1988. Über die Rolle von Frostereignissen bei den »neuartigen« Waldschäden. Forstwiss. Centralbl., 107: 123-130.

Delatour, G. 1983. Les dépérissements de chenes en europe. Rev. For. Franc., 35: 265-282.

Dubravi, 1949, zit. in Marcu, G. & Ch. Tomiczek. 1989. Der Einfluß von Klimastreßfaktoren auf das Eichensterben in Österreich. FIW - Forschungsberichte, Wien, 111 S.

Falck, R. 1918. Eichenerkrankung in der Oberförsterei Löderitz und in Westfalen. Z. f. Forst- u. Jagdwesen, 50: 123-132.

Falck, R. 1924. Über das Eichensterben im Regierungsbezirk Stralsund nebst Beiträgen zur Biologie des Hallimaschs und Eichenmehltaus. Allgem. Forst- und Jagdzeitung, 100: 298-317.

Guillaumin, J. J. 1983. Le dépérissement du chene a Troncais. Pathologie racinoire. Rev. Francaise, 35: 415-424.

Georgescu, C. C. 1942. Eichensterben in großem Ausmaß. Rev. pad., 11/12: 460-465.

Georgescu, C. C. 1951. Studium der Auswirkungen der Dürre auf den Wald. Studii si Cercetari, Vol. XII: 235-288.

Hartmann, G., Blank, R. und Lewark, S., 1989.: Eichensterben in Norddeutschland. Forst und Holz, 44: 475-487.

Hausendorff, F. 1940. Frostschäden an Eichen. Z. f. Forst- u. Jagdwesen, 72: 3-35.

Hesko, J. 1987. Merkmale und Verlauf des Massensterbens der Eiche mit Rücksicht auf die Pathogene und Vektoren. Wiss. Arbeiten d. FVA Zvolen, Ungarn, Nr. 36, 33-56.

Igmandy, Z. 1987. Die Welkeepidemie von *Quercus petraea* (Matt.) Lieb. in Ungarn (1978 bis 1986). Österreichische Forstzeitung, 3: 48-50.

Kilz, E. 1992. Die Waldschadensentwicklung in den Berliner Forsten seit 1983. In: Eckstein, D. & D. Dujesiefken, 1992: Eichensterben - Ein Problem in Berlin. Arbeitsmaterialien der Berliner Forsten, Band 2.

Kowalski, T. & H. Butin. 1989. Taxanomie bekannter und neuer *Ceratocystis*-Arten. J. Phytopathology, 124: 236-248.

Krahl-Urban, J., J. Liese & F. Schwerdtfeger. 1944. Das Eichensterben im Forstamt Hellefeld. Zeitschrift für Forstwesen, 76: 70-86.

Krasnitsky, 1976, zit. in Oleksyn, J. & K. Przbyl. 1986. Oak decline in the Soviet Union. Eur. J. For. Path., 1-13.

Krjukova, J. A. & H. Balder. 1991. Zustand der Eichenwälder in der UdSSR. Forst und Holz, 12: 337-338.

Leontovyc, R. & M. Capek. 1987. Eichenwelke in der Slowakei. Österreichische Forstzeitung, 3: 51-52.

Liese, W., H. Balder & R. Siwecki. 1990. Internationales Eichensymposium in Polen - Die Eichensitution in West- und Osteuropa. Forst und Holz, 17: 504-505.

Lührte, v., A. 1989. Jahrringanalytische Untersuchungen an Kiefern und Eichen. Abschlußbericht, UFO-Plan des BMU Nr. 106 07 046/30.

Marcu, G. 1987. Ursachen des Eichensterbens in Rumänien und Gegenmaßnahmen. Österreichische Forstzeitung, 3: 53-54.

Marcu, G. & Ch. Tomiczek. 1989. Der Einfluß von Klimastreßfaktoren auf das Eichensterben in Österreich. FIW - Forschungsberichte, Wien, 111 S.

Oosterbaan, A. 1987. Eichensterben in den Niederlanden. AFZ 37, S. 926.

Schauer-Blume, M. & D. Sturhan. 1989. Vorkommen von Kiefernholznematoden (*Bursaphelenchus* spp.) in der Bundesrepublik Deutschland. Nachrichtenbl. Deut. Pflanzenschutzd., 41: 133-136.

Spektor, 1977, zit. in Oleksyn, J. & K. Przbyl. 1986. Oak decline in the Soviet Union. Eur. J. For. Path., 1-13.

Skadow, K. & H. Traue. 1986. Untersuchungsergebnisse zum Vorkommen einer Eichenerkrankung im nordöstlichen Harzvorland. Beiträge Forstwirtschaft, 20: 64-74.

Sorauer, P. 1985. Handbuch der Pflanzenkrankheiten, Band I. Verlag Paul Parey, Hamburg und Berlin, 5. Lieferung.

Spelsberg, G. 1985. Schäden an Eichen-Jungbeständen auch in Nordrhein-Westfalen. AFZ, 20: 501-502.

Stolina, M. 1954. Quelle est la cause du dépérissement des chenaies à L'uborec? Les Bratislava, Vol. 1, 11-13.

Tomiczek, Ch. 1988. Über das Auftreten von Splintholznematoden in erkrankten Eichenbeständen Österreichs. Anz. Schädlingskde., Pflanzenschutz, Umweltschutz, 61: 121-122.

## Diskussion

**Rehfuess:** Vielen Dank Herr Balder für Ihren interessanten Vortrag, indem Sie uns eine ganz bestimmte Schädigung mit klarer Symptomatik vorgestellt haben. Sie haben auch eine Erklärung dafür zur Diskussion gestellt. Darf ich um Fragen bitten.

**Matzner:** Sind die Schäden über die Überwallungszeiträume genauer zu datieren? Haben Sie Daten über die Langzeitentwicklung des Ernährungszustandes der Eichen? Gibt es in diesem Zusammenhang Veränderungen, die auf eine mögliche Korrelation schließen lassen?

**Balder:** Es gibt beides. Alle Schäden sind zunächst in den Jahren 1984/85 entstanden und haben sich in den Jahren 85/86 und 86/87 fortgesetzt. Zur Bodensituation wurden in Berlin seit Jahren Studien durchgeführt. Wir haben von Herrn Blume aus den 50er Jahren Untersuchungen, die leider mit den heutigen Methoden nicht voll vergleichbaren Verfahren gewonnen wurden. Wir müssen erst überprüfen, ob man die früheren Ergebnisse übertragen kann. Wir wollten wissen, ob eine Nährstoffdisharmonie in bestimmten Bereichen, z. B. im Wurzelsystem, vorhanden ist. Wir haben in diesem Jahr Bodenproben genommen und bei geschädigten Eichen Wurzel- und Blattanalysen durchgeführt, konnten aber keine Korrelation feststellen. Die Belastung durch Schadstoffe ist nicht extrem. Auch die Bodensituation ist normal. In Berlin haben wir immer normal versauerte Böden gehabt. Es gibt nach unseren Erkenntnissen keine drastischen Veränderungen. Auch die Blattanalysen zeigen nichts Bedeutsames auf. Wir finden etwas erhöhte Stickstoffgehalte in den Blättern, die mit Lufteinträgen erklärt werden können.

**Hartmann:** Ich glaube, daß Sie nach dem Bild aus Schweden zwei Dias gezeigt haben mit Schleimflußstellen am Stamm, die auf *Agrilus*befall zurückzuführen sind. Nach unserer jetzigen Kenntnis würde ich den Beitrag der Eichenprachtkäfer zu diesem Geschehen und auch zu dem, was wir als streifenförmige Nekrosen bezeichnen, im Unterschied zu früher als sehr viel höher einstufen.

**Balder:** Ich kann das nur aus unserer Sicht beurteilen. Die Eichen, die wir in Schweden gesehen haben, hatten keinen *Agrilus*befall. Sie hatten nur Nekrosen.

**Hartmann:** Ich möchte dennoch behaupten, daß auf Ihrem Dia, das Sie nach diesem Schleimfluß gezeigt haben, typische *Agrilus*gänge zu sehen sind. Diese Art von *Agrilus*befall erzeugt streifenförmige Nekrosen, die im oberen Stammbereich abwärts fortschreiten und leicht übersehen werden.

**Rehfuess:** Darf ich vorschlagen, daß wir diese Diskussion nach Ihrem Referat fortsetzen.

**Donaubauer:** Ich möchte darum bitten, die *Agrilus*problematik erst nach Herrn Tomizceks Beitrag zu diskutieren. *Agrilus* ist schwer zu erkennen. Vor kurzem ist es mir passiert, daß die Entomologen mir Proben von Ahorn überreicht haben und sagten, dies sei etwas für die Pilzspezialisten. Es handelte sich ausschließlich um *Agrilus*befall.

Sie stellten im Zusammenhang mit Hallimasch eine Frage. Ich möchte aus meiner Erfahrung dazu antworten. Die ersten Hallimaschprobleme im Zusammenhang mit dem Laubwaldsterben sind nach meinem Wissen in den 60er Jahren in der Poebene aufgetreten und später in den gesamten Plantagen des Pappelanbaus in Oberitalien, also auch im Friaul. Man hat Stöcke und Wurzeln aus dem Boden gezogen, um die Infektionswahrscheinlichkeit zu reduzieren. Man erkannte, daß dasselbe passiert ist, was wir jetzt immer wieder auch von der Eiche hören. Es starben starke, früher tiefer reichende Wurzeln ab. Hallimaschbefall trat ein. Es dauerte Jahre, bis dieser Befall etwa in Stockhöhe auftrat. Wahrscheinlich hat der Pilz starke, tote Wurzeln als Eintrittspforte benützt und ist dadurch scheinbar plötzlich aufgetreten. Die Ursache lag mindestens fünf bis sechs Jahre zurück.

# Eichensterben in Norddeutschland
# Symptomatik und mögliche Ursachen *

## Ratburg Blank und Günter Hartmann **

### Zusammenfassung

Frühere Eichensterben sind im norddeutschen Raum aus den Jahren 1739-48, 1911-24, 1929-34 und 1939-44 in der Literatur belegt. Als Ursache wurde ein komplexes Zusammenwirken von Kahlfraß durch Insekten, Witterungsextreme, Eichenmehltau und sekundären Schadorganismen (Hallimasch, *Dermea* sp., Buprestiden) angenommen. Das gegenwärtige Eichensterben begann in Norddeutschland zu Beginn der 80er Jahre, nahm nach 1985 deutlich zu, und erreichte 1987-89 einen Höhepunkt; seither klingen die Schäden stellenweise ab, dauern aber in anderen Gebieten noch unvermindert an.

Zur Ursachenanalyse wurde von der Niedersächsischen Forstlichen Versuchsanstalt eine großräumige Untersuchung in Schleswig-Holstein, Niedersachsen sowie in einzelnen Beständen in Nordrhein-Westfalen, Sachsen-Anhalt, Brandenburg und Mecklenburg-Vorpommern begonnen, deren erste Ergebnisse zusammengefaßt werden. Sie stützen sich auf Symptom- und Jahrringanalysen an mehreren hundert stark geschädigten bzw. ungeschädigten 80-220-jährigen Stiel- und Traubeneichen.

In allen untersuchten Beständen konnten für die 80er Jahre starke Zuwachseinbrüche nach mehrmaligem starken Laubverlust durch Wickler- und Spannerfraß, Trockenheit sowie wiederholte tiefe Spätwinterfröste der Jahre 1985, 86 und 87 nachgewiesen werden. Diesen Faktoren wird eine primäre prädisponierende Wirkung als Voraussetzung für die in der Symptomanalyse festgestellten Sekundärschäden beigemessen. Durch Winterfrost sind außerdem an bis zu 20 % geschädigter Eichen direkte primäre Bastnekrosen verursacht worden (Symptomtyp A). Mögliche Einflüsse von Wasserstreß, Standorteigenschaften und Immissionen werden noch untersucht.

Als Sekundärschäden werden umfangreiche Bastnekrosen beschrieben (Symptomtyp B), die durch Prachtkäfer-Befall (*Agrilus biguttatus*) in Verbindung mit schwach parasitischen Ascomyceten entstehen und an der Mehrzahl der Eichen entscheidend für den Eintritt irreversibler Schädigung sind. Sehr selten wurde Wurzelfäule (Symptomtyp C) als frühestes und alleiniges Schadmerkmal festgestellt. Späte Besiedelung geschädigter Bäume der Symptomtypen A oder B durch Hallimasch-Arten ist dagegen sehr häufig und trägt dann zum Absterben bei.

---

\* Das diesem Bericht zugrunde liegende Vorhaben wurde mit Mitteln des BMFT, Förderkennzeichen 0339382A gefördert. Die Verantwortung für den Inhalt liegt bei den Autoren.

\*\* Blank, Ratburg & Hartmann, Günter, Dr., Niedersächsische Forstliche Versuchsanstalt, Grätzelstraße 2, D-(W)-3400 Göttingen

## 1. Einleitung

Eichensterben-Kalamitäten, d. h. vermehrtes Absterben älterer Stiel- oder Traubeneichen, sind in West-, Mittel- und Osteuropa im Lauf dieses Jahrhunderts wiederholt, zuletzt seit Mitte der siebziger Jahre aufgetreten und untersucht worden (Delatour 1983, 1990; Durand et al. 1983; Becker, Levy 1983; Guillaumin et al. 1983; Oosterbaan 1987, 1990; Oleksyn, Przybyl 1987; Varga 1987; Igmandy 1987; Marcu 1987, Prpic, Raus 1987; Donaubauer 1987; Schütt, Fleischer 1987; Marcu, Tomiczek 1989; Liese et al. 1990; Balder, Liese 1990). Es handelte sich um zeitlich begrenzte Episoden von 5-15 Jahren Gesamtdauer, nach Annahme der meisten Autoren ausgelöst durch kurzfristiges, kombiniertes Auftreten mehrerer, primärer Schadeinflüsse mit jahrelang nachwirkender, sekundärer Folgeerkrankung. Als primäre Schadeinflüsse werden im wesentlichen Witterungsextreme und Kahlfraß durch blattfressende Insekten genannt, z. T. in Verbindung mit längerfristigen Einflüssen wie Veränderung des Wasserhaushalts am Standort oder Immissionsbelastung. Es wird angenommen, daß dadurch primäre physiologische Störungen eintreten, die die Eichen für eine Vielzahl sekundärer pathogener Einflüsse prädisponieren. Diese verursachen ein allmähliches Absterben immer weiterer Bestandesglieder (Schwerdtfeger in Krahl-Urban et al. 1944). Als sekundäre Schadfaktoren werden vor allem der Hallimasch (*Armillaria* spp.), *Ophiostoma*- bzw. *Ceratocystis*-Arten, eine Reihe weiterer schwach parasitischer Ascomyceten, der Eichensplintkäfer (*Scolytus intricatus*) und Buprestiden genannt. Den primären und sekundären Schadfaktoren wird regional unterschiedliches Gewicht beigemessen.

## 2. Frühere Eichensterben in Norddeutschland

Im norddeutschen Raum sind derartige Schaderegnisse an Eichen in der Literatur belegt für die Jahre 1739-48, 1911-1924, 1929-34, 1939-44.

Nach dem außergewöhnlich langen und kalten Winter 1739/40 mit Frösten von -30 bis -35 °C zwischen Oktober und April starben im Revier Grimnitz, Uckermark, und wahrscheinlich auch in anderen Teilen Brandenburgs alte Traubeneichen während der folgenden 15 Jahre vermehrt ab und mußten eingeschlagen werden (Hausendorff 1940). Angesichts der Dauer und Stärke dieser Fröste ist eine primäre Auslösung der Schäden durch Winterfrost sehr wahrscheinlich.

Das erste größere Eichensterben dieses Jahrhunderts in Norddeutschland fällt dagegen in einen Zeitraum, 1911-1920, in dem keine extrem kalten Winter aufgetreten sind (Knoch 1947). Die Schäden begannen in Westfalen während des ungewöhnlich heißen und trockenen Sommers 1911 im unmittelbaren Anschluß an mehrjährigen Kahlfraß durch den Eichenwickler, der bereits seit 1903 und besonders stark in den Jahren 1908-1910 aufgetreten war (Baumgarten 1912, 1914; Baltz 1913, 1918; Hey 1914; Falck 1918). Am stärksten betroffen waren Stieleichen, vor allem in Beständen ohne eine unterständige Baum- und Strauchschicht. Im gleichen Zeitraum traten auch in anderen Teilen Norddeutschlands entsprechende Schäden auf. Das Absterben von Stieleichen im Raum Hannover (Oelkers 1923) und Braunschweig (Betriebswerk FoA Lehre 1920, unveröff.) wurde als Folge von mehrjährigem Kahlfraß und Grundwasserabsenkung gesehen. In der Elbeniederung bei Lödderitz, nordwestlich von Dessau, waren Stieleichenbestände ausschließlich im Überschwemmungsbereich betroffen, deren tonige Standorte in den Trockenjahren 1911, 1915 und 1916 keine ausreichende Wasserzufuhr aus dem sandigen Grundwasserleiter erhielten. Wassermangel und vorherige Schwächung durch mehrmaligen Kahlfraß wurden auch hier als primäre Ursachen des Eichensterbens in 40-70-jährigen Beständen bezeichnet, das 1911 begann und ab 1916 mit Ausfällen von 30-40 Bäumen je ha und Jahr seinen Höhepunkt erreichte (Falck 1918). Auch in Vorpommern, südwestlich von Stralsund, starben 1917-1919 jüngere, bis 70-jährige Eichen auf großer Fläche z. T. vollständig ab. Vorausgegangen waren Trockenheit im Sommer 1915 und vollständiger Laubverlust durch Spätfröste, Wickler- und Spannerfraß sowie starker Mehltaubefall im Sommer 1916. Unterschiede in der Erkrankungsrate zwischen ärmeren und besseren Sandstandorten waren nicht zu erkennen (Falck 1924).

Krankheitsablauf und Schadbilder wurden von Falck (1918, 1924) in Westfalen, Lödderitz und Vorpommern weitgehend übereinstimmend beschrieben. Nach primärer Schwächung durch Wassermangel, Laubverlust durch Fraß und Spätfrost sowie weiterer Schädigung durch Eichenmehltau- und Buprestiden-Befall starben die Eichen von der Krone aus abwärts an sekundären Rindennekrosen, die durch schwach parasitische Ascomyceten verursacht wurden. Wurzelfäule durch den regelmäßig auftretenden Hallimasch sah Falck (1924) als späte sekundäre Folge, Baltz (1913, 1918) dagegen als frühzeitigen Schaden an den durch langjährigen Blattverlust geschwächten Wurzeln an. Hinweise auf eine mögliche Beteiligung von Immissionseinflüssen am Ursachenkomplex (Baumgarten 1912) wurden nicht bestätigt.

Weniger gravierend waren die Schäden an älteren Eichen nach dem strengen Winter 1928/29 (Hey 1929; Kahl 1930; Dengler 1944), der gekennzeichnet war durch normale Dezembertemperaturen, einen um 3 bis 4 °C zu kalten Januar und einen 7 bis 13 °C zu kalten Februar (Schwalbe 1929; Geiger 1948). Dieser für die Frostabhärtung im allgemeinen günstige Temperaturverlauf (Jahnel 1959) hat zwar kein verbreitetes Eichensterben ausgelöst. Aber es kam bei Tiefsttemperaturen unter -30 °C zu verbreiteten Rindenschäden vor allem an Buchen, die auf starke Temperaturunterschiede zwischen Tag und Nacht auf den besonnten Stammseiten zurückgeführt wurden (Seeholzer 1935). Entsprechende Schäden sind in Brandenburg auch an Alteichen beobachtet worden, die danach im Lauf von fünf Jahren abgestorben sind (Hausendorff 1940).

Auch ein Eichensterben im Gebiet von Krotoschin in Polen nach den strengen Wintern von 1939-42 wurde auf Winterfrostschäden zurückgeführt (Krahl-Urban, Liese, Schwerdtfeger 1944). Dabei nimmt Schwerdtfeger an, daß alljährlicher Blattverlust durch den Fraß von Goldafter, Ringelspinner und Maikäfer seit 1935 die Fähigkeit der Eichen zur Frostabhärtung soweit beeinträchtigt hatte, daß sie in dem seit 140 Jahren kältesten Winter 1939/40 (Knoch 1947) durch tiefe Winterfröste primär geschädigt wurden. Zur gleichen Zeit sind auch in Norddeutschland Winterfrostschäden aufgetreten, die sich an Alteichen durch späten Austrieb, büschelige, spärliche Belaubung, Wipfeldürre und Absterben ganzer Bäume geäußert haben. Sie traten in einem Gebiet auf, das großräumig nach Westen und Norden durch die -22 °C Isotherme der Tiefsttemperaturen begrenzt war und ganz Norddeutschland mit Ausnahme des äußersten Westen einschloß (Graumann 1941; Geiger 1948; Münch 1948).

## 3. Das gegenwärtige Eichensterben in Norddeutschland

Borkenrisse mit Schleimfluß und vereinzeltes Absterben älterer Eichen ist in den siebziger Jahren kleinflächig am südlichen Harzrand (v. Lewinski 1984), im Raum Hannover-Braunschweig und in der Lüneburger Heide beobachtet worden. Ab 1983-84 traten ähnliche Schäden in Eichenstangenhölzern im Rheinland (Eichholz 1985; Spelsberg 1985) und besonders im östlichen Harzvorland auf (Skadow, Traue 1986). Eine erhebliche Zunahme des Absterbens älterer Eichen war ab Mitte der achtziger Jahre in Nordwestdeutschland (Hewicker 1987; Hartmann, Blank, Lewark 1989; Blank, Hartmann 1991), Berlin (Balder, Lakenberg 1987; Balder 1989), Sachsen-Anhalt, Brandenburg und Mecklenburg-Vorpommern zu verzeichnen (Skadow, Traue 1986; Eisenhauer 1989, 1990; Majunke, Kessler 1990; Traue 1991). Betroffen waren Trauben- und Stieleichen aller Altersklassen, sozialer Stellungen und auf verschiedensten Standorten. Auf dem Höhepunkt der Erkrankung, in den Jahren 1987-89, starben meist im Inneren geschlossener Bestände herrschende Eichen einzeln und in kleinen Gruppen mit einer Rate von 2-5 Bäumen je ha und Jahr ab. Die weitere Entwicklung in den Jahren 1990-91 verlief regional unterschiedlich, in Nordwestdeutschland stellenweise mit abnehmender Tendenz. So treten z. B. in dem 1985-89 stark betroffenen Forstamt Lappwald (Braunschweigisches Hügelland) z. Zt. kaum noch Ausfälle älterer Eichen auf, während sich die Schäden in anderen Gebieten unvermindert fortsetzen. Dies weist auf regionale Unterschiede im Ursachenkomplex hin.

Zur **Ursachenanalyse** des Eichensterbens wurde eine großräumige Untersuchung in verschiedenen Teilen Norddeutschlands begonnen. Dabei sind bisher in allen größeren Eichenwaldgebieten Niedersachsens und Schleswig-Holsteins sowie in einzelnen Beständen in Nordrhein-Westfalen, Sachsen-Anhalt, Brandenburg und Mecklenburg-Vorpommern (Abb. 1) insgesamt rund sechshundert stark geschädigte bzw. symptomlose Eichen im Alter zwischen 80 und 220 Jahren beprobt worden. Erste Ergebnisse der daran durchgeführten Symptom- und Jahrringanalysen werden im folgenden zusammengefaßt; sie werden an anderer Stelle ausführlicher dargestellt (Hartmann, Blank 1992).

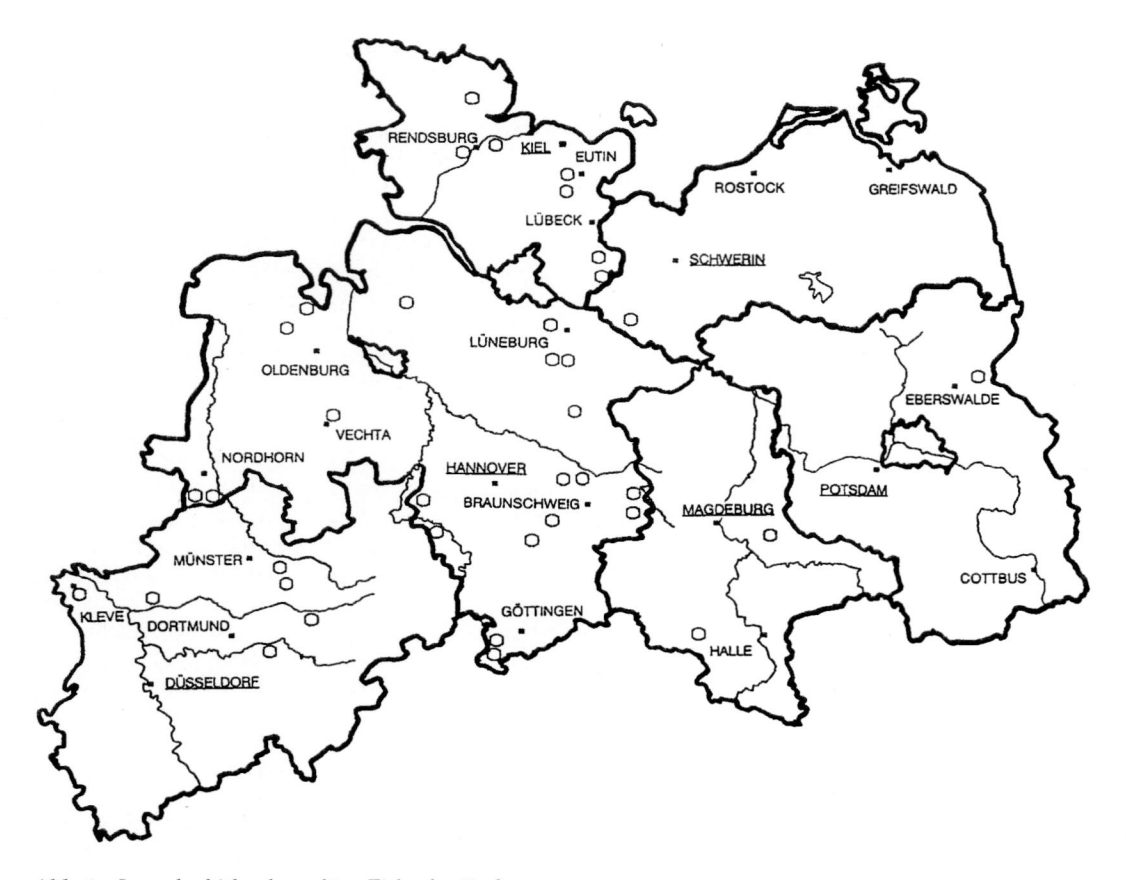

**Abb. 1.** Lage der bisher beprobten Eichenbestände.

## 3.1 Symptomanalyse

Die Untersuchung erstreckte sich auf Krone, Stamm und Wurzelanläufe, die bis 30 cm Tiefe freigelegt wurden. Nach Beurteilung äußerlich sichtbarer Schadensmerkmale wurden Borke und Bast an gefällten Bäumen auf ganzer Länge, an stehenden Bäumen 2-4 m hoch schichtweise abgetragen und die freigelegten Symptome in Bast und Splintholz beurteilt. Die Entstehungszeitpunkte bestimmter Symptome wurden an Stammquerschnitten bzw. Bohrkernen jahrringanalytisch bestimmt.

**Äußerlich** fallen **stark und irreversibel geschädigte Bäume** zunächst durch weit fortgeschrittene Verlichtung der ganzen Krone auf. Sie zeigen büschelige, z. T. kleinblättrige oder vergilbte Restbelaubung am Ende von Ästen, die durch Zweigabsprünge und das Absterben von Knospen verkahlt sind. Diese Merkmale wurden auch in Süddeutschland als typisch für stark geschädigte Eichen beschrieben (Fleischer 1989). Mit fortschreitender Schädigung sterben in der oberen Kronenperipherie Zweig- und Astpartien ab. Am Stamm können, vorwiegend auf Süd- und Westseiten, trockene, meterlange Längsrisse in toter, loser Rinde, sowie dunkle Schleimflußstellen an kleinen, wenige cm bis dm langen Rindenaufbrüchen auftreten.

Nach dem Freilegen des Bastes werden darin Nekrosen und weitere Symptome verschiedener Ursachen sichtbar, die meist in bestimmten als Symptomtypen beschriebenen Kombinationen auftreten (Abb 2).

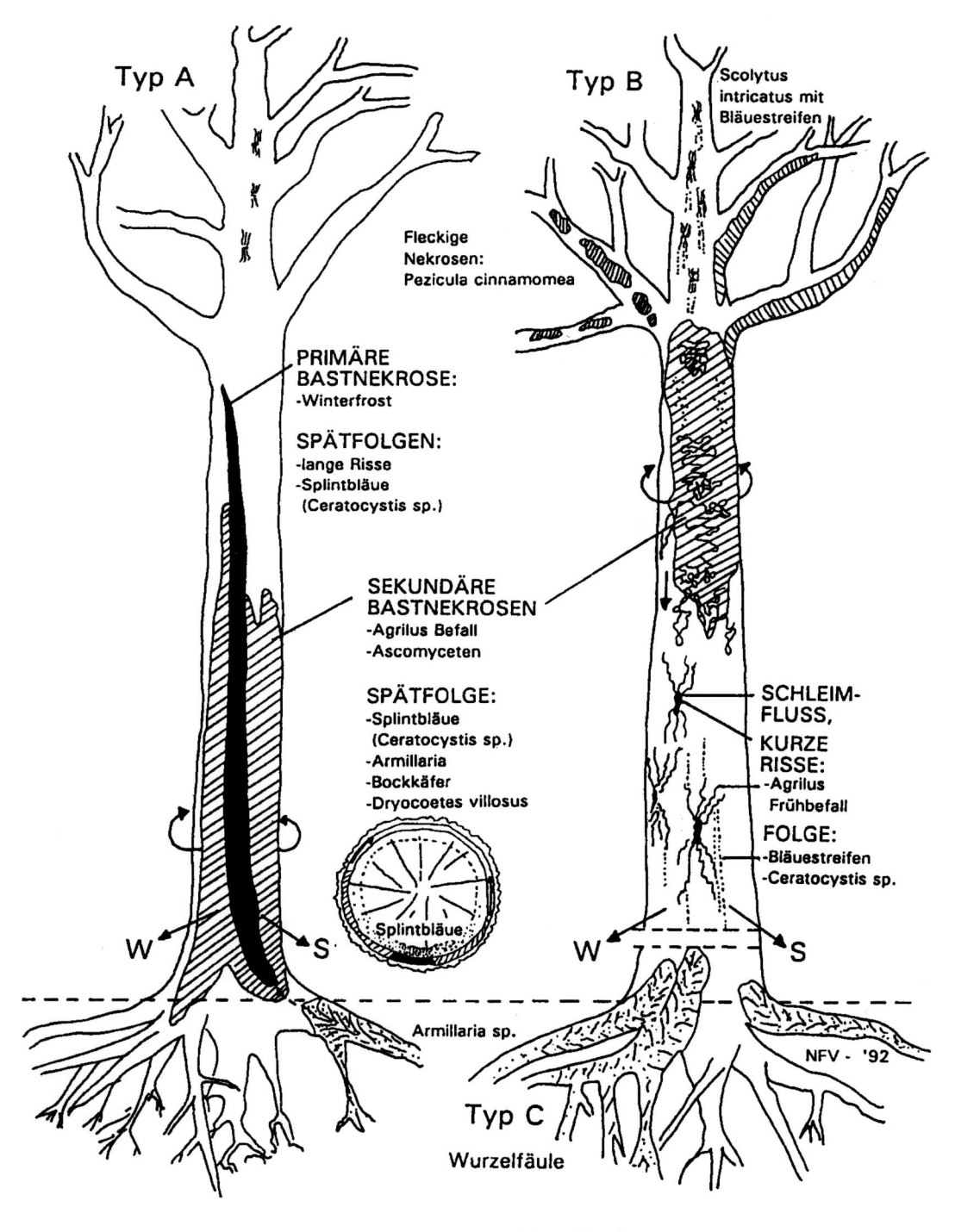

**Abb. 2.** Symptomtypen an stark geschädigten Eichen in Norddeutschland.

### 3.1.1 Symptomtyp A

Dieser Symptomtyp wurde weitverbreitet zwischen Niederrhein und dem östlichen Brandenburg, Schleswig-Holstein und Südniedersachsen gefunden, jedoch nur an maximal 20 % der geschädigten Eichen.

Er ist gekennzeichnet durch lange, schmale (0,05-0,30 x 2-15 m), dunkelbraune, oben spitz zulaufende Bastnekrosen mit glatten, geradlinigen Rändern, die vorwiegend im unteren und mittleren Stammbereich auftreten. Sie enden am Stammfuß wenig über oder unterhalb der Erdoberfläche zungenförmig und erstrecken sich bisweilen auch auf die Oberseite freiliegender oder im Boden flachstreichender Wurzelanläufe (Balder 1989; Hartmann, Blank, Lewark 1989). Anhaltspunkte für eine ursächliche Beteiligung biotischer Faktoren an der Entstehung dieser Nekrosen wurden bisher nicht gefunden. Durch Bildung von Wundkallus an den Nekroserändern und Austrocknung der toten Rinde entstehen die äußerlich sichtbaren langen trockenen Borkenrisse ohne Schleimfluß. Das darunter liegende Splintholz verblaut später durch sekundäres Eindringen von Bläuepilzen (*Ceratocystis* sp., *Phialocephala* sp.).

Nach jahrringanalytischer Datierung sind die beschriebenen Nekrosen in der Folge der Winter 1984/85, 1985/86 und vor allem 1986/87 entstanden. Dies waren die strengsten Winter seit mehr als 20 Jahren, in denen jeweils auf einen milden Dezember ein strenger Januar und Februar folgte mit Minimumtemperaturen in Nordwestdeutschland bis -25 °C und bis -21 °C in einer späten Kälteperiode Anfang März 1987. Als wahrscheinlichste Ursache der Nekrosestreifen des Symptomtyps A wird daher eine Schädigung des nicht (mehr) ausreichend frostharten Bastes durch tiefe Spätwintertemperaturen angenommen. Dafür spricht auch das bevorzugte Auftreten der Nekrosen auf den Süd- bis Westseiten der Stämme. Flächiges Absterben der Rinde auf den besonnten Stammseiten nach strengen Wintern ist an Obst- und Waldbäumen, vor allem an Buche seit langem bekannt (Wartenberg 1933; Seeholzer 1935; Hausendorff 1940; Münch 1933, 1948; Larcher 1985). Die als »Frostplatten« bezeichneten Schadbilder werden auf verminderte Frosthärte der Rinde und starke Tag-Nacht-Schwankungen der Temperatur auf den besonnten Stammseiten zurückgeführt. Die experimentelle Nachprüfung an besonnten bzw. absonnigen Stammseiten alter Traubeneichen in der Lüneburger Heide hat bestätigt, daß der Bast im Spätwinter 1991/92 auf den SW-Seiten der Stämme deutlich frostempfindlicher war als auf den NO-Seiten (Thomas, Hartmann 1992).

Die beschriebenen Frostnekrosen alleine führen in der Regel nicht zum Absterben der Eichen. Sie nehmen meist weniger als ein Drittel des Stammumfangs ein, führen nicht zu starkem Rückgang der Jahrringbreite (s. Abschnitt 3.2) und dürften bei einem Teil der Bäume endgültig ausheilen. Zu irreversibler Schädigung und Absterben führt erst die spätere Erweiterung der primären, frostbedingten Nekrose durch **sekundäre Bastnekrosen** (Abb. 2), die die Stämme im Lauf von 2-3 Jahren umfassen (Hartmann, Blank, Lewark 1989). Sie werden durch biotische Faktoren verursacht und stimmen völlig mit den anschließend beschriebenen Bastnekrosen des Symptomtyps B überein.

### 3.1.2 Symptomtyp B

Dieser Typ wurde an der überwiegenden Mehrzahl geschädigter Stiel- und Traubeneichen im ganzen norddeutschen Untersuchungsgebiet ebenso gefunden (Blank, Hartmann 1992), wie an Stieleichen in Nordost-, Zentral- und Südwestfrankreich (Nageleisen, Hartmann, Landmann 1991). Er ist gekennzeichnet durch das Fehlen primärer Frostnekrosen. Statt dessen treten zuerst im oberen und mittleren Stammbereich auf den Süd- bis Westseiten der Stämme ausgedehnte, überwiegend hellbraune Bastnekrosen auf, die sich stammabwärts und seitwärts mit unregelmäßigen Rändern ausdehnen (Abb. 2). Seltener sind die Nekrosen auf die Krone beschränkt, wo sie als kleine nekrotische Flecke oder größere Nekrosestreifen vorwiegend an Astunterseiten auftreten (Abb. 2). Symptomanalysen an mehreren hundert Eichen und Isolierungen von Pilzen aus Bastnekrosen lassen den Schluß zu, daß diese ausgedehnten Stammnekrosen durch den Larvenfraß des **Zweifleckigen Eichenprachtkäfers** (*Agrilus biguttatus* Fabr.) in Verbindung mit schwach parasitischen **Ascomyceten**, vor allem *Cytospora intermedia* Sacc. und *Pezicula cinnamomea* (DC.) Sacc., verursacht werden. Aus den fleckigen Nekrosen an Kronenästen wurde ausschließlich *Pezicula cinnamomea* isoliert (Blank, Hartmann 1992). Die äußerlich am Stamm sichtbaren kleinen Rindenaufbrüche mit **Schleimfluß** erwiesen sich in fast allen untersuchten Fällen als Einbohrstellen der Eilarven des Prachtkäfers an Bäumen, die sonst noch keine makroskopisch sichtbaren Schadensmerkmale im Bast zeigten und auf den Angriff mit Abwehr und unregelmäßiger Holzbildung reagierten. Entsprechende Frühsymptome des *Agrilus*-Befalls wurden auch in Frankreich im Zusammenhang mit Eichensterben eingehend beschrieben (Jacquiot 1950). Nur in der unmittelbaren Umgebung der Eindringungsstellen waren kleinflächige Nekrosen entstanden, aus denen Flüssigkeit austrat; die Rindenaufbrüche dürften durch Bildung von Wundkallus verursacht sein. Die von den Eindringungsstellen sternförmig ausgehenden Larvengänge enden oft blind, was für ein frühzeitiges Absterben der Larven spricht. Die Abwehrreaktion des Baumes führt oft zum Ausheilen dieses frühen Befalls, dessen Spuren noch nach Jahren in Querschnitten der äußeren Jahrringe als dunkle, inselartige Bereiche zu erkennen sind. Sie lassen sich auch in Bäumen mit weit fortgeschrittenem *Agrilus*-Befall und ausgedehnten Nekrosen nachweisen. In diesen Fällen sind dem starken, tödlichen Befall schwächere, zunächst noch abgewehrte Angriffe des Prachtkäfers vorausgegangen.

*Agrilus biguttatus* gilt als ausgesprochen sekundärer Schädling, der eine weitgehende Schwächung der Eichen voraussetzt (Wachtendorf 1955). Auch in den untersuchten norddeutschen Eichenbeständen lassen sich primäre, prädisponierende Einflüsse erkennen (Abschnitt 3.2; Hartmann, Blank 1992), die dem *Agrilus*-Befall vorausgegangen sind. Der Befall ist jedoch nicht auf »randständige, krüppelhafte Exemplare oder ... physiologisch auf das schwerste getroffene« Bäume (Wachtendorf 1955) beschränkt, soweit sich dies nach Kronenzustand und Jahrringbreiten beurteilen läßt. Befallen wurden vorwiegend herrschende, normal- bis großkronige Eichen im Inneren geschlossener Bestände oder an kleinen Lücken im Bestandesinneren, deren Kronenzustand sich in enger Beziehung zum Grad des *Agrilus*-Befalls verschlechterte. In der Endphase kommt es oft zu dem für *Agrilus*-Befall typischen, plötzlichen Absterben im Sommer in noch relativ gut belaubtem Zustand. Die bisherigen Befunde an Eichen des Symptomtyps B in Norddeutschland rechtfertigen zwar nicht die Annahme eines primären Charakters des Prachtkäfer-Befalls, zeigen aber, daß dieser innerhalb des sekundären Krankheitsgeschehens so frühzeitig auftritt, daß seine Stärke ausschlaggebend ist für den weiteren Krankheitsverlauf.

Andere, häufig diskutierte biotische Schadfaktoren wie die genannten Ascomyceten, *Ceratocystis*-Arten und *Scolytus intricatus*, als Überträger der letzteren sind an den in Norddeutschland untersuchten Eichen eindeutig später aufgetreten als der *Agrilus*-Befall und deshalb von untergeordneter Bedeutung.

### 3.1.3. Symptomtyp C

Die **Bedeutung von Wurzelfäulen** durch Pilze läßt sich aufgrund der bisherigen Untersuchungen noch nicht ausreichend beurteilen.

In die Nekrosen der Symptomtypen A und B dringt im fortgeschrittenen Krankheitsstadium oft **Hallimasch**-Myzel (*Armillaria mellea, A. bulbosa*) von unten ein. In vielen Fällen geschieht dies jedoch zu einem späten Zeitpunkt, zu dem der Stamm bereits weit fortgeschrittenen *Agrilus*-Befall und ausgedehnte Bastnekrosen zeigt. Hier ist Hallimasch-Besiedelung der Wurzeln eine späte Folgeerscheinung, die den Krankheitsablauf nicht wesentlich beeinflußt.

Nur in wenigen Fällen konnte bisher ein **Symptomtyp C** festgestellt werden, der durch **Wurzelfäule** als einziges makroskopisch sichtbares Schadsymptom gekennzeichnet ist. Dabei ist ein Teil des Wurzelsystems meist durch Hallimasch abgetötet und das Holz der Starkwurzeln z. T. schon weißfaul, während der Bast an Stamm und Ästen noch keine oder nur geringfügige Symptome zeigt. In diesen Fällen dürfte eine frühzeitige Wurzelinfektion ausschlaggebend für den sekundären Krankheitsverlauf gewesen sein. Zur weiteren Beurteilung von Wurzelschäden im Ursachenkomplex des Eichensterbens wird die bisher angewandte Methode, bei der nur die oberen Bereiche der Starkwurzeln untersucht wurden, durch die Untersuchung ganzer Wurzelsysteme ergänzt.

### 3.3 Jahrringanalysen

Die beschriebenen Symptome sind, mit Ausnahme der primären Frostnekrosen, als sekundäre Schäden zu bewerten. Diese sind zwar die unmittelbaren Absterbursachen, setzen aber eine **Prädisposition** der Eichen durch andere Faktoren voraus. Zur Klärung der primären Schadursachen und des zeitlichen Ablaufs der Erkrankung wur-

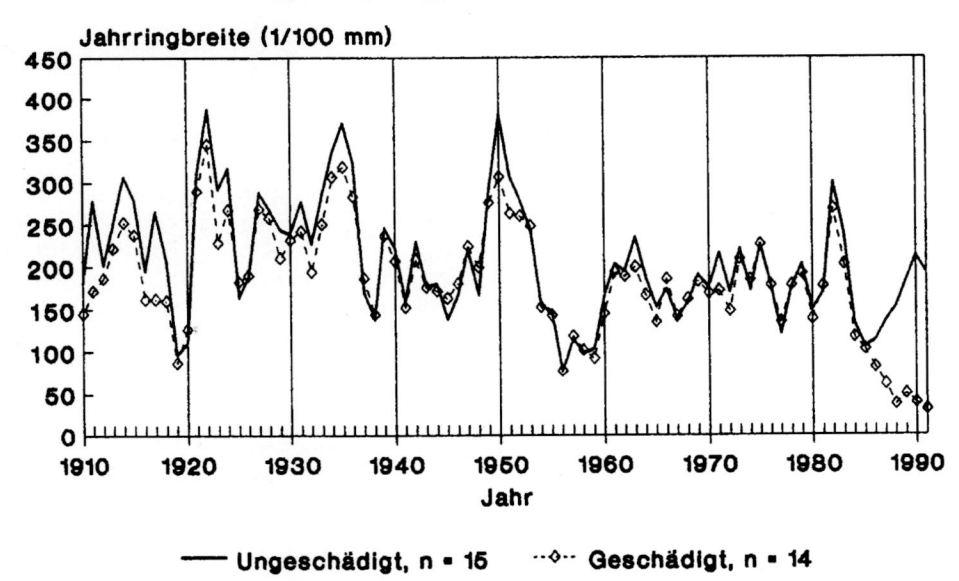

Abb. 3. Mittlere Jahrringbreite stark geschädigter und ungeschädigter Eichen aus 2 Beständen in Norddeutschland.

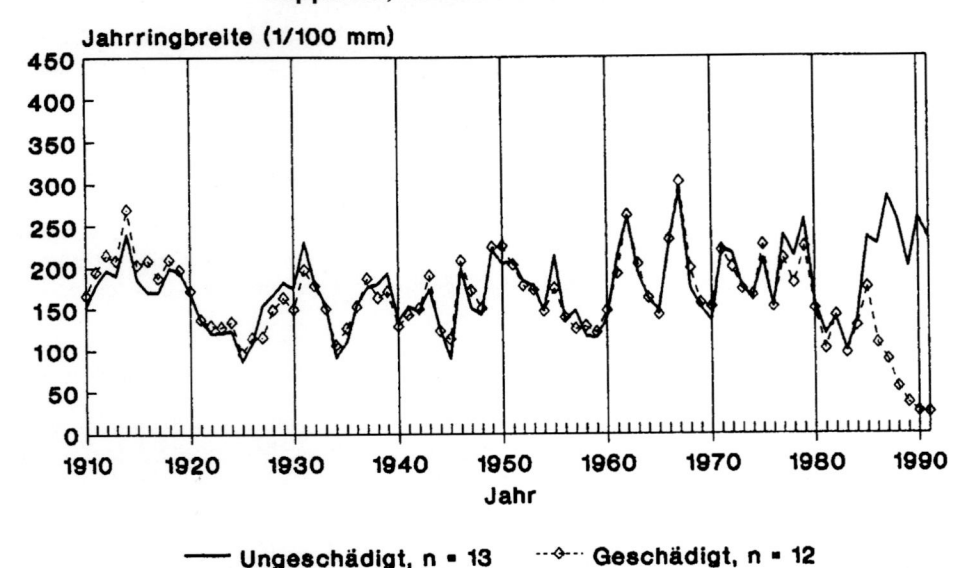

**FA Lappwald, Rfö Mariental**

| | | |
|---|---|---|
| 1980: | Starker Fraß | |
| 1981: | Kahlfraß | |
| 1982: | Starker Fraß | |
| | Trockenheit | (80 %)* |
| 1983 | Kahlfraß | |
| | Trockenheit | (67 %)* |
| 1984: | Starker Fraß | |
| 1985: | Winterfrost | (-17 °C, Januar) |
| | Starke Mast | |
| 1986: | Winterfrost | (-22 °C, Februar) |
| 1987: | Winterfrost | (-23 °C, Januar) |
| 1988-91: | Trockenheit | (82 %, 77 %, 75 %, 79 %)* |

**FA Neuenburg, Rfö. Westerstede**

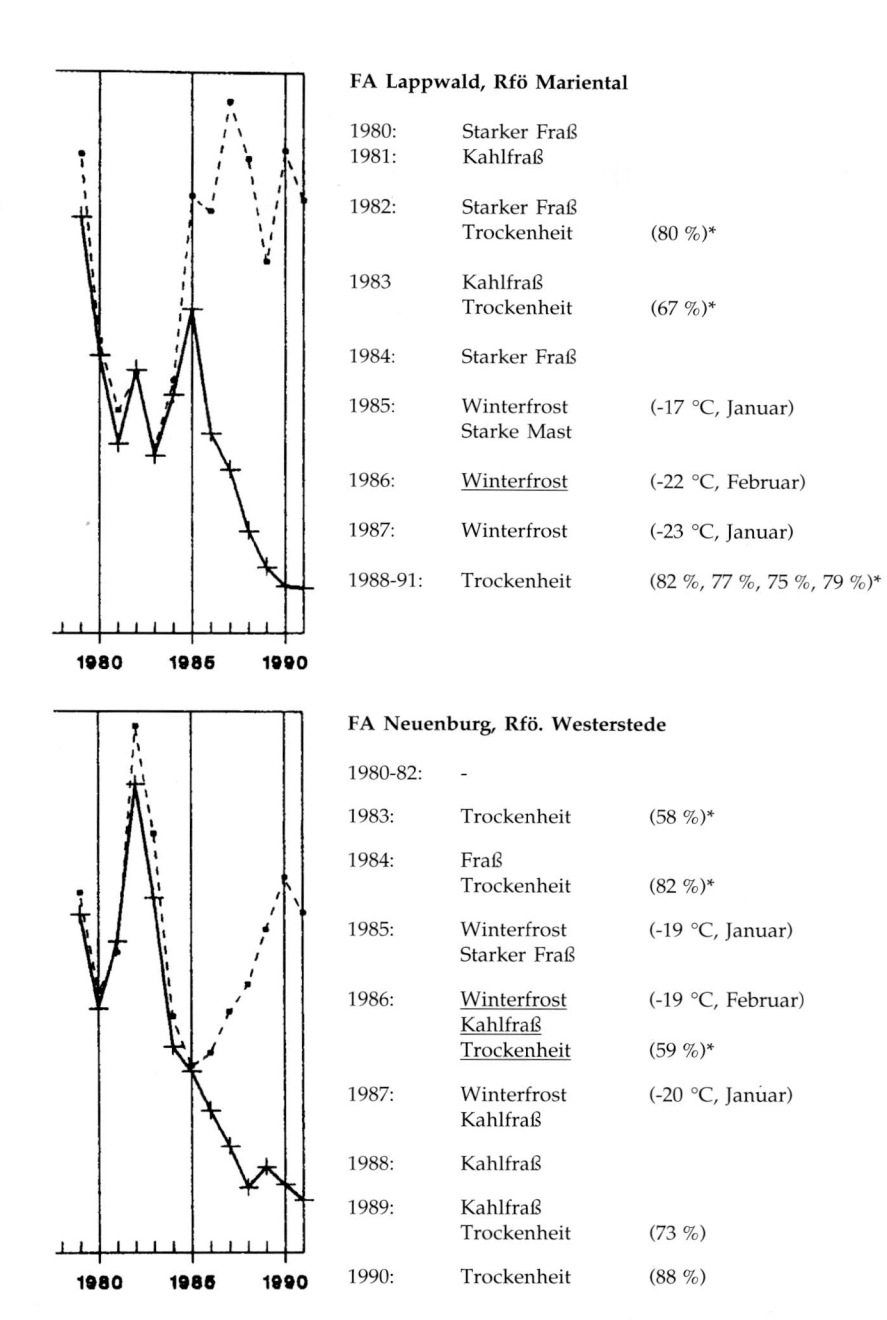

| | | |
|---|---|---|
| 1980-82: | - | |
| 1983: | Trockenheit | (58 %)* |
| 1984: | Fraß | |
| | Trockenheit | (82 %)* |
| 1985: | Winterfrost | (-19 °C, Januar) |
| | Starker Fraß | |
| 1986: | Winterfrost | (-19 °C, Februar) |
| | Kahlfraß | |
| | Trockenheit | (59 %)* |
| 1987: | Winterfrost | (-20 °C, Januar) |
| | Kahlfraß | |
| 1988: | Kahlfraß | |
| 1989: | Kahlfraß | |
| | Trockenheit | (73 %) |
| 1990: | Trockenheit | (88 %) |

**Abb. 4.** Primäre biotische und abiotische Streßfaktoren und Jahrringentwicklung 1980-1991 für 2 Eichenbestände in Norddeutschland.

\* Vegetationszeitniederschlag (V-VIII) in % des 30-jährigen Mittels (1961-1990)

den im gesamten norddeutschen Raum jahrringanalytische Untersuchungen durchgeführt (Abb. 1).

In Abb. 3 wird für einen 130-jährigen Traubeneichenbestand im Ostbraunschweigischen Hügelland (FA Lappwald) und einen 105-jährigen Stieleichenbestand im Niedersächsischen Küstenraum

(FA Neuenburg) der Zuwachsverlauf ungeschädigter und stark geschädigter Eichen verglichen. Über das gesamte Bestandesleben verläuft in beiden Beständen die mittlere Jahrringbreite ungeschädigter und geschädigter Eichen gleichläufig und in längeren Zeitabschnitten sogar fast deckungsgleich. Mitte der 80er Jahre wird der Zuwachs der beiden Kollektive gegenläufig, d. h. die Jahrringbreite der ungeschädigten Eichen steigt an, die der geschädigten fällt stark ab. In den 80er Jahren müssen daher die für das derzeitige Eichensterben entscheidenden primären Schadfaktoren angenommen werden. Deshalb wurden für den Zeitraum 1980-1991 die auch in der Literatur als wesentlich angesehenen abiotischen und biotischen Streßfaktoren Trockenheit, Winterfrost und Fraß durch blattfressende Insekten für diese Bestände zusammengestellt und mit der Jahrringentwicklung verglichen (Abb. 4). Die Angaben zum Fraß sind den Forstamtschroniken entnommen, die Wetterdaten für die Stationen Helmstedt und Westerstede den Meteorologischen Jahrbüchern (1980-1989) bzw. Monatlichen Witterungsberichten (1990-1991) des Deutschen Wetterdienstes.

Die 80er Jahre sind für beide Bestände gekennzeichnet durch eine Häufung von starkem Fraß, Winterfrösten und Trockenheit; zeitliche Abfolge und Kombination in den einzelnen Jahren sind jedoch regional unterschiedlich. Das Jahr 1986 hat sich aufgrund der Jahrringanalyse in beiden Beständen als entscheidend für den Schadensverlauf erwiesen. Im Forstamt Lappwald trat 1986 von den berücksichtigten Streßfaktoren nur Winterfrost (-22 °C im Februar) auf. Darüber hinaus wurden im Lappwald zahlreiche Eichen mit auf diesen Winter datierbaren primären Bastnekrosen (Symptomtyp A) sowie gleichartige Schäden an Bergahorn gefunden. Diese Ergebnisse der Symptom- und der Jahrringanalyse belegen den entscheidenden Einfluß der tiefen Winterfröste auf das Schadgeschehen im Lappwald. In Neuenburg sind 1986 alle erfaßten Streßfaktoren gleichzeitig aufgetreten. Aufgrund der Ergebnisse der Jahrringanalyse ist eine zeitliche Auflösung und Gewichtung der einzelnen Schadeinflüsse nicht möglich.

Für alle in Norddeutschland bisher näher untersuchten Eichenbestände konnten für die 80er Jahre starker Fraß durch die Eichenwicklerschadgesellschaft, Trockenjahre und wiederholte tiefe Spätwinterfröste nachgewiesen werden. Eine Kombination dieser Streßfaktoren wird daher als primäre, prädisponierende Ursache für das derzeitig verstärkte Absterben der Eichen angenommen. Bei einer Schädigung durch Frost in den strengen Wintern 1984/85, 1985/86 und 1986/87 sind vorhergehende Trocken- und Fraßjahre besonders zu berücksichtigen. Neben der witterungsbedingten, d. h. durch Abkühlungs- und Erwärmungsperioden gesteuerten Frostresistenz kann jede sonstige Belastung, z. B. durch ungünstige Standortverhältnisse, Immissionseinflüsse, Trockenheit oder vorausgegangener Laubverlust durch Insektenfraß das Abhärtungsvermögen insgesamt vermindern (Larcher 1985). Letzteres wurde für das Eichensterben nach den strengen Wintern 1939-42 angenommen (Krahl-Urban et al. 1944).

## Literatur

Balder, H. (1989). Untersuchungen zu neuartigen Absterbeerscheinungen an Eichen in den Berliner Forsten. Nachrichtenblatt Deut. Pflanzenschutzdienst, 41: 1-6.

Balder, H. &. E. Lakenberg (1987). Neuartiges Eichensterben in Berlin. AFZ, 42: 684-685.

Balder, H. & W. Liese (1990). Zum Eichensterben in der südlichen UdSSR. AFZ, 45: 380-381.

Baltz (1913). Das Absterben der Eichen in Westfalen. Deutsche Forstzeitung, 28: 537-539.

Baltz (1918). Die Eichenerkrankung in Westfalen. Zeitschrift f. Forst- und Jagdwesen, 50: 219 - 222.

Baumgarten, 0. (1912). Insekten- und Pilzschäden an den Eichenbeständen der Provinz Westfalen. Zeitschr. f. Forst- und Jagdwesen, 44: 154-161.

Baumgarten, 0. (1914). Das Absterben der Eichen in Westfalen. Zeitschrift f. Forst- und Jagdwesen, 46: 174-177.

Becker, M. & G. Levy.(1983). Le dépérissement du chêne. Les causes écologiques. Rev. For. Franç., 35: 341-356.

Betriebswerk Forstamt Lehre. (1920), unveröff.

Blank, R. & G. Hartmann (1991). Ursachenanalyse des Eichensterbens in Nordrhein-Westfalen. Abschlußbericht, unveröff.

Delatour, C. (1983). Le dépérissements des chênes en Europe. Rev. For. Franç., 35: 265-282.

Delatour, C. (1990). Oak decline and the status of *Ophiostoma* spp. on oak in Europe: France. Bulletin OEPP/EPPO, 20: 408-409.

Dengler, A. (1944). Frostschäden an Stiel- und Traubeneichen. Z. ges. Forstwesen, 76: 155-158.

Deutscher Wetterdienst: Meteorologische Jahrbücher 1980-1989, Monatliche Witterungsberichte 1990-1991.

Donaubauer, E. (1987). Auftreten von Krankheiten und Schädlingen der Eiche und ihr Bezug zum Eichensterben. Österreichische Forstzeitung, 98: 46-48.

Durand, P., J. Gelpe, B. Lemoine, J. Riom & J. Timbal (1983). Le dépérissement du chêne pédonculé dans les pyrénées atlantiques. Rev. For. Franç, 35: 357-368.

Eichholz, U. (1985). Sterben von Eichenjungbeständen in Südhessen. AFZ, 40: 47-48.

Eisenhauer, D.-R. (1989). Untersuchungen zur Entwicklung der ökologischen Stabilität von Eichenbeständen im nordöstlichen Harzvorland. Beiträge für die Forstwirtschaft, 23: 55-62.

Eisenhauer, D.-R. (1990). [Zur Entwicklung der ökologischen Stabilität von Eichenbeständen des Diluviums der DDR in Folge des Wirkens eines pathogenen Faktorenkomplexes]. Diss. Zvolen.

Falck, R. (1918). Eichenerkrankung in der Oberförsterei Lödderitz und in Westfalen. Zeitschrift f. Forst- und Jagdwesen, 50: 123-132.

Falck, R. (1924). Über das Eichensterben im Regierungsbezirk Stralsund nebst Beiträgen zur Biologie des Hallimaschs und Eichenmehltaus. Allgemeine Forst- und Jagdzeitung, 100: 298-317.

Fleischer, M. (1989). Untersuchungen über zwei neue Eichenerkrankungen in Bayern. Diss. München.

Geiger, R. (1948). Die meteorologischen Bedingungen des harten Winters 1939/40. Forstw. Cbl., 67: 3-10.

Graumann (1941). Frosteinwirkung an ostpreußischen Eichen von verschiedener Herkunft. Zeitschr. f. Forst- und Jagdwesen, 73: 283-287.

Guillaumin, J.-J., Ch. Bernard, C. Delatour & M. Belgrand. (1983). Le dépérissement du chêne a Tronçais: pathologie racinaire. Rev. For. Franç., 35: 415-424.

Hartmann, G., R. Blank & S. Lewark (1989). Eichensterben in Norddeutschland. Forst und Holz, 44: 475-487.

Hartmann, G. & R. Blank (1992). Winterfrost, Kahlfraß und Prachtkäferbefall als Faktoren im Ursachenkomplex des Eichensterbens in Norddeutschland. Forst und Holz, 47: 443-452.

Hausendorff, F. (1940). Frostschäden an Eichen. Zeitschrift f. Forst- und Jagdwesen, 72: 3-35.

Hewicker, J. A. (1987). Eichensterben im Forstamt Lappwald. AFZ, 42: 685.

Hey (1914). Das Absterben der Eichen in Westfalen. Zeitschr. f. Forst- und Jagdwesen, 46: 595-598.

Hey (1929). Das Eichensterben in Westfalen. Zeitschr. f. Forst und Jagdwesen, 61: 496.

Igmandy, Z. (1987). Die Welkeepidemie von *Quercus petraea* (Matt.) Lieb. in Ungarn (1978 - 1986). Österreichische Forstzeitung, 98: 48-50.

Jaquiot, C. (1950). Des relations entre les attaques d'*Agrilus biguttatus* Fab. et certains cas des dépérissement des chênes. Revue de Pathologie végétale et d'entomologie agricole de France, 29: 171-182.

Jahnel, H. (1959). Über Frostresistenz bei Waldbäumen. Archiv f. Forstwesen, 8: 697-725.

Kahl, A. (1930). Der Winterfrost 1928/29 und seine Auswirkungen auf Baum und Strauch. Mitt. Dt. Dendrol. Ges., 42: 222-245.

Knoch, K. (1947). Über die Strenge der Winter in Norddeutschland nach der Berliner Beobachtungsreihe 1766 - 1947. Meteorologische Rundschau, 1: 137-140.

Krahl-Urban, J., J. Liese & F. Schwerdtfeger. (1944). Das Eichensterben im Forstamt Hellefeld. Zeitschrift f. d. gesamte Forstwesen, 76/70: 70-86.

Larcher, W. (1985). Schädigung der Pflanzen durch Frost. In: Handbuch der Pflanzenkrankheiten Bd. 1, 5. Teil, 7. neugestaltete Auflage, Hamburg und Berlin, 139-176.

v. Lewinski, E. (1984). Neu auftretende Kambiumschäden an Eiche - Folge von Immissionen? Forst- und Holzwirt, 39: 119-120.

Liese, W., H. Balder & R. Siwecki (1990). Internationales Eichen-Symposium in Polen. Die Eichensituation in West- und Osteuropa. Forst u. Holz, 45: 504-505.

Majunke, C. & W. Kessler (1990). Tätigkeitsbericht der Forschungsanstalt für Forst- und Holzwirtschaft Eberswalde, Abt. Forstschutz.

Marcu, G. (1987). Ursachen des Eichensterbens in Rumänien und Gegenmaßnahmen. Österreichische Forstzeitung, 98: 53-54.

Marcu, G. & C. Tomiczek (1989). Der Einfluß von Klimastreßfaktoren auf das Eichensterben in Österreich. Forschungsbericht 1989/1, Österreichische Gesellschaft für Waldökosystemforschung und experimentelle Baumforschung.

Münch, E. (1933). Winterschäden an immergrünen Gehölzen. Vortrag Bot. Tagung Tharandt.

Münch, E. (1948). Forstliche Frostschäden im Winter 1939/40. Forstwiss. Cbl., 67: 10-17.

Nageleisen, L. M., G. Hartmann & G. Landmann. (1991). Dépérissement d'essences feuillues en Europe occidentale - Cas particulier des chênes rouvre et pédonculé. Congrès Forestier Mondial, Paris.

Oelkers (1923). Trauben- und Stieleiche in der Provinz Hannover. Zeitschr. f. Forst- und Jagdwesen, 55: 209-218.

Oleksyn, J. & K. Przybyl (1987). Oak decline in the Soviet Union - Scale and hypothesis. Eur. J. For. Path., 17: 321-336.

Oosterbaan, A. (1987). Eichensterben auch in den Niederlanden. AFZ, 42: 926.

Oosterbaan, A. (1990). Oak decline and the status of *Ophiostoma* spp. on oak in Europe: Netherlands. Bulletin OEPP/EPPO, 20: 414-418.

Prpic, B. & D. Raus (1987). Stieleichensterben in Kroatien im Licht ökologischer und vegetationskundlicher Untersuchungen. Österreichische Forstzeitung, 98: 55-57.

Schütt, P. & M. Fleischer (1987). Eichenvergilbung - eine neue, noch ungeklärte Krankheit der Stieleiche in Süddeutschland. Österreichische Forstzeitung, 98: 60-62.

Schwalbe (1929). Der Winter 1928-1929 in Deutschland. Meteorologische Zeitschrift, 46: 146-149.

Seeholzer, M. (1935). Rindenschäle und Rindenriß an Rotbuche im Winter 1928/29. Forstw. Cbl., 57: 237-246.

Skadow, K. & H. Traue (1986). Untersuchungsergebnisse zum Vorkommen einer Eichenerkrankung im nordöstlichen Harzvorland. Beiträge f. d. Forstwirtschaft, 20: 64-74.

Spelsberg, G. (1985). Schäden in Eichen-Jungbeständen auch in Nordrhein-Westfalen. AFZ, 40: 501-502.

Thomas, F. & G. Hartmann (1992). Frosthärte des Bastes älterer Traubeneichen auf besonnten und absonnigen Stammseiten. Forst und Holz, 47: 462-464.

Traue, H. (1991). Untersuchungen zum Erscheinungsbild und zur Ätiologie des Eichensterbens bei *Quercus petraea* (Matt.) Liebl. und *Quercus robur* L. in der DDR und forstwirtschaftliche Konsequenzen. Diss. Dresden.

Varga, F. (1987). Erkrankung und Absterben der Bäume in den Stieleichenbeständen Ungarns. Österreichische Forstzeitung, 98: 57-58.

Wachtendorf, W. (1955). Beiträge zur Kenntnis des Eichenprachtkäfers *Agrilus biguttatus* Fabr. und *Coraebus undatus* Fabr. Zeitschr. f. Angew. Entomologie, 37: 327-339.

Wartenberg, H. (1933). Kälte und Hitze als Todes- und Krankheitsursache der Pflanzen. in: Handbuch der Pflanzenkrankheiten Bd. I., 1. Teil, 6. neubearbeitete Aufl., Hamburg und Berlin, 475-592.

# Diskussion

**Rehfuess:** Vielen Dank für Ihren übersichtlichen Vortrag. Wie erwartet, ist das Bild jetzt differenzierter geworden. Soweit ich es jedoch übersehen kann, besteht mit den beiden ersten Referaten dahingehend Übereinstimmung, daß die Wechselwirkungen zwischen den Witterungsfaktoren einerseits und verschiedenen Schädlingen andererseits ganz im Vordergrund stehen. Darf ich um Wortmeldungen bitten.

**Matzner:** Ich habe eine Frage zum Ursachenkomplex. Sie haben den Winterfrost als Hauptursache angeführt. Gilt das für alle Schadtypen, die Sie differenziert haben, sowohl für den Typ A als auch für den Typ B?

**Hartmann:** Der Frost hat nach unserer jetzigen Kenntnis kein größeres und kein kleineres Gewicht als die anderen beiden Faktoren, nämlich Trockenheit in Verbindung mit Fraß. Es ist überhaupt vermutlich so, daß zumindest Trockenheit und Fraß, aber wahrscheinlich auch Frost für sich alleine, kein Eichensterben bewirken. Das letzte Eichensterben war 1920. Es wäre viel häufiger, wenn jede Trockenheit und jeder Kahlfraß so etwas zur Folge hätte. Sicher ist es eine Besonderheit des jetzigen Eichensterbens, daß der Frost noch zu Trockenheit und Fraß dazugekommen ist.

**Balder:** Ich muß das etwas korrigieren. Die letzte Eichensterbenswelle war in den 60er Jahren. Man geht davon aus, daß es etwa alle 20 Jahre auftritt. Wenn man sich einmal die Mühe macht, die Eichen als eine Population zu verstehen und unabhängig von der Stammschädigung untersucht, wie eigentlich der Radialzuwachs der Eiche verläuft, gibt es ausschließlich mit dem Frost gute Korrelationen. Das trifft für 100 % der Eichen zu. Bei Trockenheit reagiert dagegen nicht jede Eiche. Die Reaktion hängt davon ab, wie das Wurzelsystem ausgebildet war. Nun zum Fraß: In der UdSSR gibt es riesige Gebiete, wo man umfangreiche Versuche durchführte. Wenn in einem Jahr kein Fraß auftrat, kam es zu phantastischen Revitalisierungen nach zehn bis 15-jährigem Kahlfraß. Die Eichen scheinen selbst danach sofort wieder in der Lage zu sein durchzutreiben und einen breiten Jahrring zu bilden. Ich habe folgende Frage zu diesem Komplex: Würden Sie eine Vermutung wagen, wie schnell Hallimasch in die Wurzel eindringt?

**Hartmann:** Ich traue mich nicht, diese Frage zu beantworten. Wir haben vor drei Monaten angefangen, diese Fragestellung zu bearbeiten. Die Wurzeln, die wir bisher untersuchten, hatten zu wenig Hallimasch. Deshalb kann ich heute keine Aussagen zu dieser Frage machen.

**Schröter:** Ich komme aus Baden-Württemberg. Wir führen seit Beginn der Waldschadensinventur auch die sogenannte Differentialdiagnose durch. 1991 wurde trotz strengen Winterfrostes im Februar, trotz Spätfrösten im April/Mai und trotz extremer Trockenheit (Juli/August) in Baden-Württemberg ein Rückgang bei der Schadstufe 2-4 an der Eiche festgestellt. Maßgeblich dafür war vor allem ein Zusammenbruch der Eichenwickler/Frostspanner-Fraßgesellschaft. Das Schadniveau ist mit 28 % Anteil der Schadstufe 2-4 landesweit dennoch noch relativ hoch.

**Hartmann:** Wir sprechen von Winter- und nicht von Spätfrösten.

**Schröter:** Es war im Februar 1991 ein Winterfrost.

**Hartmann:** Vieles spricht dafür, daß Kombinationen von Faktoren wirksam sind. Im übrigen müssen wir noch abwarten, was diese Situation für Folgen haben wird. Auch die Folgen von 1985 haben wir erst später erkannt.

**Kandler:** Habe ich Sie recht verstanden, daß nur diese Risse auf Frost zurückgehen sollen und nicht die übrigen Erscheinungen.

**Schröter:** Ja.

**Kandler:** Dann handelt es sich doch nur um eine ganz kleine Prozentsatz der Schädigung.

**Schröter:** So ist es.

**Hartmann:** Wir sollten unterscheiden zwischen den radialen Frostrissen im Holz, die jeder Forstpraktiker kennt, und Schäden im Bast, der danach flächig und streifig abstirbt. Dabei reißt nur gelegentlich die Borke auf, nicht aber das Holz.

**Kandler:** Setzen sich diese Streifen anschließend in den Kronen fort?

**Hartmann:** Nein.

**Kandler:** Warum werden dann nach Ihrer These die Blätter gelb?

**Hartmann:** Weil die Äste teilweise nekrotisch sind.

**Kandler:** Die Blätter sind also nicht bis zum Ende der Äste gelb.

**Hartmann:** Nein.

# Eichenschäden in Bayern
# Situation und Fragen nach den Ursachen

Josef Reindl *

## Zusammenfassung

In vielen Eichenbeständen insbesondere in Unterfranken treten seit Jahren hinsichtlich Häufigkeit und Intensität vermehrt
- pilzlich/pathologische Krankheiten (Epidemien) sowie
- entomologische Schädlinge (Gradationen) auf.

Biotische und abiotische Schadeinflüsse häufen sich (Komplexwirkungen). Es kommt zum Absterben von Einzelbäumen verschiedenster Altersstufen, örtlich auch zum Absterben von Kleingruppen. Noch ist das Absterben nicht flächenhaft oder bestandsgefährdend.

Eine allgemeine Immissionsbelastung der Eiche ist aufgrund blattanalytischer Untersuchungen nicht nachweisbar. Die Vitalität der Eichen bedarf längerfristiger Untersuchungen. Wir gehen davon aus, daß die Vitalität in vielen Bereichen beeinträchtigt ist (7,8).

Ein Häufung von Streßfaktoren sowie eine zunehmende Intensität bestimmter Krankheitserreger führt zu schnellerem und erhöhtem Absterben.

## 1. Vorbemerkungen

Die Eiche hat in Bayern bei rd. 2,4 Mio ha Waldfläche einen Anteil von rd. 4 % im Landesdurchschnitt. Am stärksten vertreten ist sie in den Laubwaldgebieten in Unterfranken mit rd. 20 % Anteil an der Bestockung. In den übrigen Regierungsbezirken liegt der Eichenanteil bei rd. 2 %; hier ist die Eiche meist zurückgedrängt auf flußbegleitende Auwälder z. B. an Donau, Isar, Iller, Lech, Traun, Salzach. Die Verteilung der Eichenprobebestände zur Erhebung des Waldzustandes (Abb. 1) zeigt ein entsprechendes Verteilungsbild. Die Beurteilung des Gesundheitszustandes von Laubbäumen ist aus verschiedenen Gründen problematisch:

Es gibt – kurzfristige Erscheinungen/langfristige Auswirkungen
– spezifische Symptome/unspezifische Symptome
– Erscheinungen am Bestandskollektiv/ am Einzelbaum.

Ein wichtiges Indiz für die Vitalität eines Baumes oder eines Bestandes ist die Benadelung bzw. Be-

---

* Reindl, Josef, Dr., Ltd. Forstdirektor, Bayerische Forstliche Versuchs- und Forschungsanstalt, Hohenbachernstraße 20, D-(W)-8050 Freising-Weihenstephan

- Probebestand der Waldzustandserhebung mit Eichenanteil
- Probebestand mit mehr als 10 % der Eichen mit biotischen Schäden
— Wuchsgebietsgrenze

SYSTEM SICAD-FORST

Maßstab: 0 km — 50 km — 100 km

Bayerische Forstliche Versuchs- und Forschungsanstalt München 1991

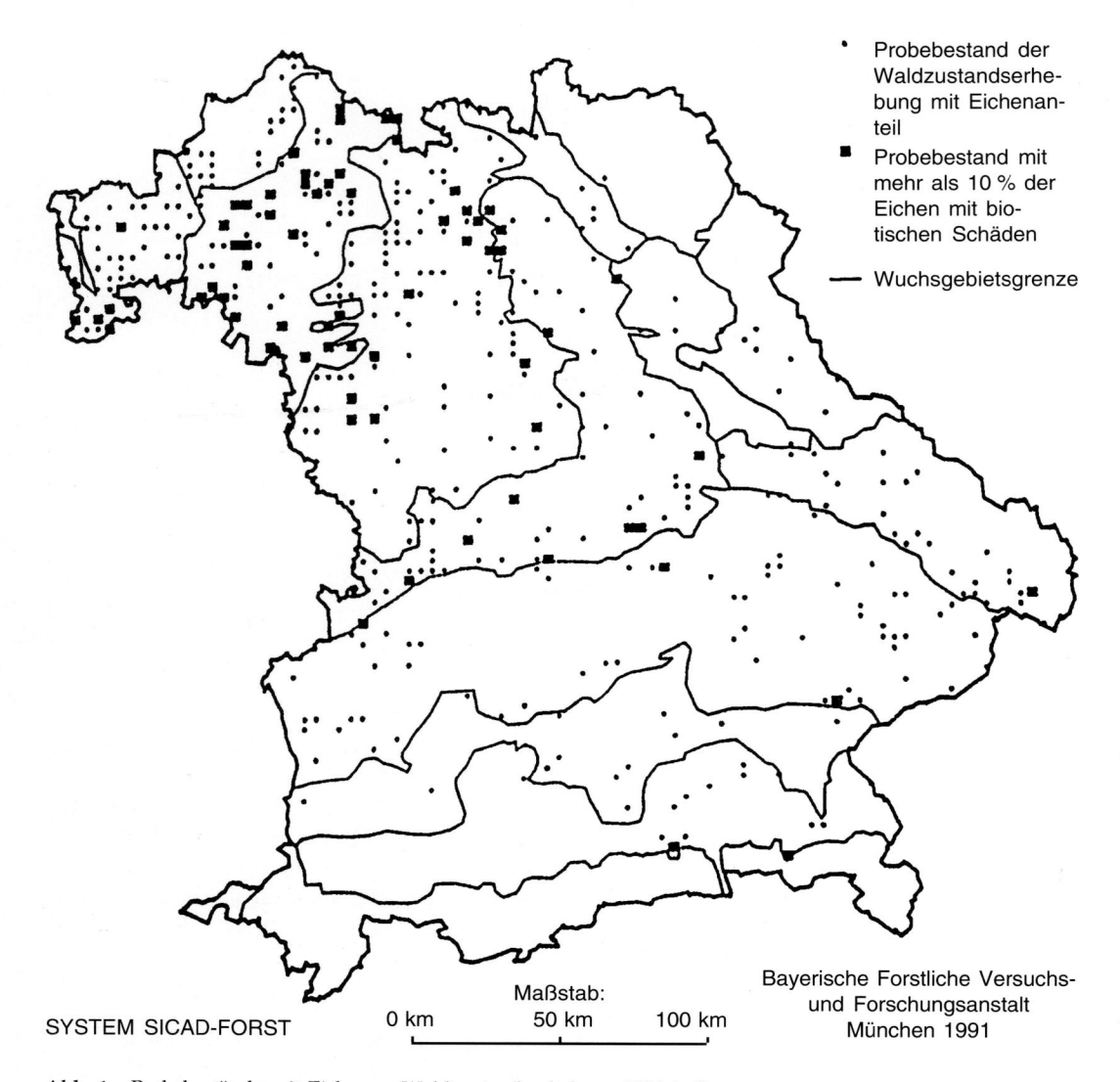

**Abb. 1.** Probebestände mit Eiche zur Waldzustandserhebung 1991 in Bayern.

laubung: Bei Nadelbäumen ist die Zahl der Nadeljahrgänge exakt zu erfassen, bei Laubbäumen sind subjektive Momente bei der Beurteilung des Belaubungszustandes möglich; es kann immer nur ein Blattjahrgang beurteilt werden.

Natürliches Absterben:

In einem Waldbestand ist das natürliche Absterben bzw. Ausscheiden von Bestandsgliedern im Laufe des Bestandesalters normal. Bei der Durchforstung werden die natürlich ausscheidenden Bestandsglieder entnommen. Nach Eichen-Ertragstafel - mäßige Durchforstung (Jüttner 1955) - beträgt für die II. Ertragsklasse Alter 140, der Derbholzvorrat 288 Efm o.R. Die normalen Vorerträge für 10 Jahre sind 29 Efm o.R. pro ha laut Tafel. In einem 140-jährigen Eichenbestand scheiden somit jährlich rd. 2,9 Efm pro Jahr und ha, das sind 1 % der aufstockenden Holzmasse, aus.

Schwächung der Vitalität:

Wenn erheblich mehr als 1 % dieser aufstockenden Holzmasse pro Jahr ausscheiden oder absterben, dann wird es bedenklich. In der Waldschutz-

Schadstufeneinteilung nach Nadel-/Blattverlusten

| Schadstufe | Bezeichnung der Schadstufe | Nadel-/Blattverlust |
|---|---|---|
| 0 | ohne Schadmerkmale | bis 10 % |
| 1 | schwach geschädigt | 11 bis 25 % |
| 2 | mittelstark geschädigt | 26 bis 60 % |
| 3 | stark geschädigt | 61 % und mehr |
| 4 | abgestorben | 100 % |

Bei mehr als 25 % vergilbter Nadel- bzw. Blattmasse wird die Schadstufe anschließend in folgender Weise heraufgesetzt:

Schadstufeneinteitung nach Vergilbungsgraden

| Schadstufen aufgrund Nadel-/Blattverlust (Nadelverluststufe) | Anteil der vergilbten Nadel-/Blattmasse | | |
|---|---|---|---|
| | 0-25 % | 26-60 % | 61-100 % |
| | endgültige Schadstufe | | |
| 0 | 0 | 1 | 2 |
| 1 | 1 | 2 | 2 |
| 2 | 2 | 3 | 3 |
| 3 | 3 | 3 | 3 |

Abb. 2. Kronenzustandserhebung: Schadstufeneinteilung.

praxis hat sich als Weisergröße für bedenklich hohes Absterben von Bestandsgliedern in einem Eichenbestand herausgestellt, wenn 10 % oder mehr der Holzmasse pro Jahr als sogenannte ZE-Nutzung anfallen. Dies ist ein Alarmsignal für geschwächte Vitalität bzw. für krankheitsbedingte Erscheinungen. Beispielsweise beträgt die Entwicklung der ZE-Anfälle bei Eiche im Verhältnis zur Gesamtnutzung im Bereich der Oberforstdirektion Würzburg:

1985 1986 1987 1988 1989 1990
48,8 15,5 9,9 10,0 - 97,8 % (=Sturmwürfe)

Erkrankung:

Der Übergang von geschwächter Vitalität zur sichtbaren Erkrankung vollzieht sich nicht immer augenscheinlich; häufig geschieht dies wenig auffällig und in recht unterschiedlich langen Zeitabschnitten.

Die Erkrankung ist in drei Stufen einzuteilen:
1. Stadium (entspricht Vorwarnstufe 1): Kronenverlichtung, auffällige Reaktion an Blättern und Trieben.
2. Stadium (entspricht Schadstufe 2): Gehäufte Symptome, teilweises Absterben von Trieben, Ästen, Kronenbereichen.
3. Stadium (entspricht Schadstufe 3 und 4): Letalphase, Absterben des gesamten Baumes.

Die Stadien 1 und 2 können sich über Jahre hinziehen; sie können reversibel sein, manchmal werden sie durch Ersatztriebbildung oder Wasserreiserbildung überdeckt.

## 2. Waldzustandserhebung 1991 in Bayern

Seit 1983 werden nahezu jährlich in den Bundesländern Erhebungen des Waldzustandes (früher Waldschadenserhebung) durchgeführt (1).

Kronenzustand:

Zur Beurteilung des Kronenzustandes wurden 1991 in Bayern an rd. 1700 systematisch verteilten Stichproben etwa 75 000 Bäume aufgenommen. Bei diesen terrestrischen Aufnahmen werden nach festgelegten Ansprachekriterien Nadel- und Blattverlust, Kronenphysiologie sowie Vergilbung der Nadeln bzw. Blätter in Schadstufen eingeteilt (Abb. 2).

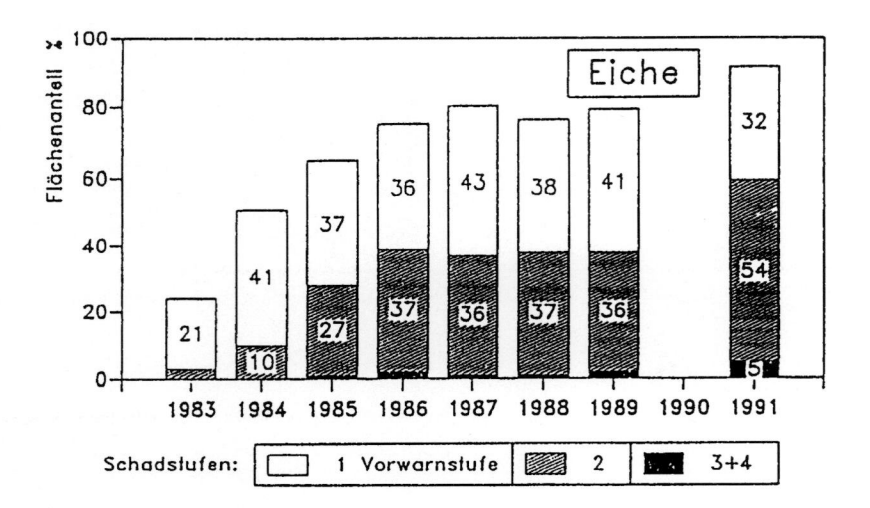

**Abb. 3.** Entwicklung der Schadstufen bei der Eiche in Bayern.

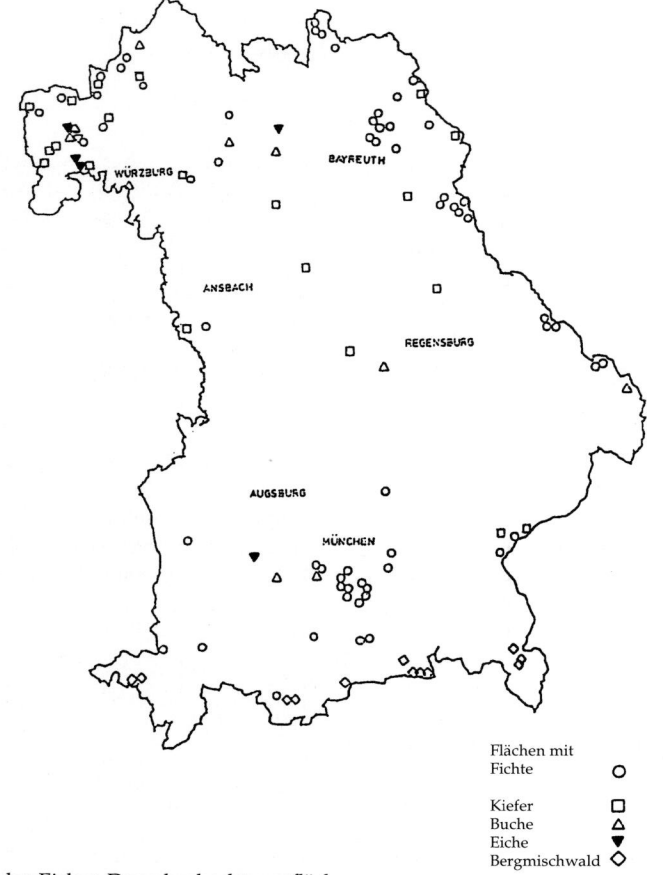

**Abb. 4.** Verteilung der Eichen-Dauerbeobachtungsflächen.

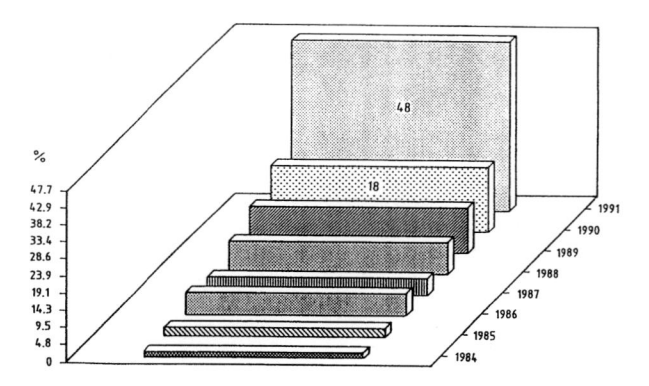

**Abb. 5.** Entwicklung der deutlichen Schäden (Stufe 2-4) auf den Dauerbeobachtungsflächen (%-Anteil).

Die Ergebnisse der terrestrischen Kronenzustandserhebung bei der Eiche (Abb. 3) zeigen eine deutliche Verschlechterung: In den Jahren 1986 bis 89 betrug die Schadstufe 2 (schwach geschädigt) rd. 37 %, die Schadstufen 3 und 4 (stark geschädigt und abgestorben) etwa 1 %. Bei der Aufnahme 1991 stieg die Schadstufe 2 auf 54 % an, die Stufen 3 und 4 nahmen auf 5 % zu.

Dauerbeobachtungsflächen:

Eine analoge Tendenz zeigt sich in den 5 Dauerbeobachtungsflächen für Eichenbestände, die seit 1981 in besonders ausgewählten Waldgebieten Bayerns hinsichtlich einzelbaumweiser Entwicklung beim Kronenzustand beobachtet werden (Abb. 4).

Die Schadstufen 2 bis 4 umfaßten im Sommer 1990 bei den Dauerbeobachtungsflächen rd. 18 %, sie stiegen im Sommer 1991 auf knapp 48 % an (Abb. 5).

Aktuelle Meldungen:

Neben diesen allgemeinen Zustandserhebungen sind für den angewandten Waldschutz die aktuellen Meldungen über Schadensanzeichen, Krankheitserscheinungen, Auftreten von Schädlingen, Fraßschäden usw. besonders wichtig: Forstleute, Forstpraktiker, Waldbesitzer und Forstschutzfachleute haben hier eine verantwortungsvolle Aufgabe bei der Beobachtung, Beurteilung und Meldung auffälliger Schadsymptome. Die Forstreviere und Forstämter melden derartige Erscheinungen bei Bedarf sofort und/oder turnusmäßig über die Waldschutzreferate der Oberforstdirektionen an die Abteilung Waldschutz bei der Bayerischen Forstlichen Versuchsanstalt.

Mögliche Gegenmaßnahmen (prophylaktisch oder kurativ) werden im Rahmen des integrierten Waldschutzes empfohlen und bei Veranlassung von der FVA durchgeführt.

## 3. Spezielle Untersuchungen zu Fragen der Schadursachen

Eine Vielzahl biotischer und abiotischer Einflüsse bei den Eichenschäden ist bekannt (2).

Wir haben uns aus der Sicht des Waldschutzes speziell mit geschädigten Eichen beschäftigt und zwar:

- Zur Immissionssituation bei der Eiche (in Belastungsgebieten)
- Zu den pilzlich/phytopathologischen Erkrankungen
- Zum Auftreten tierischer Schädlinge

Fragen zur Vitalität von Eichenbeständen, zur Ernährungssituation und zu weiteren abiotischen Faktoren (z. B. Wasserhaushalt, Witterungseinflüsse u. a.) werden in besonders eingerichteten Versuchsflächen seit einigen Jahren bearbeitet. Zuständig sind dafür Sachgebiet I (Standort) und II (Forsthydrologie). Ergebnisse liegen im Laufe dieses Jahres vor.

### 3.1. Immissionen

Die Hauptbaumarten Fichte und Kiefer sind in Bayern seit ca. 10 Jahren bezüglich ihrer Immis-

| Forstamt | Jahr | Anlaß | Bestandsalter |
|---|---|---|---|
| Schöllkrippen Gemünden | 1985 | Untersuchungs- programm Lbh. | 10-35 |
| Schrobenhausen | 1986 | Auwaldschäden | Altbestand |
| Unterfranken 9 Forstämter | 1987/88 | Waldbodeninventur | Baumbestand |
| Bamberg Hammelburg | 1990 | »Eichensterben« | Altbestand. |

**Abb. 6.** Blattanalytische Untersuchungen zur örtlichen Immissionsbelastung.

sionssituation sehr intensiv untersucht. Dies trifft für die Laubbaumarten, so auch für die Eiche nicht zu. Fragen der Immissionssituation werden nur bei konkret vorliegendem Verdacht auf Belastung geprüft. Dementsprechend ist auch das bisher bearbeitete Untersuchungsprogramm (Abb. 6).

Methoden und Vorgehen bei der Blattanalytik sind früher beschrieben (3).

### Bisherige Ergebnisse

Die Blattanalysen von gesunden und äußerlich als geschädigt eingestuften Eichen in den Forstämtern Bamberg und Hammelburg (Tab. 1), zeigen keine auffälligen Tendenzen bei den untersuchten Elementen. Die Nährstoffversorgung ist als durchschnittlich einzustufen, allenfalls sind die gesunden Eichen etwas besser mit P und Ca versorgt.

Die Analysenwerte für die wichtigen Nährelemente (Makro- Mikro- Nährelemente) sowie für die bekannten Schadelemente streuen zwischen den beprobten Bäumen, sie streuen ganz besonders über die verschiedenen Untersuchungsgebiete (Standortsunterschiede). Die Werte sind statistisch nicht abzusichern.

Eindeutig als Immissionsschäden sind immer Salzschäden in Straßennähe (Chloridschäden) und Fluorschäden bei speziellen Emittenten (Glasfabriken, Ziegeleien) nachzuweisen. Hier ergeben die Blattanalytikwerte eindeutige Ergebnisse.

### Bioindikation bei der Eiche

Die Eiche als Bioindikator ist problematisch und im Gegensatz zu den bewährten Indikatoren Fichte und Kiefer noch wenig erforscht. Ein weiteres Problem ist die Interpretierbarkeit der speziellen Blattanalysenwerte im Hinblick auf die Blattspiegelwerte.

Wir gehen davon aus, daß sich die allgemeine lufthygienische Situation langfristig, allerdings bisher mit unseren Analysemethoden noch nicht nachweisbar, auswirkt. Vermutlich kommt den

**Tab. 1.** Blattanalysen (in ppm) von gesunden und geschädigten Eichen aus den Forstämtern Bamberg und Hammelburg.

| Baum Nr. | Blattinhaltsstoffe | | | | | | | | | |
|---|---|---|---|---|---|---|---|---|---|---|
| | N | P | Ca | Mg | K | Mn | Zn | S | Cl | Al |
| FoA Bamberg | | | | | | | | | | |
| 1 | 28520 | 1237 | 4746 | 1387 | 8514 | 4340 | 16 | 1943 | 414 | 64 |
| 2 | 22920 | 1128 | 4699 | 1362 | 7798 | 2366 | 17 | 1919 | 200 | 67 |
| 3 | 21290 | 1489 | 2890 | 644 | 6615 | 2376 | 13 | 1494 | 559 | 47 |
| 4* | 22410 | 1350 | 7194 | 1385 | 7158 | 3376 | 16 | 1950 | 340 | 72 |
| Mittel | 23785 | 1301 | 4882 | 1195 | 7521 | 3115 | 16 | 1827 | 378 | 63 |
| FoA Hammelburg | | | | | | | | | | |
| 5 | 15350 | 1019 | 2368 | 536 | 4237 | 626 | 13 | 918 | 212 | 64 |
| 6* | 27900 | 2140 | 8568 | 1813 | 9841 | 4303 | 31 | 1881 | 200 | 114 |
| 7 | 21510 | 1257 | 5083 | 1493 | 6819 | 3211 | 16 | 1442 | 244 | 52 |
| 8* | 29810 | 1685 | 6555 | 854 | 7656 | 3832 | 17 | 1685 | 226 | 80 |
| Mittel | 23643 | 1525 | 5644 | 1174 | 7138 | 2993 | 19 | 1482 | 221 | 78 |

Alle Angaben in ppm bezogen auf g Trockengewicht
* = gesund (Nullproben)

| Blätter | Blattbräune *Apiognomonia quercina* (Kleb.) Höhn. Konidienform: *Gloeosporium quercinum* West. | sehr häufig |
|---|---|---|
| | *Cryptocline cinerescens* (Bub.) Arx. | weniger häufig |
| | *Kabatiella apocrypta* (Ellis & Everh.) | weniger häufig |
| | Eichenmehltau *Microsphaera alphitoides* Grif. & Maubl. | sehr stark |
| Trieb (Zweig) pilze (Rindenpilze) | Rindenbrand der Eiche *Fusicoccum quercus* Oudem. | häufig |
| | *Colpoma quercinum* (Fr.) Wallr. | selten |
| | *Phomopsis quercella* (Sacc. & Roum.) Died. | häufig |
| | *Phomopsis quercina* (Sacc.) Höhn. | häufig |
| Pilze an Wurzeln und am Schaft | Hallimasch *Armillaria mellea* (Vahl) Kumm. mit mehreren Unterarten | sehr häufg |

Abb. 7. Pilzliche/phytopathologische Schädlinge.

Immissionen eine prädisponierende Wirkung für nachfolgende, sekundäre Effekte, Schadorganismen u. s. w. zu. Bekannt ist die Verminderung der Frostresistenz bei Begasung von Eichenpflanzen mit einer Kombination von $SO_2$, $NO_x$ und $O_3$ (4).

## 3.2 Pilzliche phytopathologische Erkrankungen

Das Auftreten von phytopathologischen Schäden an Eichen ist sowohl nach Intensität wie auch nach der flächenmäßigen Ausbreitung seit Jahren in Bayern stark zunehmend (5).

Epidemisches Auftreten

Wir stellten einen ersten epidemischen Anstieg in den Jahren 1982 bis 86 und einen zweiten Anstieg von 1988 bis 1990 fest. An geschädigten, erkrankten oder absterbenden Eichen der verschiedensten Altersklassen treten Schadpilze an Blättern, Trieben, am Stamm und an den Wurzeln auf (Abb. 7). Besonders auffallend ist ein zeitweilig sehr starkes Zunehmen der Blattbräunepilze (*Apiognomonia*-Arten). Sie führen neben frühen Blattverfärbungen auch zu vorzeitigem Blattabfall. Starkes Auftreten von Eichenmehltau ist fast immer mitbeteiligt und feststellbar.

An den Trieben sind Erreger des Rindenbrandes (*Fusicoccum*) festzustellen. In Begleitung befinden sich saprophytische Pilze wie *Phomopsis*. Häufig finden wir bei diesen geschädigten Eichen Blattverfärbungen und Kleinblättrigkeit, die bis zu Kronenverlichtungen führen können.

Am Stamm treten häufig auffällige Rindenrisse und Schleimfluß auf. Nähere Untersuchungen ergaben, daß bei diesen Eichen das Rindengewebe in mehr oder weniger breiten Streifen nekrotisch ist. Dieses streifige Absterben des Kambiums beschränkt sich nicht nur auf den unteren Schaftbereich, es setzt sich teilweise bis in den Kronenraum fort. In vielen Fällen führen diese Schäden im Laufe einer Vegetationsperiode zum Absterben der Bäume. Im Wurzelbereich tritt sehr häufig Hallimasch (*Armillaria*) auf. Die sekundäre Rolle des Hallimasch ist bekannt.

Beim Auszählen von Überwallungswülsten an den Rändern von absterbenden oder abgestorbenen Eichen konnten wir häufig den Schadenseintritt auf ein bestimmtes Jahr, z. B. 1985/86 datieren. Wir vermuten, daß Temperaturstürze kambiale Frostschäden hervorgerufen haben. Je nach physiologischem Zustand des Einzelbaumes variieren solche Frostschäden zeitlich im Schadenseintritt und in der Schadensstärke. Typisch für diese Ereignisse ist auch, daß die auftretenden phytopathologischen Schäden dem auslösenden Schadensereignis mehr oder weniger nachlaufen.

Beteiligung von *Cytospora*- oder *Ceratocystis*-Arten war an unserem Material nicht zu finden (6).

| Schädlings-Gradationen | Fränk. Platte | Spessart | Rhön | Steigerwald | Haßberge | Bekämpfungs-fläche ha |
|---|---|---|---|---|---|---|
| Gemeiner Frostspanner *Operophtera brumata* L. | 1989 1988 1987 1986 1985 | 1990 1989 1988 | 1990 1989 1988 | 1990 1989 1987 | 1989 | 1642 ha 123 ha |
| Großer Frostspanner *Erannis defoliaria* L. | 1982 1981 1980 1979 1978 1977 1976 | 1982 1979 1978 | 1982 | 1982 | | 400 ha |
| Eichenwickler *Tortrix viridana* L. | 1982 1981 1980 1979 1978 | 1986 1983 1982 1979 1978 | 1983 1982 1979 1978 | 1982 1979 1978 | | 573 ha 1720 ha 1455 ha |
| Schwammspinner *Lymantria dispar* L. | 1987 1986 1980 1979 1978 | 1979 | 1987 1978 | 1978 | | 123 ha 342 ha 720 ha |
| Laubholzeulen (versch.) z. B. *Orthosia cruda* Schiff. | 1987 | 1990 1989 1988 | 1990 1989 1988 | 1990 1989 1988 1987 | | |

Abb. 8. Gradationen der wichtigsten tierischen Schädlinge in unterfränkischen Eichenbeständen.

### 3.3 Entomologische Schädlinge an Eiche

Seit etwa 15 Jahren traten besonders in Unterfranken verstärkt entomologische Schädlinge auf. Es kam immer wieder zu einem kalamitätsartigen Ansteigen einzelner Schädlingsarten wie auch mehrerer Arten gemeinsam (Mischpopulation) in bestimmten Gebieten.

Dies konnte zu Lichtfraß oder zu ein- bis mehrmaligem Kahlfraß führen. Die Folgen dieser Fraßschäden sind zunächst Zuwachsverluste, dann Ausfall der Masten und schließlich Absterben von Bäumen. In den Kahlfraßbeständen ist ein stark erhöhter ZE-Anfall festzustellen.

An der Eiche kennt man 298 pflanzenfressende Insektenarten, die monophag oder auch polyphag sein können. Dem gegenüber sind an Buche nur 96 Arten, an Kiefer 162 und an Fichte 150 Arten bekannt. Die wichtigsten entomologischen Schädlinge an Eiche, die auch zu Gradationen gelangen, sind jahrgangsweise für die Hauptbefallsgebiete in Unterfranken zusammengestellt (Abb. 8). Es sind:

– Frostspannerarten *(Operophtera brumata, Erannis defoliaria)*
– Laubholzeulen *(Calymnia affinis, Orthosia cruda)*; sie treten fast immer gleichzeitig mit den Spannerarten auf

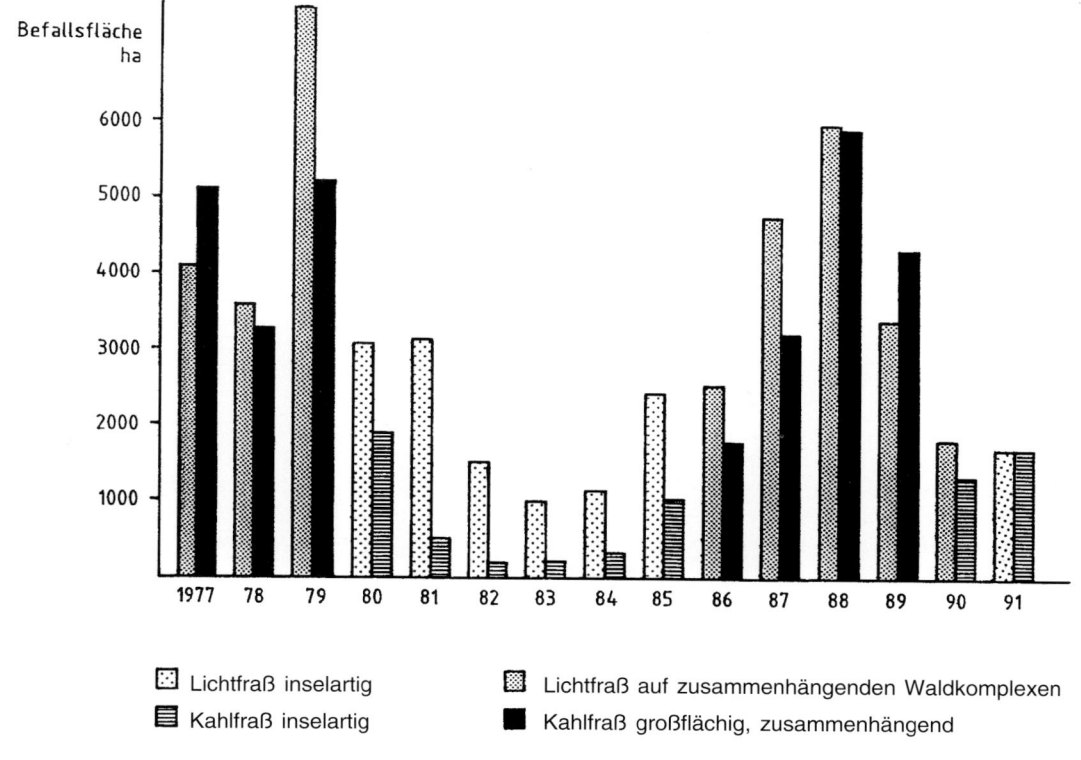

Abb. 9. Flächenausdehnung der von Lepidopteren-Fraßschäden betroffenen Eichenbestände (Unterfranken).

- Schwammspinner *(Lymantria dispar)*; in Südbayern zwar selten, jedoch in Unterfranken beschränkt auf wärmere Lagen; er ist gefährlich, weil die Johannistriebe befressen werden.
- Eichenwickler *(Tortrix viridana)*, neigt zu ausgeprägten Massenvermehrungen, wobei die Gradation meist einige Jahre dauert.
- Sonstige Schädlinge wie Gespinnstmotten, Wickler u. a. treten gleichfalls mit auf; sie sind aber hinsichtlich Schadensauswirkung nicht so bedeutend.

In der Regel handelt es sich bei den Gradationen um Mischpopulationen.

Die Intensität des Befalls, von Naschfraß über Lichtfraß zu Kahlfraß, sowie auch die Ausdehnung der befallenen Flächen ist jährlich unterschiedlich: So betrug beispielsweise 1979 die Lichtfraßfläche mehr als 7000 ha, 1988 die Kahlfraßfläche rd. 6000 ha (Abb. 9).

Als Sekundärschädlinge finden sich an den erkrankten und/oder abgestorbenen Eichen:

- Laubnutzholzborkenkäfer *(Xyloterus domesticus)*
- Eichenprachtkäfer *(Agrilus-*Arten)
- Eichenholzbohrer *(Xyleborus* v.)

Diese Sekundärschädlinge treten in aller Regel zusammen mit Hallimasch an den stark erkrankten und absterbenden Eichen auf. Derartig geschädigte Eichen können innerhalb weniger Wochen absterben.

Bei Massenvermehrungen der genannten Laubholzschädlinge sind u. E. nach zweimaligem starkem Licht-/Kahlfraß Gegenmaßnahmen erforderlich. In den unterfränkischen Laubwaldgebieten wurden deshalb in den zurückgelegten Jahren immer wieder größere Flächen mit einem der anerkannten Präparate von der Luft aus (Hubschraubereinsatz) gegen diese Schädlinge behandelt.

Zu den Fraßschäden können auch empfindliche Frostschäden kommen, die jedoch oft nicht als solche erkannt werden.

## Literaturhinweise

1) Bayer. Staatsministerium für Ernährung, Landwirtschaft und Forsten: Waldzustandsbericht 1991.
2) Hartmann G., R. Blank & Lewark. Eichensterben in Norddeutschland. Forst und Holz, Nr. 18/1989 S. 475.
3) Braun G., E. Reigber & H. Tränkner. Forstliche Bioindikatoruntersuchungen in Bayern. Forstl. Forschungsberichte München, Nr. 69/1986.
4) Davison A. W. et al., 1987. Interactions between air pollutants and cold stress. Proceedings 2nd Int. Symp. München, April 1987, GSF-Bericht.
5) Reindl J., E. Maschning & M. Feemers. Situation und Prognose des Forstschädlingsbefalls in Bayern 1989/90. AFZ, Nr. 14-15/1990, S. 340.
6) Balder H. & O. Dujesiefken. Stand der Untersuchungen zum Eichensterben in Westberlin. AFZ, Nr. 32/1989 S. 845.
7) Eisenhauer D.-R. Zur Entwicklung der Vitalität ausgewählter Eichenbestände in der ehemaligen DDR. Österreichische Forstzeitung, Nr. 2/1992 S. 43.
8) Pagony H. Vitalitätsabschwächung der Traubeneichenbestände. AFZ, Nr. 2/1992 S. 98.

## Diskussion

**Balder:** Man neigt leider dazu, in Schadtypen zu denken. Ich will mich dabei nicht ausschliessen. Man sollte jedoch versuchen, sich davon frei zu machen. Können Sie bestätigen, daß die von Ihnen dargestellten Schadbilder bei Kronen auftraten, die weder Stammnekrosen oder Hallimasch, noch sonstige zoologisch bedingte Schäden hatten, sondern einfach nicht mehr wuchsen. Ich möchte behaupten, daß bei einem Großteil der Eichen viele Faktoren zusammenwirken, die wir nicht mehr trennen können. Wenn wir heute den Ursachen für die Eichenschädigung nachgehen, untersuchen wir viel zu spät.

**Reindl:** Ich möchte Ihnen Recht geben, Herr Balder. Problematisch ist nach meiner Meinung der Bereich, den ich mit »möglichen« Schadsymptomen vorgestellt habe. Dort, wo wir eindeutige Schadsymptome vorfinden, ist die Situation wesentlich leichter. Häufig liegt aber eine Schädigung vor, die wir nur noch nicht erkennen. Ich würde das als Prädisposition einordnen.

**Balder:** Gibt es bei Ihnen Erkenntnisse darüber, ob eine Zuwachsdepression vorliegt, die auf Frosttrocknis zurückzuführen ist?

**Reindl:** Das wurde von uns bisher nicht untersucht. Bei der Anlage eines Düngungsversuches in bayerischen Forstamt Steinach a. d. Saale wollen wir dieser Fragestellung jedoch speziell nachgehen.

**Hartmann:** Ich möchte ergänzen, daß wir Anzeichen eines Zuwachsverlustes bei der Analyse von Jahresringen erst finden, wenn mehr als 40 bis 60 % Laubverlust auftritt.

# Das Programm zur Erforschung der Eichenerkrankungen in Österreich und einige vorläufige Ergebnisse

## Herbert Hager *

### Zusammenfassung

Die Eichenarten in Österreich weisen neben der Tanne den schlechtesten Kronenzustand auf, die Eichenerkrankungen und das Eichensterben stellen ein dringliches Problem für die Forstwirtschaft in den östlichen Wuchsgebieten dar. Die Forschungsinitiative gegen das Waldsterben (FIW) in Österreich plant daher ein zweiphasiges Forschungsprogramm. Der Mangel an grundlegenden und umfassenden Ökosystemstudien in den Eichenwäldern macht es notwendig, gleichzeitig grundlegende Ökosystembasisdaten und die Eichenerkrankungsphänomene auf einer breiten regionalen Basis innerhalb Österreichs zu untersuchen. Die erste Forschungsphase soll auch dazu genutzt werden, um das Arbeitsinstrumentarium der Pflanzenphysiologen und Genetiker für die Untersuchung der Eichenarten zu adaptieren. Die zweite Phase der Eichenforschung soll danach in kleinräumigen Ökosystemstudien kausale Zusammenhänge zwischen Systemprozessen und den Eichenerkrankungen zu verifizieren versuchen. Dabei sollen Pflanzenphysiologen und Genetiker das vorher entwickelte Instrumentarium zur Anwendung bringen. Künstliche Stressinduktion soll in dieser Phase weiterhelfen, das Eichensterben zu erklären. Weiteres Verständnis der Phänomene des Eichensterbens und seiner Auslösemechanismen sollte aus der abschließenden Synthese der Forschungsergebnisse kommen und Möglichkeiten zur Stabilisierung der Eichenwälder gegen das Eichensterben aufzeigen.

### Abstract

Oak decline in Austria is still a pressing phenomenon. The Austrian Research Initiative against Forest Decline (FIW) is planning in view of the economical and ecological importance of oaks and of oak forests a new two stage research program. Lack of encompassing ecosystem studies on the oak forests make it necessary in the first stage of research, to acquire basic ecosystem data and to investigate oak decline phenomena on a broad scale simultaneously. The first phase of research should be also used to adapt research tools and methods of the plant scientists to the implication in oaks. The second stage research should deal with the small scale site study of ecosystem processes and oak decline. The plant scientists will monitor in this phase with their adapted research tools health and decline in oaks. Artificial stress experiments could support this research phase. Further understanding of oak decline phenomena and of trigger mechanisms should come from the final synthesis of the research efforts and lead towards possible remedies against oak decline.

---

* Hager, Herbert, Univ. Doz. Dr., Institut für Forstökologie, Peter Jordan Straße 82, A-1190 Wien, Österreich

## 1. Einleitung

Eichenerkrankungen und Eichensterben stellen im Eichenverbreitungsgebiet in Europa ein im letzten Jahrhundert periodisch wiederkehrendes Phänomen dar. Das periodische Auftreten solcher Absterbeerscheinungen läßt sich anhand von verschiedenen forstwissenschaftlichen Publikationen bis in die letzten Jahrzehnte des 19. Jahrhunderts nachweisen. Dabei scheint es, daß die beiden wirtschaftlich wichtigen Eichenarten (*Quercus petraea* (Matt.) Liebl. und *Quercus robur* L.) ziemlich gleich betroffen werden. Zu Beginn der Achtziger-Jahre wird für Mitteleuropa, bzw. für die Siebziger-Jahre wird für Osteuropa das Auftreten der letzten Eichenerkrankungsepisode geschildert. Die Krankheitsverläufe, die dazu beschrieben werden, sind sehr uneinheitlich und reichen vom Eichenwelkeformenkreis (Igmandy, 1987) bis zu »neuartigen« Eichenschäden (Schütt und Fleischer, 1987). Ebenso heterogen sind auch die Aussagen zu möglichen Ursachen und die Schadhypothesen. In den meisten Fällen wird die Eichenerkrankung bzw. das Eichensterben als ein multikausales Phänomen gesehen, wobei unter anderem hydrologische Veränderungen, klimatische Stresse, Luftschadstoffe, fremde Eichenherkünfte auf ungeeigneten Standorten sowie auch verschiedene pathogene Organismen als entscheidende Auslöser im Krankheitsablauf genannt werden (Hämmerli und Stadler, 1989; Hartmann et al. 1989).

Diese eher uneinheitlichen und teilweise kontroversen Aussagen zum Komplex der Eichenerkrankungen, die wirtschaftliche und ökologische Bedeutung der Eiche und ihr extrem schlechter Gesundheitszustand sind der Anlaß, daß innerhalb der Forschungsinitiative gegen das Waldsterben (FIW) in Österreich für die Laufzeit 1990 bis 1994 ein eigenes Teilprogramm für die Erforschung der Eichenerkrankungen und des Eichensterbens festgelegt wurde (Führer et al., 1990). Die dramatische Lage im Zustand der Eichen in Österreich zeigen der Waldbericht 1990 des Bundesministerium für Land- und Forstwirtschaft, Wien (BMLF, Sekt. V, 1991), wie auch die Waldzustandsinventur (WZI) und das Waldschadensbeobachtungssystem (WBS) auf. Sie stellen für die Baumart Eiche von 1985 weg bis 1990 steigenden bzw. im späteren Verlauf stagnierend schlechten Gesundheitszustand fest. In Hinblick auf Kronenverlichtung und Mortalität sind die Eichenarten, neben der Tanne, die Baumarten in den österreichischen Wäldern, die den schlechtesten Gesundheitszustand aufweisen. Diese Tatsache wird bei oberflächlicher Betrachtung vielleicht dadurch bagatellisiert, daß die Eichenarten nach den Ergebnissen der österr. Forstinventur 1981/85 nur einen äquivalenten Flächenanteil von 1,8 % der Hochwaldfläche einnehmen. Betrachtet man jedoch die Eichenverbreitung und die Phänomene der Eichenerkrankung mit etwas mehr Detail und Umsicht, so stellt man fest, daß die Eichen vor allem in den Wuchsgebieten im Osten Österreichs äquivalente Flächenanteile von 10 bis 15 % einnehmen und daß der verstärkte Ausfall der Eichen in diesen Wuchsgebieten sowohl eine ökologische wie auch eine wirtschaftliche Katastrophe für die Forstbetriebe darstellt. Zudem sind die hauptbetroffenen Gebiete auch jene Bereiche mit der geringsten Waldausstattung, so daß auch eine Beeinträchtigung der Wohlfahrtswirkung der Wälder für diese Region befürchtet werden muß.

## 2. Bisherige Forschung zu den Eichenerkrankungen in Österreich

Obwohl die Eichenwaldgesellschaften, wie auch die eichenreichen Laubmischwälder, die am stärksten und am längsten vom Menschen beeinflußten Waldökosysteme sind, besteht gerade für diese Wälder das größte Forschungs- und Wissensdefizit (Führer et aI., 1990). So gibt es für die Eichenwaldgebiete Österreichs keine umfassende standortskundliche und waldbodenkundliche Bearbeitung. Ebenso liegen auch nur sporadische und sehr lückenhafte Angaben bzw. Untersuchungen zu den Stoffhaushalten und -flüssen in Eichenwaldökosystemen vor. Jedoch wurden bereits vor dem Beginn des jetzigen Eichenforschungsschwerpunktes einige Forschungsarbeiten durchgeführt, deren Ergebnisse zum Teil in die heutigen Forschungsanstrengungen integrierbar sind. So wurde bereits in den späten Siebziger-Jahren, durch die Privatinitiative von Graf F. Abensperg-Traun gefördert, ein großes interdisziplinäres Forschungsprojekt zur Frage der Beteiligung der Eichenmistel (*Loranthus europaeus* Jacq.) am Niedergang der Eichen durchgeführt (Mayer et al., 1982). Die Eichenmistelforschung wurde von 10 Projektteams durchgeführt und war in der Lage, eine Reihe von Wirt-Parasit-Interaktionen wie auch Infektionswege zu klären.

Zu Beginn der jetzigen Eichenerkrankungsepisode wurden dann ab dem Jahre 1986 mehrere Forschungsarbeiten zu den Eichenerkrankungen von Wissenschaftlern der Forstl. Bundesversuchsanstalt und der Universität für Bodenkultur begonnen. Hauptaugenmerk galt dabei einer Inventur von pathogenen Insekten und Pilzen an erkrankten Eichen wie auch der Klärung der saisonalen Befallsdynamik. Auch eine Beschreibung der Eichenerkrankungsphänomene und -abläufe wurde durchgeführt. Dies wurde noch ergänzt durch eine Forschungsinitiative des Hauptverbandes der Land- und Forstwirtschaftlichen Betriebe Österreichs. Innerhalb dieser Initiative wurde in vier Forstbetrieben im Nordosten Niederösterreichs ein permanentes engmaschiges Eichenschädenbeobachtungssystem eingerichtet und ab 1987 ständig beobachtet (Senitza, 1990).

Zur Frage von klimatischen Stressen sowie von hydrologischen Veränderungen als mögliche prädisponierende Faktoren im Eichenerkrankungsprozeß wurde von Marcu und Tomiczek (1989) wichtige Forschungsarbeit geleistet. Sie untersuchten für 19 Eichenstandorte in Österreich den Zusammenhang zwischen klimatischen und hydrologischen Gegebenheiten und dem Eichensterben. Für bestimmte Standorte ließen sich Zusammenhänge zwischen klimatischen Stressen, wie z. B. längeren Trockenperioden oder extremer Winterkälte und dem Eichensterben nachweisen. Für viele Standorte waren aber keine derartigen Zusammenhänge zu finden.

Die vorliegenden Forschungsergebnisse sind sicherlich wertvolle Bausteine für den jetzigen Eichenforschungsschwerpunkt, wenn jedoch die für die Erklärung der Phänomene des Waldsterbens akzeptierte multiple Stress- bzw. Stressadditionshypothese auch in den Eichenwäldern Anwendung finden soll, so ist es notwendig, mit einem ganzheitlichen ökosystemaren Forschungsansatz an das Problem der Eichenerkrankungen heranzugehen. Es müssen daher die Standortsverhältnisse und die Immissionen in den österr. Eichenwäldern, die genetischen Eigenarten der Eichenarten, die Interaktionen der Eichenwaldökosysteme mit den anderen Landnutzungen, die Veränderung der Landschaft wie auch der Landnutzung als mögliche konditionierende Einflüsse ebenso in Betracht gezogen werden, wie die Krankheits bzw. den Niedergang der Eichen disponierenden anderen Ökosystem-immanenten Stressoren, die sich aus Störungen der ökosystemaren Haushalte oder Stoffflüsse ergeben können.

## 3. Das Forschungsprogramm zu den Eichenerkrankungen und zum Eichensterben in Österreich.

Aufgrund des kritischen Zustandes der österreichischen Eichenwälder wurden von Mitgliedern der FIW bereits im Jahre 1989 einzelne Forschungsvorhaben zur Frage der Eichenerkrankungen formuliert und zur Förderung eingereicht. Ein Teil dieser Forschungsvorhaben wurde im Jahre 1990 bewilligt und es wurde mit einer Bearbeitung der Fragestellungen bereits begonnen. Um dem oben geforderten Prinzip einer ganzheitlichen ökosystemaren Untersuchung zu entsprechen, werden nun diese Forschungsvorhaben sowie die notwendigen verbindenden Forschungsvorhaben zu einem Gesamtkonzept verknüpft, sodaß auf möglichst breiter Basis Hypothesen über Schadursachen und destabilisierende Stressoren in Verbindung mit dem Eichensterben bzw. den Eichenkrankungen getestet werden können. Für das Gesamtforschungsprogramm zum Themenkreis Eichenerkrankungen wird aufgrund des oben aufgezeigten Grundlagenforschungsdefizits und aufgrund der bis jetzt vorliegenden Forschungsergebnisse aus den benachbarten Ländern, die ein sehr uneinheitliches Bild des Schadkomplexes zeichnen, ein zweistufiger, gesamtökosystemarer Forschungsansatz vorgeschlagen.

### 1. Phase: Großräumige Inventur der Eichenwaldökosysteme Österreichs und ökophysiologische Pilotstudien

Im ersten Abschnitt, der bis zum Winter 1992/93 dauern soll, sollen großräumig die österreichischen Eichenwaldökosysteme untersucht werden, ebenso soll in diesem Programmabschnitt in einzelnen Pilotprojekten das ökophysiologische Instrumentarium für die Baumart Eiche adaptiert und getestet werden.

Im Rahmen der in dieser Phase anlaufenden Gesamtkoordination des Forschungsschwerpunktes Eichenerkrankungen sollen Informationen aus den zum Teil bereits angelaufenen Teilprojekten gesammelt, ein konzeptionelles Systemmodell erstellt, eine zentrale Datenverwaltung und Datenerfassung eingerichtet werden und eine Zusammenführung der großräumigen Screeningdaten zur Gesamtauswertung erfolgen.

Im Detail sind in der ersten Phase des Forschungsschwerpunktes Eichenerkrankungen - Eichensterben folgende Teilprojekte geplant bzw. bereits angelaufen:

1. Dendrochronologische und dendroklimatische Untersuchungen in Zusammenhang mit den großräumig auftretenden Eichenerkrankungen.
   Projektleiter: Univ. Prof. Dr. Hubert Sterba; Institut f. forstliche Ertragslehre und Univ. Prof. Dr. Gottfried Halbwachs; Zentrum für Umwelt- und Naturschutz.

Im Rahmen dieses Projektes sollen im österreichischen Eichenwuchsgebiet rund 100 bis 150 Jahre umfassende Jahrringchronologien erstellt und ihre Abhängigkeit von verschiedenen Klimafaktoren untersucht werden. Außerdem soll versucht werden, gegendspezifische Einflüsse, wie z. B. waldbauliche Eingriffe, Insektenkalamitäten u. ä. hinsichtlich ihrer Auswirkungen auf die Jahrringbreite zu erfassen.

2. Bodenzustand und Mineralstoffernährungszustand in Eichenwäldern in Niederösterreich, Burgenland und Steiermark.
   Projektleiter: Univ. Prof. Dr. Gerhard Glatzel; Institut für Forstökologie.

Um die Belastbarkeit von Eichenwäldern bzw. auch die Erkrankungsdisposition oder auch den Krankheitsverlauf der Eichen einordnen und verstehen zu können, ist es notwendig, sich die waldbodenkundliche und standörtliche Basisinformation von einer großen Anzahl österreichischer Eichenwaldstandorte zu erarbeiten. Dazu wird ein Netz von nahezu 60 Dauerbeobachtungsflächen im Hauptwuchsgebiet der Eichen im Osten Österreichs eingerichtet. Für jeden Standort werden eine Standortsbeschreibung und eine Probennahme von Auflage, Mineralboden und Baumvegetation durchgeführt. Daneben wird im Zuge dieser Aufnahme und Probennahme auch eine permanente Probefläche von 400 m$^2$ eingerichtet, für die die gesamte Baumschicht vermessen und markiert wird, sodaß der Baumbestand für die anderen Arbeitsgruppen wie auch für wiederholte Beobachtungen dokumentiert und eindeutig wieder auffindbar ist. Auf jeder Probefläche wird auch für alle Eichen der Baumschicht eine Ansprache des Kronenzustandes nach den Richtlinien der Waldzustandsinventur von Mitarbeitern des Instituts für Forstentomologie, Forstpathologie und Forstschutz durchgeführt.

Von allen Probeflächen werden je 5 Proben der Streuauflage mit einem 900 cm$^2$ Stechrahmen geworben, ferner werden bis zu 5 Bodenprofile des Mineralbodens von 0 bis 60 cm Tiefe und bis zu 2 Mineralbodenprofile von 60 bis 120 cm Tiefe mit einem Hohlkernbodenbohrer geworben. Um die Mineralstoffernährung der Eichen auf den Probeflächen zu beurteilen, wird je eine Laubmischprobe von mehreren Bäumen der Probeflächen geworben.

3. Rolle der Blatt- und Zweigpilze im Krankheitssyndrom der Eichen.
   Projektleiter: Univ. Prof. Dr. Erwin Führer; Institut für Forstentomologie, Forstpathologie und Forstschutz.

Im Zuge der vom Institut für Forstentomologie durchgeführten Schadsymptomuntersuchungen an Eichen zeigten sich häufig nekrotische Blattverfärbungen, Vergilbungen und Zerstörungen, die nicht auf Schadinsekten zurückgeführt werden können und vermutlich von Pilzen verursacht werden. Es soll daher im Rahmen dieses Teilprojektes untersucht werden, welche Pilzarten diese Schädigung hervorrufen und welche Rolle ihnen im physiologischen Verfallsprozeß der Traubeneiche zukommt.

4. Deskriptive Symptominventur in erkrankten Eichenbeständen Niederösterreichs, Wiens, Burgenlands und der Steiermark.
   Projektleitung: Univ. Prof. Dr. Erwin Führer; Institut für Forstentomologie, Forstpathologie und Forstschutz.

Parallel zu den im Teilprojekt 2 durchgeführten Eichenstandortsinventuren soll der aktuelle Kronenzustand an 15 Eichen der 60 Probeflächen nach den Richtlinien der WZI angesprochen werden. Dazu werden an je zwei Bäumen der jeweiligen Probeflächen detaillierte Symptominventuren durchgeführt. Es werden hierzu Astproben aus der Lichtkrone der Bäume gezogen und auf Schadmerkmale, wie z. B. Verzweigungsfehler, Zweigabsprünge, Fraßspuren, Eigelege etc. untersucht.

5. Schadstoffdeposition im Weinviertel.
   Projektleiter: Univ. Doz. Dr. Hans Puxbaum; Institut für Analytische Chemie und Dipl. Ing. Reinhard Ellinger; NÖ Umweltschutzanstalt.

Aufbauend auf dem in Niederösterreich eingerichteten Luftgütemeßnetz sollen hier für Waldstandorte im Weinviertel Naß-, Trocken- und Interzeptionsdeposition von atmosphärischen Schadstoffen und deren saisonaler Gang bestimmt werden. Mit Hilfe von Trajektorienanalysen sollen auch sogenannte »Verursacherregionen« ermittelt werden.

6. Änderung der Flächenwirtschaft im Eichenverbreitungsgebiet.
   Projektleiter: Univ. Prof. Wilfried Grossmann und Dr. Maximilian Heilig; Institut für Statistik und Informatik.

In diesem Teilprojekt soll die historische Entwicklung der Bodennutzung im Eichenverbreitungsgebiet seit dem zweiten Weltkrieg dargestellt werden. Dabei sollen einerseits die generellen Tendenzen in der Bodennutzung in diesem Raum untersucht werden, andererseits soll in einigen ausgewählten Betrieben die Entwicklung von Fruchtwechsel, Sortenwahl, Flächenertrag, Düngung, Pflanzenschutz und auch die forstliche Bewirtschaftung im Detail analysiert werden. Diese Entwicklungen sollen im Zusammenhang mit dem Verlauf der lokalklimatischen und hydrologischen Parameter dargestellt werden (Zusammenarbeit mit dem Teilprojekt 7).

7. Identifikation und Quantifizierung hydrologischer Veränderungen an typischen Eichenstandorten Österreichs.
   Projektleiter: Univ. Doz. Dr. Hans Peter Nachtnebel; Institut für Wasserwirtschaft, Hydrologie und konstruktiven Wasserbau.

Im Zuge dieses Froschungsvorhabens soll ermittelt werden, inwieweit durch den Menschen bedingte Veränderungen im Wasserhaushalt von Einzugsgebieten aufgetreten sind, die eine Rückwirkung auf die Vegetation, insbesondere auf die Eichenstandorte, haben können. Es werden sowohl Wasserbilanzen als auch die Abläufe des Abflußgeschehens und deren Veränderung untersucht.

8. Beiträge zur Populationsstruktur und Systematik der Gattung *Quercus* in Ostösterreich.
   Projektleiter: Univ. Prof. Dr. Friedrich Ehrendorfer; Institut für Botanik und Botanischer Garten.

Bei der korrekten Bestimmung und systematischen Gliederung der heimischen Eichen bestehen noch sehr große Unsicherheiten, so vor allem in der Frage der Hybriden und Übergangsformen zwischen den beiden wirtschaftlich bedeutenden Hauptarten, Stiel- und Traubeneiche, und auch zwischen diesen und der Flaumeiche. Ein weiteres Problem stellt auch die, bereits in die österr.-ungar. Monarchie zurückdatierende, forstliche Einbringung von verwandten Eichensippen aus dem S und SO-europäischen Raum. Es soll daher mit Hilfe von morphometrischen Aufnahmen und Iso- und Allozymanalysen versucht werden, die Systematik der Gattung *Quercus* zu klären. Eine Kooperation mit dem Teilprojekt 9 wird angestrebt.

**Pilotprojekte:**

9. Gentypisierung an Eiche; Präparation von eichenspezifischen DNA-Sonden.
   Projektleiter: Univ. Doz. Dr. Josef Glössl; Zentrum für Angewandte Genetik und Dipl. Ing. Josef Schmidt; Österr. Forschungszentrum Seibersdorf.

In der Pilotphase dieses Projektes sollen zuerst eichenspezifische DNA-Sonden entwickelt werden. In weiterer Folge sollen diese DNA-Sonden dazu verwendet werden, um verfeinerte populationsgenetische Aussagen zu ausgewählten Eichenbeständen zu machen und um Unterschiede auf der Stufe von Kleinarten, Arthybriden, Herkünften und Individuen zu verifizieren.

10. Physiologisch-biochemische Stressindikation bei Blättern der Eiche.
    Projektleiter: Univ. Prof. Dr. Dieter Grill und Dr. Edith Bermadinger; Institut für Pflanzenphysiologie, Graz.

Das für die Streßfrühindikation an Fichte bereits operationelle Repertoire an physiologisch-biochemischen Meßparametern, wie Gehalte an Antioxidantien und Blattpigmenten und Enzymaktivitäten, soll im Zuge dieses Pilotprojektes auf die Anwendbarkeit für die Baumart Eiche überprüft und wenn notwendig adaptiert werden.

11. Inhaltstoffmuster in Eichen unterschiedlicher Bestände in Ostösterreich.
    Projektleiter: Univ. Prof. Dr. Roland Albert; Institut für Pflanzenphysiologie, Wien.

Dieses Teilprojekt verfolgt zum einen die Feststellung der Mineralstoffspiegelwerte an Eichenblättern, sowie deren saisonale und standortsabhängige Schwankung. Zum anderen sollen auch die wasserlöslichen Mineralkationen und anorganischen bzw. organischen Anionen, löslichen Kohlenhydrate, Cyclite sowie auch osmotischen Potentiale von Eichenblättern erfaßt werden. Als weiteres ist geplant, Aspekte des Stickstoffhaushaltes sowie der Kohlenhydrat- und Fettreserven von Eichenblättern, unter der Einwirkung unterschiedlicher Umweltstresse, zu erfassen.

**Koordination Forschungsschwerpunkt Eichenerkrankungen:**

12. Projektkoordination im Forschungsschwerpunkt Eichenerkrankungen.
    Projektleiter: Univ. Doz. Dr. Herbert Hager; Institut für Forstökologie und Univ. Prof. Dr. Wilfried Grossmann; Institut für Statistik und Informatik.

Im Rahmen der Projektkoordination sollen die Informationen über mögliche Projektziele gesammelt, ein konzeptionelles Systemmodell und eine zentrale Datenverwaltung erstellt werden. Daneben soll der Informationsfluß zwischen den Teilprojekten bewerkstelligt und die Syntheseleistung durch entsprechende Workshops gewährleistet werden.

Die oben aufgelisteten Projekte der Phase 1 des Forschungsschwerpunktes Eichenerkrankungen sollen nach den im Koordinationsprojekt vorgesehenen Arbeitsschritten nach Tunlichkeit so verknüpft werden, daß die Möglichkeit besteht, eine Reihe pauschaler Schadhypothesen zu testen und Problem-Eichenwaldökosysteme zu identifizieren. Diese sollen in der Projektphase 2 (1993-94) einer detaillierten Kausaluntersuchung unterzogen werden. Außerdem sollen Stresshypothesen, wie die z. B. häufig zitierten strengen Winterfröste oder Veränderungen des Wasserhaushaltes soweit überprüft werden, daß sich nach Möglichkeit für gezielte Stressexperimente in der Phase 2 gute Auswahl- und Versuchsdesignkriterien ergeben.

**2. Phase: Kleinräumige Ökosystemstudien zu den Eichenerkrankungen und Streßexperimente.**

Während dieser Arbeitsphase des Forschungsschwerpunktes Eichenerkrankungen sollen in Eichenwaldökosystemen, die anhand der Ergebnisse der Forschungsphase 1 ausgewählt wurden, kleinräumige Ökosystemstudien ablaufen, bei denen kausale Beziehungen im Komplex der Eichenerkrankungen und des Eichensterbens identifiziert und nachgewiesen werden sollen. In der Phase 2 des Forschungsschwerpunktes sollen in etwa folgende Teilprojekte durchgeführt werden:

– Stoffhaushalte und Einträge in ausgewählten Eichenwaldökosystemen
– Forstentomologische und pathologische Untersuchungen in diesen Systemen
– Bodenbiologische und bodenzoologische Untersuchungen an diesen ausgewählten Eichenstandorten
– Bestandes- und Waldgeschichte dieser Versuchsstandorte
– Systematische Einordnung und Gentypisierung der Eichen auf den Untersuchungsstandorten
– Bodenhydrologie und Mikroklima in den Eichenbeständen
– Physiologische und biochemische Streßindikation sowie ökophysiologische Untersuchungen in Eichenwäldern
– Ausgewählte Streßexperimente unter Implementierung obiger Teilprojekte.

Eine Gesamtprojekterstellung zur Phase 2 des Forschungsschwerpunktes Eichenerkrankungen soll im Winter 1992/93 erfolgen.

**4. Einige vorläufige Ergebnisse aus den Eichenforschungsteilprojekten:**

Teilprojekt 1: Eichendendrochronologie (K. B. Kiessling und H. Sterba; Institut für forstliche Ertragslehre)

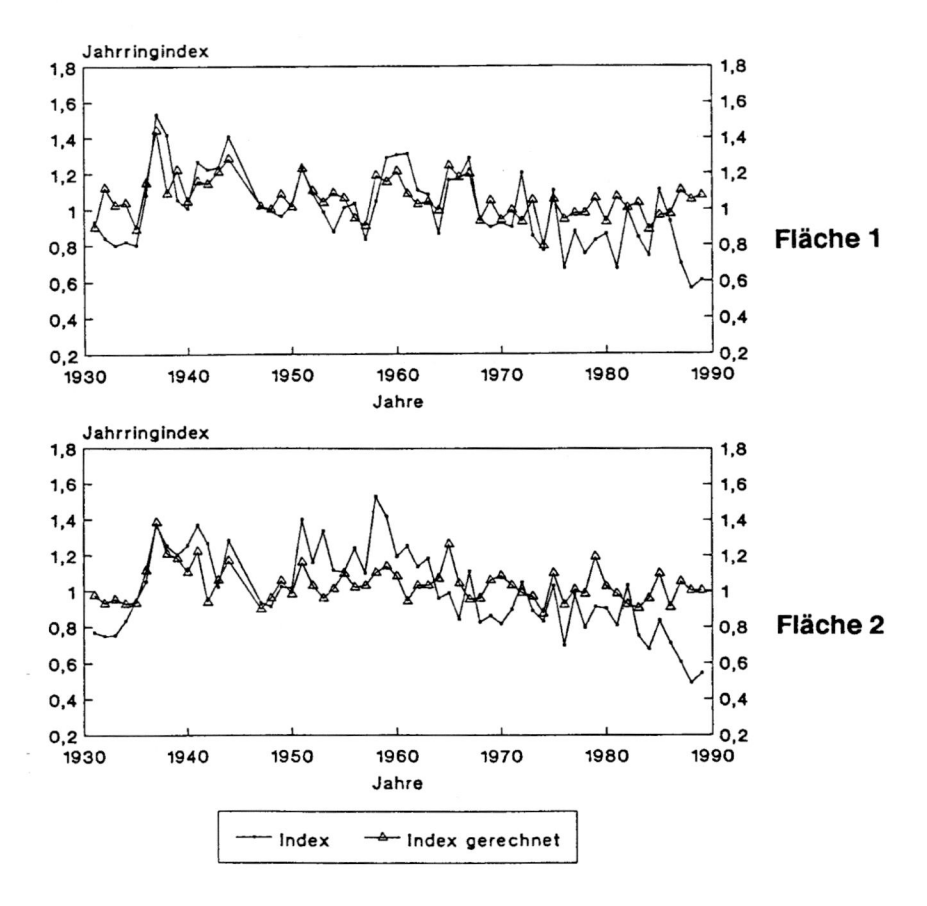

**Abb. 1.** Gemessene und aus Klimaresponsefunktionen für die Periode 1931-1980 gerechnete Jahrringindizes für Fläche 1 und 2 im Hochleitenwald.

Der Hochleitenwald, eines der großen geschlossenen Eichenwaldareale im Weinviertel (ca. 20 km nördlich von Wien), liegt im Einzugsbereich des Rußbaches und Weidenbaches und am Rande des großen Grundwasserkörpers des Marchfeldes. Hier hat, wie schon Katzmann et al. (1990) feststellten, eine gravierende Umgestaltung der Landschaft stattgefunden. Die Waldfläche blieb ziemlich konstant, jedoch wurde die Landschaft in ihren für den Wasserhaushalt wichtigen Komponenten stark verändert. Es wurden Teiche trockengelegt, Bäche reguliert, Feuchtgebiete ausgetrocknet und kleine Gerinne sind sogar gänzlich verschwunden.

An zwei Mittelwald-Eichenstandorten wurde in diesem Waldgebiet an 83-jährigen Eichen eine dendrochronologische Untersuchung durchgeführt.

Standort 1 war auf einem leicht geneigten Osthang in Kuppen- bis Oberhanglage. Standort 2 wies ebenfalls Ostexposition auf, befand sich jedoch in Unterhang- bis Muldenlage. Um die Zusammenhänge zwischen Klimavariablen, Grundwasserständen und Zuwachs zu überprüfen, wurden sogenannte Response-Funktionen (Fritts, 1976) verwendet. Um den Alterstrend im Wachstum der Eichen auszuschalten, wurden bereinigte Jahrringindizes verwendet. Der Jahrringindex wurde in diesem Multivariatenverfahren als abhängige Variable und die verschiedenen Klimavariablen (wie Temperatursummen, Niederschlagssummen und Feuchtigkeitsindizes) und Grundwasserstände an der Meßstelle Wolkersdorf wurden als unabhängige Variable in die Berechnung eingebracht. Dabei wird für eine bestimmte Zeitperiode jene Responsefunktion entwickelt, die am besten in

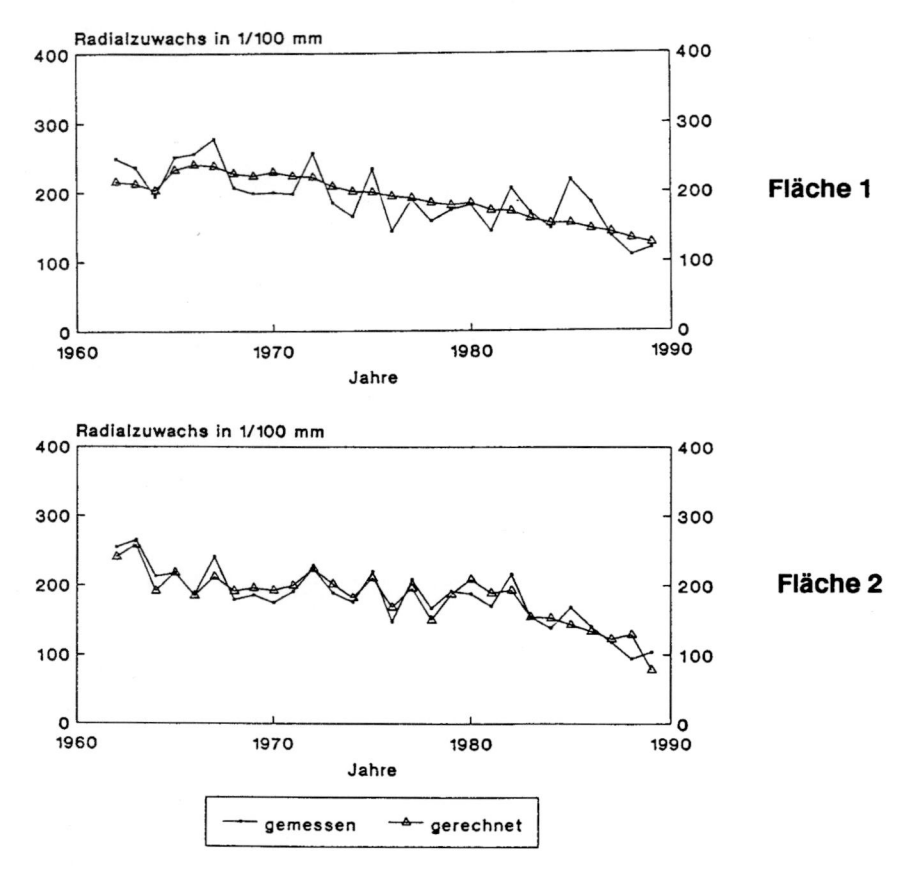

Abb. 2. Gemessener und mit Resposefunktionen nach dem Grundwasserstand berechneter Radialzuwachs für Fläche 1 und 2 im Hochleitenwald.

der Lage ist, den Jahrringindex und seine zeitliche Veränderlichkeit vorherzusagen. Danach wird mit dieser Responsefunktion versucht, den Jahrringindex für die übrige Zeit zu berechnen. Die Güte der Übereinstimmung zwischen prognostiziertem (berechnetem) Jahrringindex und gemessenem Jahrringindex läßt darauf schließen, welche klimatische oder hydrologische Variable gute Zusammenhänge mit dem jährlichen Zuwachs aufweisen.

Betrachtet man nun die Jahrringindizes der Fläche 1 (Hanglage) und der Fläche 2 (Muldenlage) im Hochleitenwald, so zeigt sich, daß aus der Palette der vorhandenen Klimavariablen, Niederschlag und Feuchteindex (= monatl. Niederschlag/ monatl. Mitteltemperatur), jene Variablen sind, die es am besten erlauben, die Veränderlichkeit des Jahrringindex zu errechnen. Auf der Fläche 1 sind dies die Niederschläge in der Vegetationszeit, die Summe der Temperaturen über 10 °C, der Feuchtigkeitsindex des vorangegangenen Juli, sowie die Feuchtigkeitsindizes von März und August des laufenden Jahres. Mit dieser Responsefunktion wird ein Bestimmtheitsmaß von 0.57 erreicht. Auf der Fläche 2 ist das Bestimmtheitsmaß für die Responsefunktion geringer, nämlich nur 0.26 und nur der Feuchteindex des März und die Niederschläge während der Vegetationszeit gehen als signifikante Variable in die Responsefunktion ein. Das heißt, daß bei den Eichen in der Muldenlage der jährliche Zuwachs eine geringere Abhängigkeit von klimatischen Kenngrößen aufweist. Es zeigt sich auch in Abb. 1, daß der gemessene Jahrringindex auf Fläche 1 mit der Prognose nach der Responsefunktion übereinstimmt. Für Fläche 2 unterschätzt die Responsefunktion aus Klimavariablen zwischen 1950 und 1960 den wirklichen

## Seehöhe, pH-Wert & Kronenverlichtung

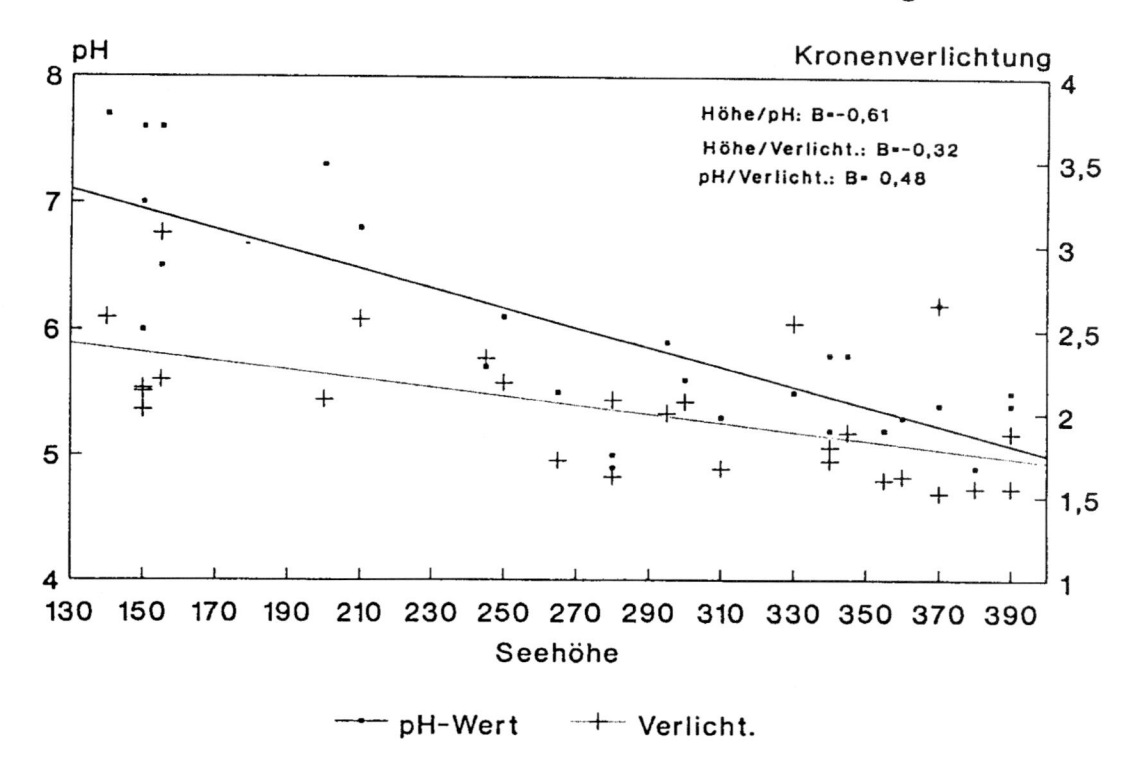

Höhe/pH: B=-0,61
Höhe/Verlicht.: B=-0,32
pH/Verlicht.: B= 0,48

—•— pH-Wert   —+— Verlicht.

**Abb. 3.** Verteilung von Kronenverlichtungsgraden und pH-Wert im Boden über der Seehöhe der untersuchten Eichenstandorte.

Jahrringindex, ab 1970 überschätzt sie ihn hingegen immer stärker.

Wird nun eine Responsefunktion mit Grundwasserstandsdaten von der Meßstelle Wolkersdorf verwendet, so zeigt sich, daß diese Responsefunktion gut für die Errechnung des Zuwachses an Eichen in der Muldenlage (Fläche 2) paßt. Die Responsefunktion mit Grundwasserdaten für die Fläche 1 (Hanglage) angewendet, zeigt hingegen nur schlechte Übereinstimmung zwischen gemessenen und gerechneten Zuwächsen (sh. Abb. 2). Die abnehmenden Radialzuwächse der Eichen in der Muldenlage korrespondieren sehr gut mit dem Absinken des Grundwassers am Rande des Marchfelds. Sicherlich stellt ein stochastischer Zusammenhang keinen kausalen Beweis dar. Aber es kann kaum als reiner Zufall angesehen werden, daß Grundwasserstandsänderungen infolge der veränderten Hydrologie ganzer Landschaftsteile und die Radialzuwächse von Eichen in Mulden- und Unterhanglagen solch parallele Entwicklungen aufweisen. Wenn das Wasser, das die Niederungen durchfeuchtet hat, schnell abzieht, weil es durch Regulierung beschleunigt wird oder weil es in einen geleerten Grundwasserspeicher hinabsinkt, so werden die feuchten Ränder kleiner werden oder immer nur kürzere Zeit feucht bleiben.

Teilprojekt 2: Boden- und Mineralstoffernährungszustand in Eichenwäldern (G. Glatzel, H. Schume, S. Huber, M. Sieghardt und H. Hager; Institut für Forstökologie).

Bis jetzt liegen aus dem Teilprojekt 2 vorläufige Datenauswertungen von 27 Eichenwaldstandorten aus dem Wuchsraum östliches Niederösterreich vor. Dabei zeigt sich, daß Kronenverlichtung der Eichen, die als Ausdruck des schlechten

## Mangangehalt und Kronenverlichtung

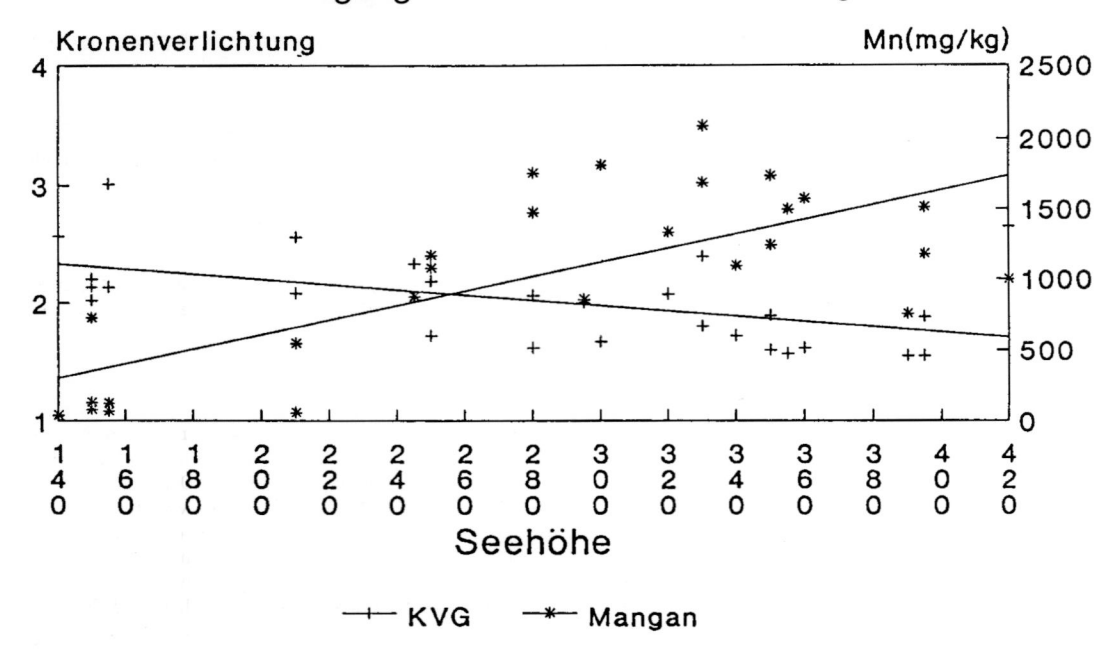

**Abb. 4.** Verteilung von Mangangehalten in den Eichenblättern und Kronenverlichtungsgraden über der Seehöhe der untersuchten Standorte.

Gesundheitszustandes dieser Baumart gelten kann, mit der Seehöhe der Standorte negativ korreliert, eine ebensolche Beziehung besteht auch zwischen pH-Wert im Boden und Seehöhe (Abb. 3). Das heißt, unter 200m Seehöhe dominieren karbonathaltige Standorte und auf diesen Standorten sind auch die Eichen stärker verlichtet als in den höhergelegenen Bereichen. Dies kann sicherlich einerseits mit der hydrologischen Ungunst der Niederungen (geringere Niederschläge, mögliche Grundwasserabsenkung durch Entnahme und Flußregulierung; sh. Teilprojekt 1) in Zusammenhang gebracht werden, andererseits kann aber auch auf diesen Standorten aufgrund der Eichenblattanalyse auf mangelhafte Manganversorgung geschlossen werden (Abb. 4). Die Blattanalyse zeigt weiters noch, daß die Phosphorversorgung auf diesen Standorten ebenfalls teilweise mangelhaft ist. Aus diesen vorläufigen Daten für die Eichenstandorte in Niederösterreich läßt sich erkennen, daß sicherlich nicht die Versauerung der Waldböden bei der Erkrankung der Eichenarten als prädisponierend zu sehen ist.

Teilprojekt 3: Rolle der Blatt- und Zweigpilze im Krankheitssyndrom der Eichen (E. Halmschlager und E. Führer; Institut für Forstentomologie, Forstpathologie und Forstschutz).

Blätter, Zweige und Knospen der Traubeneiche sind im Untersuchungsgebiet, niederösterr. Weinviertel, zum größten Teil von endophytischen Pilzen befallen. Die Infektion von Blättern und Zweigen steigt im Laufe der Vegetationsperiode an und erreicht ihr Maximum im September. Die Endophythenflora setzt sich neben wenigen Ascomyceten hauptsächlich aus Deuteromyceten zusammen. In den Blättern dominierten zwei Arten, nämlich *Aureobasidium* cf. *apocryptum* und *Discula quercina*. Die häufigste Endophytenart in den Ästen war *Colpoma quercinum*. Die meisten endophytischen Pilze können in den Eichenorganen völlig symptomlos über längere Zeit vorkommen. Ein primäre Schädigung der Eiche durch diese Pilze ist im Normalfall auszuschließen. Lediglich bei physiologischer Schwächung der Eichen kann dann bei einigen Pilzarten ein Übergang von einer biotrophen zu einer nekrotrophen Lebensweise induziert werden, was in weiterer Folge zur Ausbildung von Schadsymptomen führen kann.

Aus den bisher vorliegenden Ergebnissen sind bereits einige interessante Schlüsse möglich. Viele Indikatoren deuten darauf hin, daß hydrologische Veränderungen, z. T. in Kombination mit Ernährungsinbalancen eine maßgebliche Rolle bei den Eichenerkrankungen spielen können. Die Synthesearbeit aus allen Teilprojekten am Ende der ersten Forschungsphase wird uns sicherlich in die Lage versetzen, zum Komplex der Eichenerkrankungen besser abgesicherte Antworten zu geben.

## Literatur

Berger, T. W. 1990. Deposition of atmospheric constituents in oak forest ecosystems of Eastern Austria. Unpublished manuscript, Int. Symposium on Oak Decline in Europe, Kornik, Polen, 9S.

Bundesministerium f. Land- u. Forstwirtschaft; Sekt. V. 1991. Waldbericht 1990. 54S.

Donaubauer, E. 1987. Auftreten von Krankheiten und Schädlingen der Eiche und ihr Bezug zum Eichensterben. Österr. Forstzeitung, 3: 46-48.

Führer, E. und 5 Koautoren. 1990. Forschungsprogramm 1990-1994, FIW II. 123S.

Fritts, H. C. 1976. Tree rings and climate. Academic Press, London, New York und San Francisco, 567S.

Hämmerli, F. & B. Stadler. 1989. Eichenschäden; Eine Übersicht zur Situation in Europa und in der Schweiz. Schweiz. Zeitschrift f. Forstwesen, 140(5): 857-374.

Hartmann, G., R. Blank & S. und Lewark. 1989. Eichensterben in Norddeutschland - Verbreitung, Schadbilder, mögliche Ursachen. Forst u. Holz, 44(18): 475-487.

Igmandy, Z. 1987. Die Welkeepidemie von *Quercus petraea* (Matt.) Lieb. in Ungarn (1978 bis 1986). Österr. Forstzeitung, 3: 48-50.

Katzmann, W., S. Kux & J. M. Treytl. 1990. Wald. Hersg. Österr. Bds. Inst. f. Gesundheitswesen; Verlag Fric-Manz, Wien, 200S.

Mayer, H. und acht Koautoren. 1982. Der Eichenmistelbefall im Weinviertel. Österr. Agrarverlag, Wien, 269S.

Marcu, G. & C. Tomiczek. 1989. Der Einfluß von Klimastressfaktoren auf das Eichensterben in Österreich. FIW-Forschungsbericht 1989/1, 103S.

Schütt, P. & M. Fleischer. 1987. Eichenvergilbung - eine neue, noch ungeklärte Krankheit der Stieleiche in Süddeutschland. Österr. Forstzeitung, 3: 60-62.

Senitza, E. 1990. Untersuchungen zur Dynamik der Waldschadensentwicklung im Eichenwald des niederösterreichischen Weinviertels. Bericht an das Bundesministerium f. Land- u. Forstwirtschaft, 138S.

Schwarzerle (*Alnus glutinosa* Gaertn.)

# Untersuchungen über Eichenerkrankungen in Österreich

Christian Tomiczek *

## Zusammenfassung

In 6 Forschungsschwerpunkten werden die Entwicklung der Eichenerkrankung in Österreich, die Bedeutung von Klimastreß, Tracheomykose und Splintholznematoden, Zusammenhänge zwischen Schadenssymptomen in den Eichenkronen und Schäden am Wurzelsystem, sowie die Anwendung von Bauminjektionen als Diagnosehilfe am Institut für Forstschutz der FBVA - Wien bearbeitet.

Untersuchungen in den pannonischen und submontanen Eichenwaldregionen Österreichs bestätigten die Vermutung, daß eine Anhäufung von Trockenjahren und Trockenperioden zwischen 1975-83, sowie die arktisch kalten Winter 1985-87 die Eichenerkrankung ausgelöst hätten.

Inokulationsversuche mit *Ceratocystis*-Isolaten zeigten keine, bzw. in Zusammenhang mit Klimastreß, nur geringe Pathogenität.

Die Bedeutung von Splintholznematoden der Gattung *Bursaphelenchus* ist noch weitgehend ungeklärt und soll in weiteren Inokulationsversuchen geklärt werden.

## Einführung

Die am Institut für Forstschutz der FBVA durchgeführten Untersuchungen zur Eichenerkrankung konzentrieren sich im wesentlichen auf 6 Forschungsschwerpunkte:

1. Ist Klimastreß der Verursacher der Erkrankung der Eichenbestände in Österreich?
2. Entwicklung der Eichenerkrankung (Mortalität und elektr. Widerstand) auf markierten Dauerbeobachtungsflächen
3. Tracheomykosen und deren Vektoren an Trauben- und Stieleichen (T. Cech)
4. Welche Rolle spielen Splintholznematoden im Krankheitsverlauf der Eiche?
5. In welchem Zusammenhang stehen Schadenssymptome der Eichenkronen mit Schäden am Wurzelsystem?
6. Anwendung von Bauminjektionen nach der Methode »Veldemann« als Diagnosehilfe (H. Krehan)

---

\* Tomiczek, Christian, Dr., Institut für Forstschutz, Forstliche Bundesversuchsanstalt, Wien, Seckendorff Gudentweg 8, A-1131 Wien, Österreich

## 1. Klimastreß und Eichensterben

1987 und 1988 wurden in Österreich an 19 verschiedenen Standorten komplexe Untersuchungen zur Datenerfassung durchgeführt:

- Bestandescharakteristik
- Symptomologie der Eichenerkrankung
- Intensität der Eichenerkrankung
- Entwicklung der Bestandesvitalität über die Bestimmung des elektr. Widerstandes im Splintholz, der Kronenzustände, sowie der Mortalitätsraten
- Jahrringanalysen (Vergleich von geschädigten und ungeschädigten Bäumen)
- Biotische Stressoren
- Einfluß forstschädlicher Luftverunreinigungen
- Klimadaten

Ergebnisse der Untersuchungen

Die Ergebnisse der Untersuchungen sind im FIW - Forschungsbericht 1989/1 der Österreichischen Gesellschaft für Waldökosystemforschung und experimentelle Baumforschung publiziert und können hier nur kurz angeschnitten werden.

Erste Anzeichen einer Eichenerkrankung wurden in den pannonischen Klimaregionen Ostösterreichs im Jahre 1983 und in höher gelegenen, niederschlagsreicheren Regionen des submontanen bzw. montanen Eichenwaldes etwa ab 1985 registriert. Diese Aussage deckt sich auch weitgehend mit den Ergebnissen der Jahrringanalysen, welche eine deutliche Abnahme der Jahreszuwächse ab etwa 1981-85 erkennen lassen.

Dem Delatour-Schema folgend, müßte der Einfluß eines klimatischen Stressors als »Auslöser der Eichenerkrankung« zumindest einige Jahre vor dem tatsächlichen Auftreten erster Schadenssymptome stattgefunden haben. Tatsächlich war zwischen 1975 und 1983 in den pannonisch beeinflußten Eichenregionen eine Anhäufung von Trockenjahren bzw. Trockenperioden beobachtet worden, während in den submontanen Eichen-Buchenwaldregionen und in den Auwäldern die langjährigen Mittelwerte der Niederschlagssummen nur geringfügig (10-20 %) unterschritten wurden.

Die arktisch kalten und zum Teil schneelosen Winter 1985-87, sowie die durch spätsommerliche Trockenperioden herabgesetzte Frostresistenz, haben sicherlich zu einer weiteren Schwächung der Eichenbestände geführt.

Die Bedeutung von Trockenheit und Frost als Auslöser der Eichenerkrankung bestätigten sich auch in anderen Untersuchungen, auf die ich in meinem Referat noch zu sprechen komme.

## 2. Entwicklung der Eichenerkrankung und Mortalität

Um die Entwicklung der Eichenerkrankung bzw. Änderung der Schadenssituation feststellen zu können, wurden insgesamt 9 Dauerbeobachtungsflächen in Wien (2), Niederösterreich (1) und dem Burgenland (6) eingerichtet und mehrmals jährlich Kronenzustand, Vitalität (Bestimmung des el. Widerstandes mittels Conditiometer AS-1) und Mortalität registriert.

Ergebnisse

Kronenzustände, Conditiometermessungen und Mortalität ließen 1989 eine »leichte Besserung« in den meisten Eichenschadensgebieten erkennen, welche sich 1990 und 1991 noch fortsetzte.

Eine Zunahme der Schadenssymptome wurde 1989 jedoch in der Steiermark (Kalsdorf) und im nördlichen Weinviertel verzeichnet; 1990 und 1991 kam es auch in diesen Gebieten zu einer Stagnation.

Die durchschnittlichen Mortalitätsraten lagen zwischen 1987 und 1989 in den Dauerbeobachtungsflächen bei 1,85 % pro Jahr.

## 3. Tracheomykosen und deren Vektoren an Trauben- und Stieleichen (T. Cech)

1988 wurden 5-jährige Eichenheister (*Qu. robur*) mit 7 *Ceratocystis*-Isolaten (*C. stenoceris*, *C. prolifera*, *C. piceae*) kombiniert mit ca. 1.000 Splintholznematoden der Gattung *Bursaphelenchus* beimpft und unter standardisierten Bedingungen in Klimaschränken kultiviert. Die Beimpfung mit Sporensuspensionen und Nematoden erfolgte in kleinen Ampullen bzw. Schläuchen, welche auf frisch zurückgeschnittenen Zweigen angebracht wurden. In den Klimaschränken wurden die Eichen einem leichten Trockenstreß (entsprechend 400 mm Niederschlag), sowie einem 12-Stunden-Tag ausgesetzt. (Einschränkend muß jedoch festgehalten werden, daß durch häufige technische Defekte an den Geräten der Umgebungsstreß für die Testpflanzen noch verstärkt wurde und die Ergebnisse in diesem Zusammenhang interpretiert werden müssen.)

Bei Versuchsende zeigten mehrere Pflanzen Zweigsterben oder waren gänzlich abgestorben. Da die Absterberate der beimpften Bäume sich jedoch nicht wesentlich von jener der unbeimpften Kontrollbäume unterschied, dürften nach Ansicht des Projektleiters die untersuchten Stämme höchstens als fakultative Schwächeparasiten angesehen werden.

## 4. Welche Rolle spielen Splintholznematoden im Krankheitsverlauf der Eiche?

Zur Bearbeitung dieser Frage wurden mehrere Eichen aus verschiedenen Schadensgebieten systematisch aufgearbeitet, Holzteile in Insektenschlupfkäfige gebracht, Splintholznematoden auf verschiedenen Nährmedien gezüchtet und in einem kombinierten Pathogenitätstest auf Eichenpflanzen überimpft (vgl. Pkt 3).

Ergebnisse:

Erste Ergebnisse zu dieser Fragestellung wurden im Anzeiger für Schädlingskunde-Pflanzenschutz-Umweltschutz (1988) publiziert. Die systematische Aufarbeitung mehrerer Eichen unterschiedlicher Schädigungsgrade ergab, daß

- Splintholznematoden der Gattung *Bursaphelenchus*, Species *mucronatus* od. *fraudulentus* in kranken Eichen in großer Zahl vorkommen,
- die Belagsdichte häufig mit dem Schädigungsgrad korreliert,
- in gering geschädigten Eichen Splintholznematoden häufig nur in Kronenteilen vorkommen,
- *Ceratocystis* sp. im Darmtrakt der Nematoden übertragen wird und
- *Agrilus* spp., *Cerambyx cerdo*, *Pyrrhidium sanguineum*, *Scolytus intricatus*, *Xyleborinus saxeseni*, *Xyleborus monographus* bisher als Vektoren von Splintholznematoden an Eichen festgestellt werden konnten.

Ein Teil der aufgezählten Vektoren vollführt regelmäßig einen Reifungsfraß in der Krone und kann Splintholznematoden solcherart auch auf noch ungeschädigte Eichen übertragen. Da meiner Ansicht nach die Bedeutung der Splintholznematoden noch nicht ausreichend geklärt ist, möchte ich im Frühjahr 1992 mit einer neuerlichen Überimpfung von *Bursaphelenchus mucronatus/fraudulentus* auf Eichen beginnen.

## 5. In welchem Zusammenhang stehen Schadenssymptome der Eichenkronen mit Schäden am Wurzelsystem?

Da die händische Freilegung von Wurzelsystemen sehr arbeitsintensiv ist, wurden bisher 8 Eichenwurzelsysteme durch Umdrücken mittels Schubraupe oder Freispritzen (Feuerwehreinsatz) freigelegt.

Ergebnisse

Die Ergebnisse dieser Untersuchung lassen sich vorläufig in 2 Gruppen gliedern:

1. Ein Großteil des Hauptwurzelsystems war abgestorben und abgefault;
   vermutete Ursache = Trockenschaden durch Niederschlagsdefizit bzw. Grundwasserabsenkung.
2. Nur ein 10-20 cm breiter Streifen der Phloem/Kambialzone des Wurzelsystems ist unmittelbar unter der »Tag/Nachtschicht« abgestorben; tiefer im Boden scheint das Wurzelsystem weitgehend intakt zu sein;
   vermutete Ursache = direkte Frosteinwirkung. Bemerkenswert und bisher in keiner Literatur zu finden war das Vorhandensein von *Agrilus*-Fraßspuren an den Eichenwurzeln unter der Erde bis in eine Tiefe von nahezu 20 cm!!

## 6. Bauminjektionen nach der Methode »Veldemann« (H. Krehan)

Im Frühjahr 1990 und 1991 wurden insgesamt 100 Eichen in 5 Versuchsflächen mit Insektizid-, Fungizid-, oder Trichodermapräparaten nach der Methode »Veldemann« beimpft, um so indirekt Aufschluß über die Bedeutung einzelner Schadfaktorengruppen zu bekommen.

Die laufende Kontrolle der beimpften Bäume und Kontrollbäume erfolgt mittels Conditiometer AS-1 und Kronentaxation.

Ergebnisse:

Im Beobachtungszeitraum konnte noch kein gesicherter Unterschied zwischen behandelten und unbehandelten Bäumen festgestellt werden.

## Diskussion

**Balder:** War bei den Infektionsversuchen eigentlich geklärt, ob das Pflanzenmaterial nicht schon vorher von *Ceratocystis* besiedelt war?

**Donaubauer:** Man hat eine Translokation gefunden; über der Impfstelle konnte man *Ceratocystis* reisolieren.

**Ziegler:** Habe ich richtig verstanden, daß Sie nach der Infektion den Transport des injizierten Materials verfolgen?

**Tomizcek:** Das war bei den Nematoden der Fall.

**Ziegler:** Die Eiche ist bekanntlich ein ringporiger Baum und Sie bringen bei der Injektion den gesamten Transportapparat sehr durcheinander.

**Tomizcek:** Ich glaube, daß es sehr auf den Zeitpunkt ankommt, wann injiziert wird. Wenn die Injektion während der Wintermonate stattfindet, hat der Baum nicht die Möglichkeiten, abzuschotten und die Substanz diffundiert in andere Schichten.

# Epidemiologie und Ursachen der Eichenerkrankungen in Ungarn

Ferenc Varga *

## Zusammenfassung

Aus Ungarn werden zwei Erkrankungstypen der Stieleiche und ein Traubeneichensterben beschrieben. Das seit 1877 bekannte Absterben von Stieleichen auf Auenstandorten mit hohem Grundwasserstand wird auf starken Befall laubfressender Insekten, von Mehltau und Hallimasch zurückgeführt. Stieleichen ausserhalb der Auengebiete leiden oft unter den Folgen starker Grundwasserabsenkungen. Das erst seit 1978 beobachtete Traubeneichensterben trägt den Charakter einer Epidemie, die nach steilem Anstieg jetzt stagniert. Im erst unvollkommen erforschten Ursachenbündel spielen u. a. folgende Faktoren eine Rolle: Ausgedehnte Dürreperioden, Frostspanner-Fraß, Befall durch Eichensplintborkenkäfer und Hallimasch, Befall der Gefäße im Xylem durch Pilze und saure Deposition aus der Atmosphäre.

## 1. Einführung

Ungarns Waldfläche beträgt 1,65 Millionen Hektar, das bedeutet ungefähr eine 18 %-ige Waldbestockung. Unsere Wälder bestehen aus 86 % Laubbaum- und nur zu 14 % aus Nadelbaumarten. Die klimatischen und die ursprünglichen Standortverhältnisse sind besonders geeignet für den Anbau der verschiedenen Eichenarten. Die Eichen bilden entweder Reinbestände oder sie kommen mit anderen Baumarten (Rotbuche, Hainbuche, Esche) gemischt vor.

Die Eichenwälder hatten früher eine grössere Verbreitung als heutzutage. Die auf gutem Standort stockenden Eichenbestände wurden entweder unter landwirtschaftliche Nutzung genommen oder in Pappel-Kulturen umgewandelt. So stocken die heutigen Eichenwälder oft nicht auf dem ihnen entsprechenden, optimalen Standort, weshalb sie gegenüber Krankheitserregern eine gewisse Standortdisposition haben. Besonders bezieht sich diese Feststellung auf die Stieleichenbestände, die hauptsächlich im Flachland wachsen. Die ursprünglichen Traubeneichenwälder sind in der Hügellandschaft in reine Zerreichenbestände umgewandelt.

Der Gesundheitszustand der Eichenwälder ist seit langem ein wichtiges Problem der Forstwirtschaft und des Forstschutzes. Wir sind gewöhnt, nur so allgemein über ein Eichensterben zu sprechen. In wissenschaftlichen Kreisen sollen wir unbedingt das Absterben der Stieleiche von dem Absterben der Traubeneiche unterscheiden. Die Erkrankungsprozesse dieser Eichenarten unterscheiden sich

---

\* Varga, Ferenc, Dr., Universität für Forst- und Waldwesen, Pfl. 132, H-9401 Sopron, Ungarn

auch historisch: Die Stieleichenbestände sterben seit dem Jahre 1877 ab, die Traubeneichenbestände erst seit 1978.

Dementsprechend sind die Erkrankung und das Absterben der Stieleichenbestände schon seit langem untersucht. Die Erkrankungs- und Absterbefaktoren der Stieleiche sind viel besser bekannt als jene der Traubeneiche. Die Epidemiologie des Traubeneichen-Sterbens wird überall in Europa erforscht, aber erst seit 10 Jahren. So kennen wir die Ursachen und den Ablauf der Krankheit noch nicht vollständig.

Die Erkrankung und das Absterben der Traubeneiche hat zu einem Zeitpunkt eingesetzt, als die Umweltverschmutzung eine früher nicht bekannte Höhe erreichte. Diese Verschmutzung können wir wegen ihrer Vielseitigkeit heutzutage fast nicht erkennen und überblicken. Besonders kennen wir nicht die synergistische Wirkung der einzelnen Komponenten oder die Wirkung der aus diesen entstehenden neuen, manchmal unbekannten Verbindungen.

Nach dieser Einführung wird eine Übersicht über die Epidemiologie der Erkrankung und des Absterbens der Eichen vorgestellt.

## 2. Die Erkrankung und das Absterben der Stieleiche

Das Absterben der Stieleiche ist in Ungarn seit mehr als 110 Jahren bekannt. Die erste Angabe in unserer Fachliteratur darüber stammt aus dem Jahr 1877. Das Absterben der etwa 30 bis 40 Jahre alten Stieleichenbestände trat entlang des Flusses Maros auf stark bindigen Böden nach einer starken Gradation des Schwammspinners auf.

In der zweiten Hälfte des vorigen Jahrhunderts und am Anfang des 20. Jahrhunderts fanden große Wasserregulierungen in dem Karpatenbecken statt. Dies bedeutete die Abführung des Wassers und die Absenkung des Grundwasserspiegels. Dieser Umstand hat eine allgemeine Verschlechterung des Standortes hervorgerufen.

Das Absterben der Stieleichenbestände trat später periodisch wiederkehrend auf. Die betroffenen Bestände standen immer auf stark bindigen Lehmböden und litten unter einer Gradation von laubfressenden Insekten und einer starken Infektion durch Eichenmehltau. Solche Absterbeperioden traten zwischen den Jahren 1890-93, im ersten Jahrzehnt unseres Jahrhunderts, zwischen 1916-1924 und am Ende der dreissiger Jahre auf. Nach einer ausserordentlich großen Gradation des Schwammspinners kam es damals zu sehr starker Erkrankung und zu einem früher niemals in diesem Umfang beobachteten Absterben der Stieleichenbestände; allein in Südungarn wurden auf mehreren Hundert Hektar die Bestände vernichtet. Heutzutage beobachten wir das Absterben der Stieleiche in mehreren Gegenden des Landes.

Nach unseren während 20 Jahren durchgeführten Untersuchungen in Stieleichenbeständen der Auen spielen die folgenden Faktoren eine wesentliche Rolle:

1. Durch die laubfressenden Insekten verursachter Kahlfrass während mehrerer Jahre,
2. die schweren Lehmböden mit hoher Bindigkeit und hohem Grundwasserstand,
3. das Auftreten stagnierenden Wassers als Folge der im Zeitraum der Insektenschädigung gefallenen überdurchschnittlichen Niederschläge,
4. die Wurzelerstickung durch stagnierendes Wasser und dadurch ausgelöste schwere Störungen im Wasserhaushalt des Baumes (Thyllenbildung und Verstopfung der Gefässe),
5. starke Infektion des regenerierenden Laubwerkes durch Eichenmehltau,
6. das Auftreten des Hallimaschs (*Armillaria mellea*),
7. die Massenvermehrung der Eichenschildlaus (*Kermes quercus*),
8. das Auftreten xylophager Insekten und holzzerstörender Pilze,
9. das totale Absterben des Baumes und der Abbau des Holzes.

Im Prozess des heute auftretenden Absterbens der nicht auf Auenböden wachsenden Stieleichenbestände spielt dagegen die katastrophale Absenkung des Grundwasserspiegels eine entscheidende Rolle. Diese kann manchmal 10-15 Meter erreichen. Die älteren Bäume können dieser Absenkung mit ihren Wurzeln nicht folgen.

## 3. Die Erkrankung und das Absterben der Traubeneiche

Die Erkrankung und das Absterben der Traubeneiche (Eichensterben) traten erstmals 1978 in Nord-Ost-Ungarn im Zemplén-Gebirge auf, wo die dortigen Kollegen eine unregelmässige sommerliche Verfärbung der Blätter und später ein plötzliches Absterben der Bäume beobachteten. Diese Erscheinung hat sich rasch nach Westen und Süd-Westen verbreitet. Die Erkrankung konnte jährlich etwa 100-150 Kilometer fortschreiten und die Epidemie hat im Jahre 1981 unsere südlichen Grenzen erreicht, 1983 unsere westlichen Grenzen überschritten.

Die Erkrankung kam plötzlich als eine Katastrophe, und im Zusammenhang damit konnte man extreme Meinungen hören und lesen. Einige sprachen über die totale Degradation und das Aussterben der Traubeneiche; andre waren der Meinung, die Schäden seien eine direkte Wirkung des sauren Regens. Wieder andere vermuteten dahinter die Wirkung der kosmischen Strahlung oder der Atomkraftwerke.

Im Jahre 1981 haben wir ein Programm für die Untersuchung der Traubeneichenbestände begonnen. In den Befallsgebieten haben wir ständige Beobachtungsflächen eingerichtet mit dem Ziel, den Ablauf und die Wirkung der Erkrankung zu beobachten und ganz genau zu beschreiben. Die Beobachtungsflächen enthalten je etwa 250 bis 400 Stämme, das sind auf 88 Beobachtungsflächen ungefähr 30 Tausend Eichen. Am Anfang haben wir die Aufnahme 3 mal pro Jahr durchgeführt, später nur noch 2 mal. Diese Arbeit haben wir gemeinsam mit ERTI (Institut für Forstwesen) durchgeführt.

Im Laufe der Datenauswertung kamen wir zum Ergebnis, daß das stärkste Absterben in den nordöstlichen Gebieten des Landes im Zemplén- und Bükk-Gebirge auftrat. In diesen Gebieten sind bisher mehr als 40 % der Bäume ausgeschieden.

Wir Forstleute betonten von Anfang an, daß diese neuartige Erkrankung der Traubeneiche den Charakter einer Epidemie trägt. So hatte die jährliche Absterbensrate bis zum Jahre 1987 eine steigende Tendenz und stagniert seitdem oder geht sogar zurück. Im Jahre 1991 haben wir nur ganz wenige neu erkrankte Bäume gefunden. Ein Teil der erkrankten Bäume zeigt sogar eine gewisse Regeneration. Eine Folge der Erkrankung war das partielle Absterben des Kambiums und des Splintholzes. Die Bäume, in welchen diese Teile nicht völlig abgestorben sind, begannen dieses Jahr durch ein Kallusgewebe die Wunden zu heilen.

Zur Aufklärung der Ursachen der Epidemie hat man zahlreiche verschiedene Untersuchungen angestellt. Diese ergaben eindeutig, dass die Erkrankung und das Absterben der Traubeneichenbestände durch eine komplexe Schädlingskette hervorgerufen wurden. Diese kennen wir derzeit noch nicht vollständig, aber bis jetzt konnten wir folgendes feststellen:

1. Das Absterben der Traubeneiche kann durch saure Ablagerung allein nicht hervorgerufen sein, weil

   – auf Standorten mit abgestorbenen Eichen andere Baumarten wie die Rotbuche und die Hainbuche keine von Immisionen verursachten Symptome zeigen und weil
   – direkt in der Nähe der abgestorbenen Traubeneichen kerngesunde Eichen stehen.

2. Der Ablauf der Erkrankung zeigt eindeutig den Charakter einer Epidemie. Man kann die Verbreitung der Erkrankung geographisch genau verfolgen. Nach einem raschen Anstieg kam es zu einer Stagnation.

3. Nach unseren Beobachtungen können die folgenden Faktoren bei der Auslösung der Epidemie eine Rolle spielen:

   a) eine lange Dürreperiode, ein grosser Mangel an Winterniederschlag. Dadurch sind die Böden an vielen Stellen bis 1 Meter Tiefe ausgetrocknet.
   b) wiederkehrende Gradation laubfressender Insekten (z. B. Frostspanner-Arten);
   c) eine riesige, früher nicht beobachtete Massenvermehrung des Eichensplintborkenkäfers *(Scolytus intricatus)*;
   d) vermutlich könnte die saure Deposition die Pathogenität einiger Pilzarten erhöhen und dadurch ihre Lebensweise verändern (Saprophyt → Parasit);
   e) die Pilze, die in den Gefässen des Holzkörpers eine Verstopfung auslösen können (wie

z. B. *Ceratocystis*, *Botryosphaeria*, *Valsa*-Arten), haben den Wasserhaushalt der Bäume sehr gestört;

f) der Hallimasch (*Armillaria*-Arten) hat sich in einem früher nicht gekannten Maß vermehrt und trat als starker Parasit auf;

g) andere, bis jetzt nicht erkannte Faktoren sind ebenfalls beteiligt.

Die genannten Faktoren können einige Bäume oder ganze Bestände schwächen. Eine stärkere Einwirkung dieser Faktoren kann die abgeschwächten Bäume in einen kritischen Zustand bringen und zum Absterben führen.

Nach unseren Beobachtungen kann der Hallimasch in der Epidemiologie des Eichensterbens eine entscheidende Rolle spielen. Der Pilz ist überall anwesend. Auf der Wurzelrinde der gesunden Bäume kann man die Rhizomorphen ebenso finden. Wenn der Baum gesund ist, kann der Pilz in das lebende Kambium nicht eindringen. Die von den verschiedenen Faktoren geschwächten Bäume können sich indessen gegen den Angriff des Pilzes nicht verteidigen, so daß die Rhizomorphen unter die Rinde eindringen und das lebende Gewebe abschnittsweise oder total abtöten.

Ein anderer wichtiger Faktor ist die Austrocknung der Böden. Dadurch können einige Wurzeln absterben, und durch diese Wunden können pathogene Pilze wie der Hallimasch den Baum infizieren.

Zusammenfassend lässt sich feststellen, dass die Epidemiologie des Eichensterbens noch nicht völlig bekannt ist. Mit einer weiteren Forschungsarbeit werden wir neue Einzelheiten der Erkrankung und damit die ganze Epidemiologie erkennen.

# Diskussion

**Hartmann:** Sind Ihnen die mehrfach beschriebenen »primären« Streifen bekannt?

**Varga:** Sie sind uns bekannt, treten aber nicht in dem Maß auf wie bei Ihnen.

**Balder:** Sie kommen aber in Ungarn vor?

**Varga:** Sie kommen vor, jedoch selten und im Westen mehr als im Osten.

**Hartmann:** Können Sie die Vergilbung, die Sie zuletzt zeigten, noch etwas näher charakterisieren? Ist es eine gleichförmige Vergilbung oder sind die Blattadern lange grün oder liegt eine fischgrätenartige Vergilbung im Interkostalbereich vor?

**Varga:** Die Vergilbung setzt ungefähr Ende Mai bis Anfang Juni ein. Die Verfärbung erfolgt stufenweise. Bis Ende Juli sind die Eichenblätter gelb gefleckt; im August ist ein großer Teil vertrocknet.

**Kandler:** Bleiben die Blattadern längere Zeit grün?

**Varga:** Nein, die Blätter werden einheitlich gelb.

**Kandler:** Kann man bei der Stieleiche auch eine Vergilbung beobachten?

**Varga:** Nein, die Stieleichen sterben ohne Vergilbung ab.

**Balder:** Wie geht denn die Vergilbung über die Jahre weiter? Gibt es später wieder eine Begrünung oder sterben die Eichen ab?

**Varga:** Die Bäume, die bis Ende August vergilben, sterben ab.

**Kandler:** Erfolgt das Vergilben häufig astweise? Sie haben nur einen Teil des Baumes gezeigt.

**Varga:** Der gesamte Baum vergilbt.

**Tomizcek:** Ist es denkbar, daß die Vergilbung ein Symptom für einen Wurzelschaden ist?

**Varga:** Wurzeln haben wir leider nicht mit untersucht.

**Tomizcek:** Wenn Hallimasch bereits große Bereiche des Wurzelsystems geschädigt hat, haben wir häufig Vergilbungssymptome gefunden.

**Varga:** Hallimasch spielt überall eine Rolle. Er befindet sich am gesunden Baum und wartet, bis es dem Baum schlecht geht.

**Ziegler:** Haben Sie innerhalb der Stieleiche einerseits und der Traubeneiche andererseits am selben Standort und bei gleicher Altersstruktur sehr verschiedene Resistenzgrade? Ich frage deshalb, weil angedeutet wurde, daß die Eichenarten genetisch relativ heterogen sein können.

**Varga:** Ja.

**Balder:** Was empfehlen Sie der praktischen Forstwirtschaft? Wie soll sie mit derartigen Beständen umgehen?

**Varga:** Die Bestände, bei denen über 50 % der Bäume abgestorben sind, müssen verjüngt werden. Wir können nicht voraussagen, ob in Zukunft wieder ein Eichensterben auf uns zukommen wird.

**Balder:** Irgendwelche Bekämpfungsaktionen im Sinne von Hygienemaßnahmen halten Sie nicht für notwendig?

**Varga:** Man sollte ganz sicher Routinemaßnahmen durchführen und befallene Bäume entfernen..

**Hartmann:** Ich hatte den Eindruck, daß Sie zumindest bei der Stieleiche dem wiederholten Kahlfraß eine große Bedeutung beimessen. Das wurde bei den vorherigen Vorträgen bereits kontrovers diskutiert. Ist die Bedeutung so groß, daß man zur Vorbeugung gegen Eichensterben den Kahlfraß durch Bekämpfungsmaßnahmen zurückdrängt? Ist man in ihrem Land davon überzeugt, daß man über diesen Faktor einen Einfluß nehmen kann?

**Varga:** Der Kahlfraß hat eine große Bedeutung auf schweren Böden. Auf Sandböden ist der Einfluß nicht so groß. Es wird mit verschiedenen Bakterienpräparaten mit gutem Erfolg gegen die Schädlinge angegangen.

**Hartmann:** Ging es dabei auch um Eichenwickler und Frostspanner?

**Varga:** Auch der Forstspanner wurde bekämpft.

**Hartmann:** Warum wurden keine Maßnahmen gegen den Eichenwickler getroffen?

**Varga:** Die Bekämpfung erwies sich als nicht möglich.

**Kandler:** Haben Sie bei diesen starken Erkrankungen der Eichen auch Mineralstoffanalysen der Blätter durchgeführt?

**Varga:** Von anderen Forschern wurden solche Untersuchungen durchgeführt. Charakteristische Unterschiede zwischen gesunden und geschädigten Eichen wurden dabei nicht gefunden. Die Böden sind sich sehr ähnlich.

**Kandler:** Ich denke daran, daß auch die Krankheit selbst eine Veränderung in der Mineralstoffaufnahme verursachen könnte. Wenn man dem Insektenbefall eine große, zumindest Dispositionswirkung zuschreibt, sollte man bestimmte Parzellen konsequent unter Pflanzenschutz stellen und damit weitgehend insektenfrei halten. Natürlich müßte man das dann zehn oder zwanzig Jahre durchführen, um feststellen zu können, ob die geschützten Parzellen tatsächlich weniger anfällig sind und Insektenfraß ein wichtiger Dispositionsfaktor ist.

**Balder:** In unseren europäischen Eichenwäldern läßt sich erkennen, daß nach punktuell auftretenden ersten Schädigungen auch die benachbarten Eichen ein bis zwei Jahre später erkranken. Sie werden unter anderem von Schwächeparasiten befallen. Die Bäume regenerieren dann aber vielfach sehr schnell, und die Erkrankung breitet sich nicht weiter aus. Das bestätigen auch Kollegen aus der GUS, die schon bis zu 50 Jahre an diesem Thema arbeiten. Es gibt also keine Epidemie im klassischen Sinn. Aus dem Kaukasus wurde zum Beispiel 1954 *Ceratocystis* in Eichen beschrieben. Es hat offensichtlich keine Verbreitung in der GUS und schon gar nicht in Westeuropa stattgefunden.

**Kandler:** Sie meinen, daß keine *Ceratocystis*epidemie ausgelöst wurde. Das schließt aber ein epidemisches Ereignis anderer Verursacher nicht aus.

**Donaubauer:** In dieser Beziehung möchte ich zur Vorsicht mahnen. Ein kleines Beispiel aus einem exotischen Bereich: Ein Eukalyptussterben trat vor ca. 25 Jahren in Plantagen in Brasilien auf. Es zeigte sich das Bild einer Epidemie. Man beobachtete eine immer weiter fortschreitende Ausbreitung, bis es auffiel, daß diese Ausbreitung entlang von Wegen erfolgte. Dort wurde mit schweren Fahrzeugen gefahren und Erde transportiert. Dann untersuchte man endlich auch das Feinwurzelsystem und stellte fest, daß es sich um eine Phytophthoraepidemie handelte. Bis jetzt wurden Feinwurzelinfektionen in europäischen Beständen viel zu wenig beachtet.

**Kandler:** Es gibt eine gute Parallele in Australien. Auch dort wurde das Eukalyptussterben durch die *Phytophthora* hervorgerufen. Sie wurde während des zweiten Weltkrieges durch die schweren Manöverfahrzeuge verbreitet. Zum Teil wurden diese Fahrzeuge und damit auch *Phytophthora* mit Hubschraubern in entlegene Gebiete transportiert und damit neue Infektionszentren geschaffen.

**Hartmann:** In diesem Zusammenhang möchte ich auf einen Ausbreitungseffekt hinweisen, der dem *Agrilus* zugeschrieben wird. Es gibt die Beobachtung, daß dichte, unterbaute Bestände weniger anfällig sind als räumige, weniger unterbaute. Außerdem sind Südränder stärker betroffen. Dieses wird alles im Zusammenhang mit *Agrilus* gesehen. Schließlich wird in den ostdeutschen Ländern seit langem und sehr konsequent aufgrund dieser Tatsache eine Hygiene gegen *Agrilus* vollzogen.

# Forstökologische Untersuchungen über die Eichenerkrankungen in Rumänien

Nicolae Donită, A. Alexe und T. Toader *

## Zusammenfassung

Der Beitrag vermittelt einen Überblick über die historischen Wellen des Eichensterbens in Rumänien und die aktuellen, seit Beginn der 70-er Jahre auftretenden Erkrankungen verschiedener Eichenarten. Für diese werden folgende Ursachen genannt, die in wechselnder Kombination zusammenwirken: Ausgedehnte Dürreperioden, überalterte Stockausschläge, mangelhafte Kronenpflege, Kahlfrass durch Insekten, Pilz- und Mykoplasmenbefall, Aluminium- und Mangantoxizität. Es wird gefordert, die Eichenwirtschaft auf eine durch Untersuchungen gut abgesicherte breite ökologische Grundlage zu stellen.

## 1. Einführung

Die Eichenwälder insgesamt bedecken in Rumänien etwa 2 Mio. ha (32 % der Waldfläche), die Traubeneichenwälder allein etwa 1,25 Mio. ha, die Zerr- und Balkaneichenwälder 0,45 Mio. ha, die Stieleichenwälder 0,19 Mio. ha und die Flaum- und Graueichenwälder 0,09 Mio ha. Fast alle Wälder aus Zerr-, Balkan-, Stiel-, Flaum- und Graueiche und 60-70 % der Traubeneichenwälder stammen aus Stockausschlag. Eine Umwandlung von Nieder- zu Hochwald wurde in den 50-er Jahren eingeleitet, so daß z. Z. die meisten Eichenwälder etwa 40 bis 80 Jahre alt sind. Die Pflegemaßnahmen waren aber nicht immer den Umwandlungsprozessen angepasst oder wurden nicht rechtzeitig durchgeführt. Deswegen ist der waldbauliche Zustand der Bestände, insbesondere die Kronenausbildung, nicht überall befriedigend.

## 2. Erkrankungen in der Vergangenheit

Das Eichensterben ist für Rumänien keine neue Erscheinung. Anfang dieses Jahrhunderts (1910-1914) wurde ein Absterben der Stieleiche aus dem Südwesten des Landes gemeldet, kurz nach dem in Jugoslawien ein katastrophales Eichensterben ausgebrochen war (Langhoffer, 1926), als dessen mögliche Ursachen Dürre, Blattfrass und physiologische Schwächung der Bäume in Betracht gezogen wurden. Nachrichten über Eichensterben gibt es auch aus den Jahren nach dem ersten Weltkrieg. Die ersten wissenschaftlichen Beobach-

---

* Donită, Nicolae, Dr. & Alexe, A., Dr., Lab. f. Forstökologie, Dionisiu Lupu 74 AP 26; R-70184 Bukarest; T. Toader, Romsilva, Autonome Waldregion von Rumänien

tungen über diese Erscheinung stammen jedoch aus den Jahren 1937-1943, als die Erkrankung nicht nur bei der Stieleiche, sondern auch bei Trauben-, Zerr-, Flaum- und Balkaneiche auftrat (Eliescu, 1943; Georgescu, 1945). Schon damals sprach man von einem Faktorenkomplex als Ursache, wobei Austrocknung, Änderung der Licht-, Temperatur- und Feuchtebedingungen als Folge der Waldverwüstung und der Waldweide, starker Befall durch blattfressende Insekten, Mehltau und Gefäßpilze, sowie Wasserstau auf schweren Böden zusammenwirkten (Eliescu, 1943 Georgescu, Teodoru, Badea, 1945). Die geschädigten Flächen, fast alle im Süden des Landes, blieben indessen noch beschränkt. Es wurde bemerkt, daß die betroffenen Bestände fast alle in den vorhergehenden Jahren 1938-1942 mehrfach entlaubt worden waren. Das Eichensterben entwickelte sich vorwiegend auf schweren Böden mit Wasserstau während der feuchten, kalten Frühsommer 1940 und 1942 (Georgescu, Teodoru, Badea, 1945).

Nach den strengen Dürrejahren 1945, 1946 und 1947 kam das Eichensterben erneut auf grösseren Flächen vor, insbesondere bei der Stiel- und Traubeneiche (Georgescu, 1951). In noch grösserem Ausmass geschah das in den Jahren 1955-1961. Ausser den beiden genannten Eichen wurden auch die Zerr-, Balkan-, Grau- und Flaumeiche betroffen. Zugleich entwickelte sich schlagartig das Ulmensterben, das fast zum Verschwinden der einheimischen *Ulmus*-Arten führte.

Die vom Eichensterben betroffene Fläche erreichte etwa 40 000 ha, davon mehr als 60 % im Süden des Landes (Marcu u. a., 1966). Die komplexen, ökologisch orientierten Untersuchungen und Experimente, die von dem damaligen Institut für Forstwissenschaften in den Jahren 1957-1961 durchgeführt wurden, haben wesentlich zu Klärung der Ursachen dieses Absterbens, insbesondere bei der Stieleiche beigetragen.

Ein wichtiges Experiment, durchgeführt in 4 Experimentalfeldern mit je 22 Untersuchungsflächen, sollte Auskunft geben über die Folgen einer Entlaubung entweder allein oder kombiniert mit Wasserstau bzw. Wassermangel im Boden. Die Ergebnisse waren sehr aufschlussreich:

Im Vergleich mit der Standardfläche, in der im ersten Jahr nur 1 % und im zweiten Jahr nur 2 % der Bäume starben, gingen

– in den einmal entlaubten Beständen 3 % der Bäume im ersten Jahr ein; nach zwei Jahren waren 65 % tot;
– in den zweimal entlaubten Beständen starben 32 % der Bäume im ersten Jahr und bis zum Ende des 2. Jahrs 92 %;
– in den einmal entlaubten Beständen mit Stauwassereinfluss während 20-40 Tagen gingen 7-10 % der Bäume im ersten Jahr ein und 71-73 % bis zum Ende des zweiten Jahres;
– in den zweimal entlaubten Beständen mit Stauwasser während 20-60 Tagen starben 26-29 % der Bäume im ersten Jahr und bis zum Ende des zweiten Jahres 94-96 %;
– in den nicht entlaubten Beständen mit Stauwassereinfluss während 20-60 Tagen starben im ersten Jahr keine Bäume, im zweiten Jahr nur 2 %;
– in den Beständen, welche der Dürre ausgesetzt waren, starben 2 % der Bäume im ersten Jahr und 25 % im zweiten Jahr.

Auf diese Weise wurde die entscheidende Rolle der Entlaubung für das Stieleichensterben experimentell bestätigt. Der Wasserstau allein erwies sich als nicht gefährlich, begünstigte jedoch den Mehltaubefall der jungen Blätter, die nach der Entlaubung neu entstehen. Die durchgeführten Grossflächenuntersuchungen bestätigten ebenfalls, dass das Eichensterben insbesondere in den durch Insektenfrass entlaubten Beständen auftrat.

Die ökophysiologischen Untersuchungen an entlaubten Bäumen zeigten eine Verminderung des Wassertransportes um 80 %. Trotzdem stieg der Wassergehalt im Stamm um 20 %, was zu Gärungsprozessen führte. Die Auswirkung der Entlaubung auf den Zuwachs der nicht abgestorbenen Bäume war erheblich: Die Jahrringbreite nahm im ersten Jahr nach einer Entlaubung um 40 %, nach zwei Entlaubungen um 60 % ab. Im zweiten Jahr war der Radialzuwachs um 50 % bzw. um 75 % verringert. Bei den meisten Bäumen entstanden Doppelringe.

## 3. Über die jüngste Welle der Eichenerkrankungen

Nach einem Jahrzehnt (1961-1971), in dem ein Rückgang des Eichensterbens verzeichnet wurde, kam es zu dem flächenmässig und hinsichtlich des Schadensausmasses grössten und zeitlich auch

Tab. 1. Vom Eichensterben betroffene Fläche in Rumänien (Stand 1990).

| Gebiet | Gesamte Fläche der Baumart (ha) | Betroffene Fläche (%) insgesamt | Betroffene Fläche (%) stark betroffen | Holzmasse der abgestorbenen Bäume fm/Jahr/ha |
|---|---|---|---|---|
| | Traubeneiche (hauptsächlich) | | | |
| Ost | 102 646 | 24 | 2 | 3,61 |
| Südost | 9 677 | 98 | - | 0,92 |
| Süd | 292 181 | 48 | 10 | 4,48 |
| West | 157 381 | 25 | 3 | 11,03 |
| Zentral-Nord | 211 344 | 34 | 11 | 1,35 |
| | 773 229 | 37 | 8 | 4,40 |
| | Stieleiche | | | |
| Ost | 25 356 | 15 | 14 | 4,35 |
| Süd | 63 449 | 28 | 11 | 3,23 |
| West | 26 878 | 34 | 40 | 6,41 |
| Zentral-Nord | 11 303 | 36 | 3 | 9,85 |
| | 126 986 | 27 | 14 | 4,97 |

Tab. 2. Variation der Bioelementgehalte im Boden unter Traubeneichenbeständen (Alexe, 1989)

| Mineralstoff | Stoffgehalt in ppm | | | |
|---|---|---|---|---|
| | Ort Mihăeşti | | Ort Topolniţa | |
| | Stelle 1 | Stelle 2 3m von 1 entfernt | Stelle 3 | Stelle 4 4m von 3 entfernt |
| Nt | 625 | 1 025 | 3 250 | 4 510 |
| P | 40 | 65 | 109 | 144 |
| K | 91 | 84 | 245 | 275 |
| Mg | 160 | 86 | 745 | 1 062 |
| Ca | 238 | 150 | 5 340 | 6 680 |
| Al | 254 | 184 | - | - |
| Mn | 29 | 42 | 41 | 14 |

längsten Ausbruch des Eichensterbens, das bis heute andauert. Um das Ausmass dieses Prozesses zu beurteilen, sind folgende Zahlen bezeichnend (Tab. 1).

Die Untersuchungen über das Eichensterben wurden im Jahre 1975 in unserem Laboratorium für Waldökologie wieder aufgenommen und von Dr. A. Alexe geleitet. Inzwischen wurden mehrere zusammenfassende Arbeiten veröffentlicht (Alexe, 1984a,b, 1985a,b, 1986a,b,c, 1987, 1989). Es sei kurz auf die Hauptergebnisse dieser umfangreichen, systematischen Untersuchungen hingewiesen.

Die systematische Analyse auf dem Niveau des Einzelbaumes (Alexe, 1984a,b, 1985a) zeigte, dass das Eichensterben die Folge einer Ernährungsstörung ist. Diese Störung kann von einer Entlaubung durch blattfressende Insekten oder Spätfrost, von einem Mangel an Nährstoffen oder Wasser, von einer Blockierung der Aufnahme (durch Pilze, Mykoplasmen, Aluminium- oder Calciumüberschuss, durch Bodendürre, -kälte oder -wasserstau) verursacht werden.

Die Reaktion der Bäume ist streng individuell, was sowohl auf die verschiedenartige genetische Veranlagung als auch auf die phänotypischen Unterschiede zurückzuführen ist.

Aufgrund von über 2000 Analysen wurde gezeigt, dass die Bodeneigenschaften kleinflächig erheblich variieren (Tab. 2).

Das bezeugt, dass fast jeder Baum sein besonderes Ernährungsfeld hat. Auch die Entlaubung der Bäume durch Insekten trägt einen individuellen Charakter; bei schwachem bis mittelmäßigem Befall werden die Bäume selektiv entlaubt, was von ihrer Widerstandsfähigkeit und ihrem Ernährungszustand abhängt (Scutăreanu, 1982).

In den letzten Jahren wurde auch auf die möglichen negativen Einflüsse von Mykoplasmen verwiesen (Ploaie, Alexe, 1985, Ploaie, Ionică, Alexe, 1987). Elektronenmikroskopische Untersuchungen haben die Anwesenheit solcher Organismen im Phloem sterbender Eichen gezeigt. Die Möglichkeit einer Übertragung von kranken auf gesunde Eichenjungpflanzen wurde experimentell bestätigt. Die Symptome der erkrankten Eichen weisen weitgehende Ähnlichkeit mit jenen auf, die von Mykoplasmen bei anderen Pflanzen verursacht werden (Chlorosen, Kleinblättrigkeit und Verbüschelung der Blätter, Verkürzung der Triebe u. a.).

Ein kritischer Zustand der Bäume äussert sich durch Verminderung der Blattfläche, des Zuckergehalts in den Blättern, des Tanningehalts in den Blättern und im Splintholz, sowie der Stärke in den Speicherorganen. Bei kranken Bäumen ist der Tanningehalt um 45 %, der Stärkegehalt 5-7 mal kleiner als bei gesunden. Die Häufigkeit des *Ceratocystis*- und *Armillaria*-Befalls nimmt zu.

Tab. 3. Physiotypen bei der Traubeneiche (Alexe, 1987)

| Mineralstoff | Stoffgehalt in ppm | | | | | |
| --- | --- | --- | --- | --- | --- | --- |
| | im Boden | | | in den Blättern | | |
| | Säurephys. | Normalphys. | Kalkphys. | Säurephys. | Normalphys. | Kalkphys. |
| Nt | 980 | 1600 | 2450 | 15447 | 20000 | 24123 |
| Mg | 275 | 400 | 720 | 1540 | 1300 | 1038 |
| P | 13 | 23 | 101 | 1709 | 2800 | 3760 |
| Ca | 1580 | 1820 | 4100 | 5085 | 5400 | 5920 |
| K | 76 | 152 | 230 | 6927 | 7000 | 4892 |
| Al | 142 | 47 | 35 | 88 | 60 | 34 |
| Mn | 64 | 35 | 50 | 1133 | 800 | 388 |

Es wurde auch die Auswirkung der Aluminium- und Mangantoxizität auf Eichenjungpflanzen experimentell geprüft. Wenig resistent war die Traubeneiche, mittelmäßig die Stieleiche; widerstandsfähiger erwies sich nur die amerikanische Roteiche. Die Resistenz ist aber individuell verschieden, was eine Auswahl von resistenten Linien möglich macht.

Auf kalkhaltigen Böden kommt es zum Eisen- und Manganmangel, der sich wiederum in den Populationen der Traubeneiche verschiedenartig auswirkt. Spezielle Untersuchungen haben gezeigt, dass bei der Traubeneiche wenigstens drei Physiotypen unterschieden werden können, die auf Kalkmangel oder -überschuss verschiedenartig reagieren: ein Säurephysiotyp, ein Normalphysiotyp und ein Kalkphysiotyp (Alexe, 1987). Die Bioelementgehalte der Böden, auf welchen diese Physiotypen wachsen, und jene in den Blättern weisen grosse Unterschiede auf (Tab. 3).

Die systemische Analyse auf dem Niveau des Eichenwaldökosystems zeigte eine fortgeschrittene Zerstörung des ökologischen Gleichgewichts durch:
- Flächenabnahme um 50 % in den letzten 200 Jahren, starke Zerstückelung und Auflichtung der Wälder und die damit verbundene Verschlechterung des Waldklimas (Zunahme der Temperaturextreme, der Lufttrockenheit und der Lichtintensität);
- vegetative Verjüngung der meisten Eichenwälder in mehreren Umtrieben, was zu einem starken Nachlassen der Vitalität der jetzigen Bestände führt;
- intensive Waldweide und die damit verbundene Abnahme des Unterwuchses, der Verjüngung, der Vogelwelt u. a.;
- häufige Entlaubung der Eichen durch Massenvermehrung der blattfressenden Insekten, begünstigt durch die Auflichtung der Bestände und das wärmere und trockenere Innenklima; nach Beginn der chemischen Bekämpfungen anhaltende Massenvermehrungen und starke Vergrösserung der befallenen Flächen wegen Ausfalls der Entomophagen*);
- Aluminiumtoxizität insbesondere bei Traubeneiche auf sauren Böden und Mangantoxizität insbesondere bei Stieleiche auf schweren, vernässten Böden.

Ungünstige Klima- und Bodenbedingungen verstärken noch die Folgen der Zerstörung des ökologischen Gleichgewichtes.

Die obengenannten Erkenntnisse betreffen die Traubeneiche und die Stieleiche sowie die entsprechenden Waldökosysteme. Eine besondere Situation entstand in den Jahren 1983-1990 im Areal der Zerr- und Balkaneichenwälder im Süden Rumäniens. Die zwischen 1983-1990 anhaltende Dürre verursachte ein zunehmendes Wasserdefizit in den schweren Böden (mit 30-50 % Ton), die für diese Wälder charakteristisch sind. Die durchgeführten Untersuchungen (Doniţă, Roşu, Bâzâc, 1991) haben gezeigt, dass in einigen Jahren schon im August der Wassergehalt im Boden unter den

---

\* In den Jahren 1980-1985 variierte die von *Lymantria dispar*, *Tortrix viridana* und anderen Insekten befallene Fläche jährlich zwischen 300-500 000 ha (Simionescu, Stefănescu, 1986), was der von Eichensterben betroffenen Fläche entspricht.

Welkepunkt sank. Das bedingte ein massives Absterben der Eichen in diesen Wäldern (manchmal bis zu 60-80 % des Bestandes). In diesem Fall war zweifellos die Dürre Hauptursache des Eichensterbens. Es soll aber in Betracht gezogen werden, dass diese Wälder auch durch wiederholten Kahlfrass, durch Verjüngung aus Stockausschlag und durch ungeeignete Umwandlungsmassnahmen geschwächt waren und sich in einem altersbedingt kritischen Zustand befanden (40-80 Jahre).

Zusammenfassend kann festgestellt werden, dass die Hauptursache des Eichensterbens in Rumänien die fortgeschrittene Zerstörung des ökologischen Gleichgewichts in den Eichenwäldern ist, was ihre Anfälligkeit im ganzen, wie auch jene der Einzelbäume, gegen Stressfaktoren gesteigert hat. Mit Ausnahme jener besonderen Fälle, in denen das massenhafte Absterben von Eichen unbestritten auf die Bodendürre zurückzuführen ist, hat das Eichensterben einen individuellen Charakter und auch individuelle Ursachen oder Ursachenkomplexe. Eine wichtige Rolle kommt physiologischen Störungen der Bäume zu, die von verschiedenen Faktoren verursacht sein können. In erster Linie sind das: überalterter Stockausschlag, ungenügend entwickelte Kronen, Blattverlust durch Insektenfrass, Aluminium- oder Mangantoxizität, längere Dürreperioden, Leitgefässblockierung durch Pilze oder Mykoplasmen u. a. m.

Der individuelle Charakter dieser Prozesse ist z. T. auf die genotypische, z. T. auf die phänotypische Variabilität zurückzuführen. Letztere kann sowohl durch den Standort als auch durch negative menschliche Eingriffe verursacht sein. Es ist dringend nötig, die ganze Eichenwirtschaft in Rumänien zu überdenken und auf eine breite ökologische Grundlage zu stellen.

## Literatur

Alexe A. 1984a. Rezultatele unor cercetări de biometrie, anatomie, fiziologie şi biochimie la arborii de cvercinee sănătoşi şi la cei în curs de uscare (Ergebnisse biometrischer, anatomischer, physiologischer und biochemischer Untersuchungen bei kranken und gesunden Eichenbäumen). Revista Pădurilor, 99(3): 135-139.

Alexe, A. 1984b. Analiza sistematică a fenomenului de uscare a cvercineelor şi cauzele acestuia (I) (Systematische Analyse des Eichensterbens und dessen Ursachen). Rev. Păd., 99(4): 181-187.

Alexe, A. 1985a,b. Analiza sistemică a fenemenului de uscare a cvercineelor şi cauzele acestuia (II). Rev. Păd., 10(1): 16-22; - (III). Rev. Păd., 100(2): 136-140.

Alexe, A. 1986a,b,c. Analiza sistemică a fenemenului de uscare a cvercineelor şi cauzele acestuia (IV). Rev. Pad., 101(1): 19-23; - (V). Rev. Păd., 101(2): 67-70; - (VI). Rev. Păd., 101(3): 120-132.

Alexe, A. 1987. Fiziotipurile şi nutriţia minerală la gorun (Quercus petraea Liebl.) (Physiotypen und Mineralernährung bei der Traubeneiche). Rev. Păd., 102(3): 123-129.

Alexe, A. 1989. Implicaţiile teoretice şi practice ale unor analize chimice a solului în jurul arborilor de gorun (Quercus petraea Liebl.) (Theoretische und praktische Folgen einiger chemischer Analysen des Bodens unter Traubeneichenbäumen). Rev. Păd., 104(3): 123-130.

Doniţă, N., C. Roşu & G. Bâzâc. 1991. Eichensterben in den submesophil-termophilen Eichenwäldern Rumäniens. Proceedings. Expertentagung Waldschadenforschung im östlichen Mitteleuropa und in Bayern. GSF Bericht 24/91: 299-304.

Eliescu, G. 1943. Asupra uscării în masă a stejarului (Über die Massenaustrocknung der Eiche). Rev. Păd., 55(11-12) 453-459.

Georgescu, C., I. Teodoru & M. Badea. 1945. Uscarea în masă a stejarului (Die Massenaustrocknung der Eiche). Rev. Păd., 57(4-6): 65-79.

Georgescu, C. 1951. Studii asupra efectelor secetelor în păduri (Forschungen über die Folgen der Dürre in den Wäldern). Studii şi Cercetări ICES, 12: 235-288.

Langhoffer, A. 1926. Der Schwammspinner und das Eingehen unserer Eichenwälder. Ann. Exp. Forest. 1.

Marcu, G., u. a. 1966. Studiul cauzelor şi al metodelor de preve-inire si combatere a uscarii stejarului (Ursachen und Methoden der Vorbeugung und Bekämpfung der Eichenaustrocknung). CDTEF Bucureşti, 582 S.

Paşcovschi, S. 1945. In chestiunea uscării stejarului (Zur Frage der Eichenaustrocknung). Rev. Pad., 57(10-11): 238-245.

Ploaie, P. & A. Alexe. 1985. Doveziile electronmicroscopice privind prezentă organismelor de tipul micoplasmelor (micoplasmalike organisms) în celulele floemice ale arborilor de stejar pedunculat (Quercus robur L.) şi gorun (Quercus petraea Liebl.) în curs de uscare (Elektronenmikroskopische Nachweise über die Anwesenheit von Mykoplasmalike Organisms in den Phloemzellen der kranken Stiel- und Traubeneiche). Rev. Păd., 100(1): 12-15.

Ploaie, P., M. Ionica & A. Alexe. 1987. Ofilirea stejarului o boală cauzată de organisme din grupul micoplasmelor? (Die Eichenwelkung, eine von Mykoplasmalike Organisms verursachte Krankheit?). Bul. Protecţia Plantelor, 1: 13-21.

Scutareanu, P. 1982. Interacţiunea dăunător-plănta gazdă funcţie de variabilitatea şi diversitatea ecosistemelor forestiere. Rolul ei în reglarea densităţii populaţiilor de insecte (Einfluss der Variabilität und Diversität der Waldökosysteme auf die gegenseitige Wirkung des Schädlings und der Gastpflanze und ihre Rolle in der Regulation der Populationsdichte). Studii şi Cercetării, Pontus Euxinus, II: 55-58.

Simionescu, A. & M. Stefanescu. 1986. Consideraţii asupra stării fitosanitare a pădurilor pe anii 1980-1985 (I) [Über die phytosanitäre Lage der Wälder in den Jahren 1980-1985 (I)]. Rev. Păd., 101(1): 24-30.

Vlad, I. 1948. Influenta secetei asupra vegetatiei forestiere din Baragan în anii 1945 si 1946 (Einfluss der Dürre in den Jahren 1945 und 1946 auf die Waldvegetation im Baragan). Rev. Pad., 63(2): 38-41.

## Diskussion

**Balder:** Haben Sie durch die intensive chemische Bekämpfung der Schädlinge und damit durch die Ausschaltung der Streßfaktoren einen besseren Zustand der Eichen erreicht?

**Doniţă:** Ich glaube nicht. Man hat zwar die Schädlinge bekämpft, aber die Gradation wurde nicht unterbrochen, sondern sie wurde prolongiert. Jedes Jahr kamen erneut blattfressende Insekten in großen Mengen vor. Die nichtselektive chemische Bekämpfung bedeutet eine fortwährende Vermehrung der schädlichen Insekten, weil die natürlichen Feinde zugleich vernichtet werden (Ameisen, Entomophagen u. a.).

**Donaubauer:** In Rumänien ließen sich Sukzessionen verschiedene Schädlinge beobachten. Das findet man relativ selten. Die Verwendung nicht selektiver Pestizide hat offenbar nicht viel bewirkt.

**Hartmann:** Sie erwähnten Mangan- und Aluminiumtoxizität. Können Sie dazu noch etwas näheres dazu sagen? Gibt es Gehaltsangaben für diese Schadstoffe?

**Doniţă:** Aluminiumtoxizität wurde auf sehr sauren Böden unter Traubeneiche festgestellt. Mangantoxizität kommt bei uns bei Stieleichen auf schweren Böden vor. Mangan liegt in Eichenblättern beispielsweise in Gehalten von 745 bis 1062 ppm vor.

**Hartmann:** Wir hörten bereits, daß in bayerischen Eichenwäldern Blattspiegelwerte von 3000 ppm Mangan vorkommen.

**Donaubauer:** Ich bin sehr interessiert an ihren Untersuchungen über Mykoplasmen. Die Kleinblättrigkeit bei Eichen ist in anderen Ländern nicht als großflächig vorkommendes Phänomen berichtet worden. Ist das Symptom in Rumänien nur an einzelnen Individuen zu sehen oder kann es flächendeckend vorkommen?

**Doniţă:** Es ist nicht flächendeckend, aber an einzelnen Bäumen wird dieses Phänomen deutlich. Mykoplasmen wurden etwa vor vier bis fünf Jahren bei uns elektronenmikroskopisch in sterbenden und auch in gesunden Eichen nachgewiesen.

**Zöttl:** Diese hohen Mangangehalte in Eichenblättern treten vermutlich auf den schweren Böden auf bei hoher Wassersättigung. Sind dies natürliche Eichenbestände und ist der Wasserhaushalt künstlich verändert worden, so daß es zu Überstauungen kommt?

**Doniţă:** Die Stieleichenwälder kommen bei uns in den Auenwäldern im Süden des Landes und auf hohen Terrassen mit schweren Böden vor. Wasserstau tritt auf diesen Böden dann ein, wenn der Wald etwas aufgelichtet wird. Dann nimmt die Saugintensität der Bäume ab. Es ist meist eine menschlich bedingte Erscheinung (ungeeignete Verjüngungs- oder Pflegemaßnahmen, Waldweide u. a.)

**Zöttl:** Woraus schließen Sie, daß die relativ hohen Mangangehalte in den Blättern Ausdruck von toxischen Situationen sind?

**Doniţă:** Ich sagte, daß die Böden hohe Mangangehalte aufwiesen.

# Oak dieback in France: historical and recent records, possible causes, current investigations

Guy Landmann [1], M. Becker [2], C. Delatour [3], E. Dreyer [4], J.-L. Dupouey [2]

## Summary

Past and recent studies into oak (*Quercus robur* and *Q. petraea*) dieback in France allow the following conclusions to be drawn: (1) the French oak forests have undergone several diebacks for more than a century; the current one, although widespread, is probably of the same order of magnitude as the previous ones; (2) the most common symptoms have been observed in previous declines; however, the longitudinal bast lesions with cracks had never been described before on forest trees; (3) pedunculate oak has always been found to be much more sensitive to dieback than sessile oak, although some cases of sessile oak dieback are reported in the current decline; (4) repeated droughts and defoliators have been reported as the primary causes of these diebacks; mildew may cause additional stress in some cases; (5) the exceptional frost period of the winter 1984-1985, which has resulted in bast lesions, has seemingly played a significant role in the current decline; (6) historically, pedunculate oak has been strongly favoured by man and extended to unsuitable sites. The retreat of the pedunculate oak from these sites, which represent the major »reservoir« for dieback, is already advanced in some regions according to a preliminary analysis of the forest inventory data; (7) first results from long-term growth studies in NE France suggest that, despite periodic growth crises, there is an increase in the productivity of pedunculate oak. This increase is however less important than that of sessile oak; (8) air pollution is unlikely to be the major cause of the current dieback but interactions with climatic stress under certain circumstances can not be ruled out.

The current oak decline does not appear to be fundamentally »new« and the results reported here offer a coherent scheme. However, important questions remain unsolved. Among others, two research fields are still to be explored: (1) the elucidation of some crucial physiological processes, such as the mechanisms involved in drought induced dieback appear as a major challenge; (2) at another level, there is a need to elucidate the genetic basis of ecological differences between *Q. robur* and *Q. petraea*, because it will control the future evolution of these species in a changing environment.

---

1 Landmann, Guy, Département de la Santé des Forêts
2 Becker, M. & Dupouey, J.-L., Laboratoire de Phytoécologie forestière
3 Delatour, C., Laboratoire de Pathologie forestière
4 Dreyer, E., Unité de recherche Ecophysiologie forestière
  INRA Centre de Nancy, F-54280 Champenoux

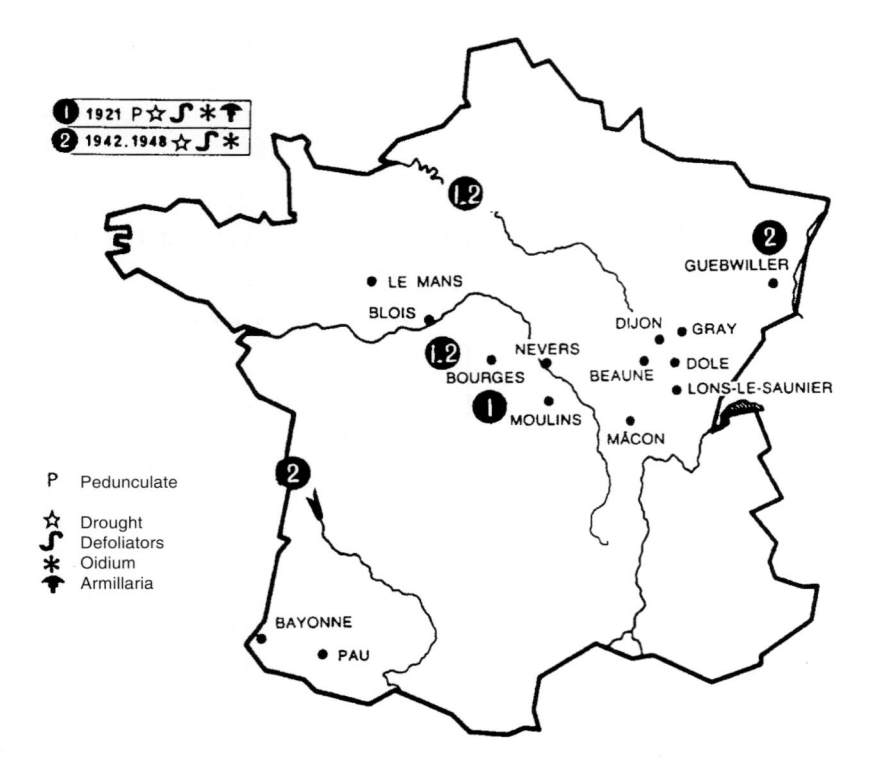

**Fig. 1.** Historical cases of oak decline in France. Sources: Delatour 1983 (periods marked »1« and »2«); Buffet 1983 (dieback of (pedunculate) oak in the late 1970s: most damaged forestry districts).

## 1. Introduction

Oak, or more precisely sessile (*Quercus petraea* (M.) Liebl.) and pedunculate (*Q. robur* L.) oaks represent the main species of the French forest, 4.1 M ha in a total forest area of 14.5 M ha, as well as the largest area of oak forest in Europe. These species are of great economic value as their wood is often of very high quality, known well beyond the French borders.

This paper is intended to briefly review the oak decline issue, with reference to two basic questions: is there currently an unprecedented decline? and what are the most likely causes of oak dieback? The main monitoring and research activities currently carried out in order to improve the understanding of this phenomenon are also presented.

## 2. Historical records: four periods of oak decline during the 20th century

Oak has repeatedly displayed symptoms of decline in Europe during recent history, as shown in a detailed review by Delatour (1983). In France, the first but rather vague records of oak dieback identified so far date back to the late 19th century. More precise descriptions are available for the 20th century. They relate mostly to four main periods: the early 1920s, the 1940s, the late 1970s/early 1980s and the current decline which started in the late 1980s.

These diebacks were sources of major concern among the foresters. For example, Demorlaine stated in 1927 that »Oak is disappearing from our French forests, in particular in the North and East. Indeed, our great oak forests are undergoing a terrible crisis«. In several cases, hundreds of hectares of oak stands were prematurely harvested

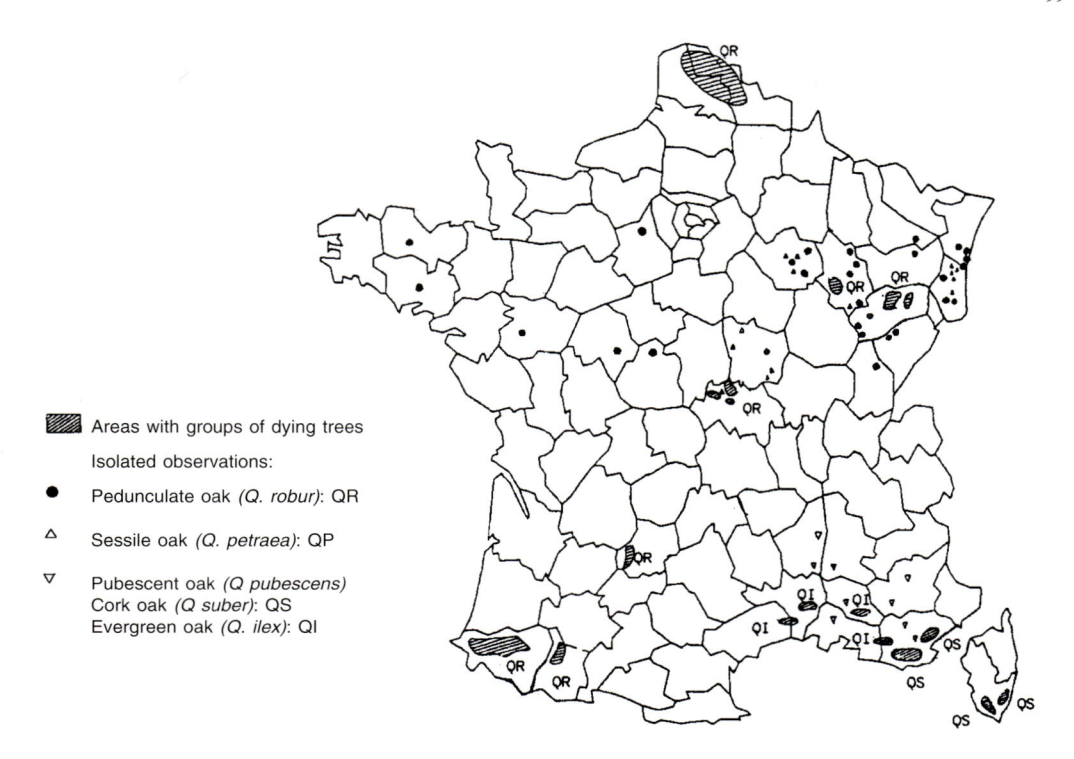

**Fig. 2.** Current cases of oak dieback in France recorded by the Forest Health Department in 1990. Source: Ministère de l'Agriculture et de la Forêt, 1991.

during the 1920s. In the 1940s, the foresters' and scientists' reports are even more numerous. The »Direction Générale des Eaux et Forêts« thus demanded reports from the local services. This request probably reflected the fear of a widespread decline. The results of this survey (mentioned by Rol (1951)), were unfortunately not published and could not be found. During the late 1970s, the foresters were again worried by a serious and widespread decline. A survey was led in 1980 by the Office National des Forêts among its own local staff, from which the approximate spatial extent of the damage was drawn (Buffet, 1983). This decline, which was at its worse in the late 1970s, was considered to have ended in 1983/84. Figure 1 summarizes these historical cases. New and numerous cases of severe dieback were reported in the late 1980s. The newly created (1989) Forest Health Department (Ministry of Agriculture and Forestry), which co-ordinates the observations of 250 correspondents (working in the various public and private forestry organisations), tentatively mapped the cases of »visually impressive« records, i.e. dying groups of trees or entire stands. Figure 2 gives the result of this compilation.

In summary, (1) oak decline occurred in »waves« rather than as a continuous phenomenon; (2) various French regions were affected and (3) several regions have been affected by several episodes of declines. Whenever relevant observations were made, a further common feature of these declines is that pedunculate oak was always found to be much more affected than sessile oak (Delatour, 1983; Becker and Levy, 1982; Ministère de l'Agriculture et de la Forêt, 1991). Cases of diebacks of pubescent oak *(Q. pubescens)*, European oak *(Q. ilex)* and cork-oak *(Q. suber)* are currently being recorded (figure 2). These observations are consistent with those made in the other Mediterranean countries. There are few descriptions of historical dieback of the Mediterranean species.

## 3. Oak dieback in Tronçais forest and in the Basque and Béarn hills (1977-1982): the ecological causes as established by multidisciplinary ecological field studies

The late 1970s dieback which affected oak in several French regions, particularly the prestigious forest of Tronçais (approx. 10 000 ha) motivated the first multidisciplinary ecological research in France on this topic. Specialists in remote sensing, phytoecology, pedology and pathology combined their analyses in the Tronçais forest (Central France) and in the Basque and Béarn hills (south-western France). These case studies are considered as significant steps in the recent development of forest ecology in France.

The Tronçais case study has been widely reported in the literature (Becker and Lévy, 1982; Guillaumin et al., 1982) and recently summarized, among other cases of decline, by Landmann (1993). The main conclusions will therefore be only briefly reported here:

– only pedunculate oak was affected. The level of damage in a stand was strongly correlated to the proportion of pedunculate oak. This clearcut and somewhat surprising result was not immediately perceived by the foresters, as detailed morphological observations (leaves, acorns) are often necessary to distinguish the two species (Dupouey and Badeau, 1993);

– the severity of the decline varied very significantly according to the soil conditions. An intensive ecological field study highlighted the prevalence of damaged stands on soils with a high temporary water table. In less hydromorphic soils, the level of damage appeared to increase where there was a sandy texture or in the presence of a hardpan or of a stony layer. The most unfavourable sites were on the most acidic soils, but foliar analysis never revealed deficiencies in essential cations, such as calcium or magnesium;

– the process of decline started in 1976 or was amplified that year. This conclusion was reached by analyzing »mini-cores« taken from healthy and damaged oaks. Whereas the growth of sessile oak only slightly decreased in 1976 and 1977, the damaged pedunculate oak showed a sharp decrease in growth in 1976 and a dramatic breakdown in 1977. This depression in growth still persisted in 1981 (last year of measurement) for damaged trees whereas the growth of the trees which were in a visible phase of recovery improved from 1978 onwards;

– the degree of infection of the root system by root-rot fungi, especially *Collybia fusipes*, appeared negatively correlated with the ability of pedunculate oaks to overcome the climate crisis on non hydromorphic soils;

– the sessile oak was found to be able to develop a deep root system in very unfavourable soils, even in hardpans, whereas the rooting of pedunculate oak was found to be much more superficial.

From these observations, it was concluded that the pedunculate oak was not a suitable species for the very sandy and hydromorphic soils which characterize a part of the forest of Tronçais. During a severe drought, these soils may dry out completely. Pedunculate oaks, with their superficial root systems, are therefore particularly affected. All in all, this decline was interpreted by the ecologists - and accepted as such by the foresters - as an ecological »sanction«: a species which was introduced by man into unsuitable sites may be evicted by exceptional circumstances. However, as often occurs during studies on forest dieback, foresters and scientists were puzzled by the delayed appearance of the phenomenon: the first symptoms became visible as late as 3 years after 1976 and lasted for 4-5 more years, although rainfall had already returned to normal values. This was partially ascribed to biotic agents affecting the crown (*Tortrix viridana*, powdery mildew) and the root system (*Armillaria* sp., *Collybia fusipes*).

In the Basque and Béarn hills, where similar approaches were developed, convergent conclusions were reached (Durand et al., 1983): the damage was again limited to the pedunculate oak (sessile oak and beech remained healthy in mixed stands). Maximal damage was found on superficial soils and on the steep and upper parts of the slopes, i.e. in soils with rather limited water supply. 1976 was also found to be a distinctive year for growth patterns. Several biotic factors, defoliators and root

Tab. 1. Changes in defoliation classes of the individual trees of a few important species between 1989 and 1990 in the European network. Source: Ministère de l'Agriculture et de la Forêt, 1991.

|  | Pedunculate oak | Sessile oak | Beech | All broadleaved | Scots pine | Norway spruce | All conifers | All species |
|---|---|---|---|---|---|---|---|---|
| n | 1204 | 1110 | 916 | 6954 | 745 | 486 | 3291 | 10020 |
| Stability (%) | 73 | 81 | 83 | 78 | 80 | 93 | 85 | 81 |
| Improvement (%) | 10 | 7 | 7 | 8 | 12 | 4 | 9 | 9 |
| Deterioration (%) | 17 | 12 | 10 | 14 | 9 | 3 | 6 | 10 |

pathogens, were identified but were not considered to be sufficient to explain the observed damage. A special feature in this area is the predominance of loamy soils: even when the theoretical water reserve is quite high, a superficial and compact crust hampers the penetration of water into the soil. This situation is locally aggravated by sheep grazing in the forests. As in Tronçais, it seems that the pedunculate oak had been favoured by man in the forests of the Pyrenean foothills. The elimination of the Pyrenean oak *(Q. pyrenaica)* at the beginning of the century by the mildew and the suppression of beech in the coppice and coppice-with-standards could explain this.

These two case studies and other, less detailed, field studies (Buffet, 1983; Macaire, 1984) lead to a concept of oak decline in which many interconnected factors are involved. Several schemes can be drawn, one of which is based on Manion's concept (1981) with the following sequence:

- predisposing factors: »unfavourable« soils and inadequate species *(Q. robur* vs. *Q. petraea* or other species);

- inciting factors: drought stress, defoliators and mildew;

- contributing factors: mainly biotic ones, such as bark beetles and many fungi, including root fungi.

This scheme may underestimate the possible role of root-rot pathogens as predisposing factors. In the field of pathology, a very confusing and still open question is the status and the hypothetical role of *Ophiostoma* species (cf *Ceratocystis*) (Delatour, 1983, 1986), but no observations were made at that time. The possible implication of air pollution in these diebacks was not discussed.

4. Current investigations in oak dieback

4.1. Ground monitoring and surveys

Thanks to the concern about a possible general forest decline in Europe which arose at the beginning of the 1980s, the survey of French forest health is much more intensive than one decade ago:

- the »Blue« network was set up between 1983 and 1986; it is based on a 16 x 1 km grid (west-east transects) and covers about 3 million hectares (ca. 20 % of the whole forested area), mainly in the mountainous regions. It is composed of ca. 1650 plots of 24 trees each;

- the French part of the European network was completed in 1989; it is based on a 16 x 16 km grid and covers all of the wooded area. It is composed of 510 plots of 20 trees each;

- the Forest Health Department, created in 1989, co-ordinates the field observations of all kinds of damage, those caused by pests and diseases as well as damage of unknown origin.

Figure 2, which shows the distribution of cases of dieback reported by the Département de la Santé de la Forêt, has already been discussed.

In the regions covered by the »blue network« between 1985-1990 (figure 3), the level of defoliation was, in general, low in 1985, and oak was at that time not considered as being affected by an abnormal decline. Severe damage was limited to a few areas such as the first plateau of the Jura (in particular the Forêt de Chaux) where recurrent oak dieback in very marginal site conditions has been observed for a long time. However, the level of damage increased noticeably in most of the regions over the 1985-1990 period.

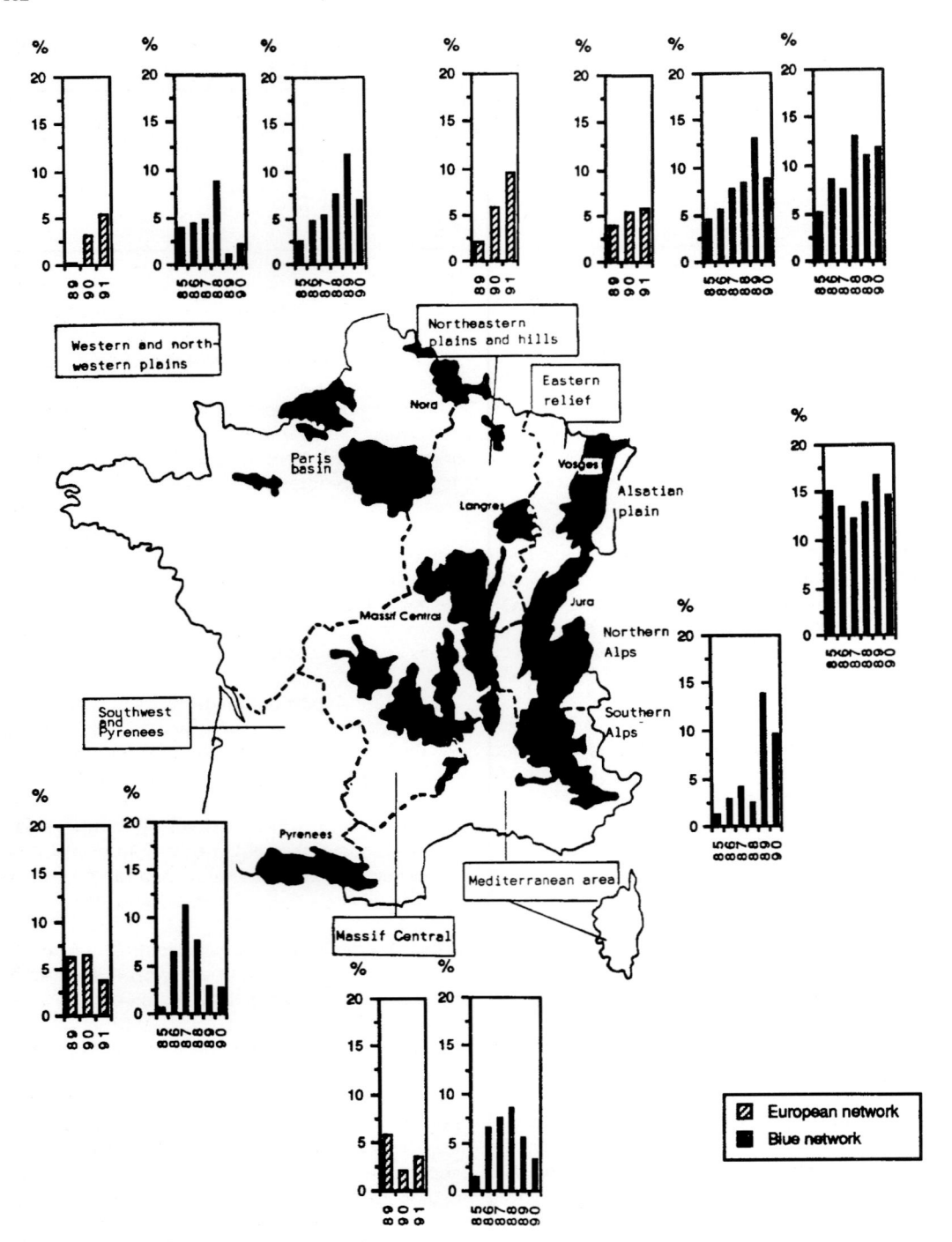

Fig. 3. Evolution of the proportion of (sessile and pedunculate) oak which have lost more than 25 % of foliage in the French forest areas covered by the »Blue network« (1985-1990) and in the extended ecological regions of the European network (1989-1991).

The state of health of the oak has further deteriorated over the last two years except in the south-western and central parts of France. The deterioration has been dramatic, in particular in the eastern hills and in the western and north-western plains. Detailed analyses show that pedunculate oak is the most unstable species among the main forest species (table 1).

The exceptional droughts of 1989 and 1990 are thought to be the main cause of the deterioration observed since 1989: for at least 1/3 of the French meteorological stations (in particular in the western part of France), the two hydrological years 1988-1989 and 1989-1990 were the driest ones over the 1946-1990 period (Ministère de l'Agriculture et de la Forêt, 1991). On the whole, 1991 was less dry, but the North-East experienced both a severe summer drought and an exceptional spring frost: these climatic anomalies might account for the increase in damage in the »north-eastern plains and hills« recorded in 1991. Conversely, the improvement observed in the South-West might reflect a rapid response to the wet spring and summer in this region. The probable causes of the deterioration of the state of health of oak between 1985 and 1988 are less clear. The exceptional frost period of the winter 1985 (see 4.2), the dry summers of 1983 and 1985 and the exceptional successions of various defoliators - e.g. in Alsace where four different defoliators developed during this period (Ministère de l'Agriculture et de la Forêt, 1991) - have probably severely affected oak in many regions.

The correlation between the time course of the defoliation as reflected by the network data and the empirical perception of the foresters seems to be rather good overall. The records of dieback since 1988 coincide in a number of regions (e.g. northern France, Alsace plain) with a sharp increase in the proportion of defoliated trees. In a few regions (e.g. Pyrenees), dieback is still perceived as a problem although the proportion of defoliated trees has significantly decreased. The correlation between the data from the monitoring networks, and the subjective observations by field observers (figure 2) is less convincing, but it is likely that the monitoring networks are not dense enough to represent correctly the most damaged plots, which are fortunately rare.

## 4.2. Field diagnosis: the symptoms of oak decline

Since 1989, the Department of Forest Health has analysed a great number of cases of oak decline. In addition, a one-week field trip, with the participation of foreign pathologists (Ph. Wargo, USA; G. Hartmann, FRG), was organised in September 1990 in order to examine declining stands in various French regions and possibly to compare the situation with that occurring abroad.

At the crown level, the symptoms were rather undifferentiated: reductions in leaf area (partly due to the loss of small branches with green leaves, see 5), changes in the branching habit, presence of dead branches, frequent (but not systematic) formation of a secondary crown (bole sprouting), in some cases, premature yellowing. The involvement of defoliators was recognizable by the presence of tufted and clumped foliage during the recovery phase.

Conversely, at the trunk and root levels, a number of symptoms do not appear systematically. They were grouped into three major facies (Nageleisen et al., 1991; a detailed description is given by Hartmann et al., 1989):

– **facies A** is characterized by the presence of a dark brown necrotic tapered bast lesion, which does not, in general, reach the crown nor the collar. The development of this necrosis is often limited by an efficient cicatrization. When it is not, a longitudinal detachment of bark may occur. The original necroses, traced back by the tree-ring analysis to the years 1984-85-86 are frequently oriented towards the south. The very harsh winters of 1984-85 and 1986-87 are believed to be the most likely causes of this necrosis. Type A damage has been found frequently in northern Germany (Hartmann et al., 1989), in Belgium and some locations in north-eastern France. A less dramatic variant of facies A is characterized by about 10 cm long necrotic weeping cracks in the bark, limited by cicatrization excrescences. These necroses can also be easily traced back to the period 1985-86 and are therefore believed to be caused by frosts as well. This symptom, common in France and Germany, has also been reported by Donaubauer (1987) in Austria as

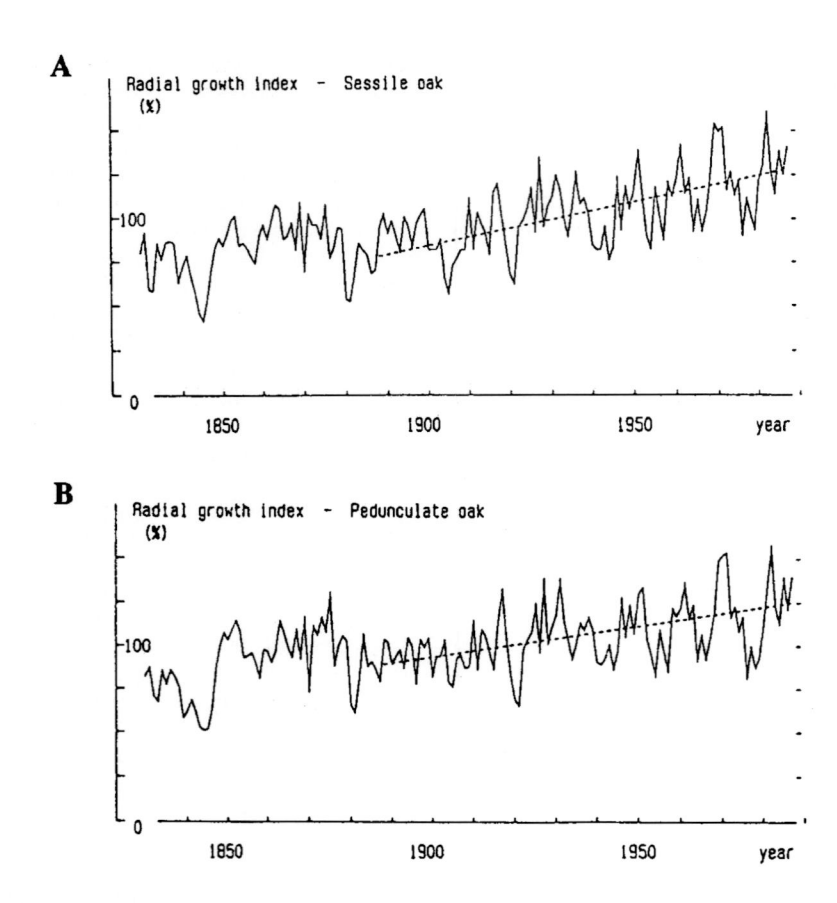

**Fig. 4.** Basal area increment index of (A) sessile oak (n:505) and (B) pedunculate oak (n:529) in the Lorraine plain according to calendar year (»standardized« in order to compensate for the age effect). Source: Becker et al., submitted.

the T-disease because of the shape of the necrosis viewed on a cross-section of the trunk;

- **facies B** is characterized by weeping flecks distributed along the bole and on the main branches. These flecks are associated with subcortical zigzag galleries caused by a coleopterous insect of the *Agrilus* genus. Facies B is frequently observed in France and in Germany on pedunculate oak and to a lesser extent on sessile oak. Only mature trees (> 80 years) are attacked because the insect needs a minimal thickness of rhytidom to develop;

- **facies C** is characterized by the presence of root-rot fungi causing superficial necroses in the first phase followed in some cases by deeper root erosion. In the final stage, the whole root system falls into decay. The *Armillaria* genus represents the most common root-rot fungus. The precise pathogenicity of the different species (*A. mellea, A. bulbosa, A. obscura,* etc) is not yet totally elucidated. Another root-rot fungus operating in declining stands is *Collybia fusipes*, frequently observed in northeastern France. Facies C is frequently found on old (> 120 years) pedunculate oak growing on various types of soils which all share the susceptibility to dry out in summer.

These facies may be found alone or in combination (A+B, A+C, B+C). Although numerous field diagnoses have been carried out, it is difficult to give accurate statistics of the relative occurrence of these different facies. Facies B seems to be the most common. This classification is based on »permanent« visible symptoms which may (necroses of Facies A) or may not (Facies B and C) reveal the primary causes of the decline (see 5).

## 4.3. Growth analysis: contrasting performances of sessile and pedunculate oaks

Until now, no systematic analysis of the data of the forest inventories (2 or 3 inventories, depending on the regions, at 10-year intervals) was made for the oak species. Although fragmentary, the available data provide interesting information on the differences between the two oak species: in the département of Allier (Central France), where the famous Tronçais oak forest underwent a dramatic decline in the late 1970s (see 4.1), the standing volume of pedunculate oak in public forests decreased by 35 % in 30 years, while in the same time that of sessile oak increased by 15 %, according to the data from the Inventaire Forestier National. The observation of the aerial photographs, prior to the last inventory, revealed many gaps in the forest canopy, which were most probably caused by the death of pedunculate oak trees.

The dendroecological approach provides a unique insight at the century level. In the Lorraine plain (NE France), such a study was carried out with the aim of identifying and quantifying possible long-term trends in the radial growth of sessile and pedunculate oak as well as identifying the climatic features likely to be responsible for the diebacks. The ring widths were converted into basal area increment (BAI), then »standardized« into growth indices independent of their cambial age.

Some »crises«, i.e. periods of 5 to 10 years of more or less deeply depressed growth, can be identified on the growth curves (see figure 4a and 4b): 1838-1848, 1879-1898, 1917-1924, 1938-1946, and the recent crisis of 1971-1982. These crises coincide with the aforementioned periods of decline. There were more years showing a strong growth decrease for pedunculate than for sessile oaks.

Figure 4 shows a marked long-term increase in radial growth in both species for more than a century. This increase is however more pronounced for sessile oak (+ 64 %) than for pedunculate oak (+ 40 %). Moreover, when comparing the BAI of »old« rings (> 65 years), the difference between the two species is even more marked, with a still sharp increase for sessile oak (+ 48 %) while that for pedunculate oak is no longer significant. Thus, unlike sessile oak, the mature pedunculate oak did not benefit from the progressive environmental changes.

The curve of the growth indices was modelled from the available meteorological parameters (starting in 1881), using a linear regression model. It includes parameters for year y (year of ring formation) and some parameters for years y-1 to y-4 for sessile oak and y-1 to y-5 for pedunculate oak: particular meteorological events can influence the ring width, not only the year of ring formation, but also up to 4 (sessile oak) or 5 (pedunculate oak) years after the event.

Some interesting climatic effects emerged from the models:

- the negative effect of a very low temperature in January, especially for sessile oak, but with no further after-effects. This is consistent with the reputation of sessile oak as a slightly more thermophilous species;
- the positive effect of high rainfall in May, June and August, with after-effects for May and August, which is not surprising;
- the negative effect of high precipitation or low temperature in March and low temperature in April. This feature has received two complementary interpretations: firstly, the related shortening of the growing season; secondly, and more important, the unfavourable effects of an excess of water on the soil structure and on the rooting of the trees owing to the impermeability of the subsoil in the study region.

Thus, these results confirm that sessile oak recovers more rapidly than pedunculate oak from stresses that lead to growth depression, and are consistent with the greater susceptibility of pedunculate oak to dieback. They reinforce the hypothesis of a slow but general retreat of pedunculate oak in favour of sessile oak in many French regions (Becker and Lévy, 1982, 1990).

## 4.4. Ecophysiological and pathological approaches: conceptual framework for an integrated study and preliminary results

From the previous sections, it appears that (1) there is empirical evidence for the involvement of drought in the observed declines; (2) pathogens are commonly involved in the declines, but their precise pathogenicity remains unclear; (3) there are marked differences between the two oak species, in relation to their susceptibility to decline. Surprisingly, the physiological processes underlying these observations are only poorly understood.

Drought effects on trees are to be considered not only as stress effects on individual physiological processes, but are also to be integrated into a whole tree model. Decreases in soil water content initiate a cascade of connected events. The main lines of such a model may be summarized as follows: (1) drought induces strong decreases in soil water potential, and, as a consequence, in leaf water potentials; (2) stomatal closure acts thereafter, reducing transpiration and consequently maintaining leaf water potentials above a cavitation induction threshold; (3) cavitation and consequently embolism may appear as soon as this threshold is overcome, leading to what has sometimes been called »catastrophic xylem dysfunction« (Tyree and Sperry, 1988); thus, stomatal closure appears to act as a protection of the hydraulic integrity of trees; (4) on the other hand, stomatal closure has also major consequences on photosynthesis through reduced diffusion of $CO_2$ to the chloroplasts and therefore strongly limits photosynthesis; and finally (5) a lack of $CO_2$ in chloroplasts still intercepting large amounts of light energy could induce photoinhibition and even photooxydation, unless some efficient protective mechanisms help dissipate excess energy and detoxify the active forms of oxygen produced.

Some recent results help to clarify the status of oaks in regard to this general conceptual model. Oak species are ring-porous and present a very efficient hydraulic system, allowing high rates of transpiration with a limited gradient of water potential from roots to shoots. They also probably display only a few functional year rings: only the current year ring displays large efficient vessels, and a few older ones contribute to a fraction of the total flux (Cochard and Tyree, 1990). Cochard et al. (1992) showed that *Q. petraea* and *Q. robur* were not very sensitive to drought-induced embolism: cavitation begins at rather low leaf water potentials (around -2.5 MPa, as compared to values around -1.0 MPa in highly sensitive species like *Populus* sp. or even *Juglans regia*). Moreover, the two species differ on the basis of their susceptibility, the former being slightly less sensitive than the latter. Another interesting feature of oaks is their ability to colonize deep soil layers, and to mobilize soil water. As a consequence, oaks are able to maintain stomata open at rather low soil water contents, and still transpire and assimilate carbon even at relatively strong water deficits (with predawn leaf water potential below -2.2 MPa, Bréda et al., 1993). Trees submitted to such high stress intensities in a field experiment recovered very quickly (i.e. in a few days) when rewatered, and their global hydraulic conductance reached the same levels as prior to stress. No significant embolism was detected under these conditions (Bréda et al., 1993). Both oak species have also been shown to present rather efficient protective mechanisms against drought-induced photoinhibition, allowing the photochemical activity to match reduced demand of the carbon reduction cycle in leaves with closed stomata (Epron and Dreyer, 1991, 1992a, b).

These features reveal a rather good tolerance to periods of drought. Nevertheless, oaks may be strongly affected by long lasting periods of lack of rainfall. In fact, drought-induced stomatal closure could significantly limit the annual carbon gain, and therefore considerably reduce the amount of carbohydrates stored over winter. Such repeated deficits, sometimes enhanced by severe defoliation, could lead to a loss of growth potential. This type of mechanism appears as probable, but is very difficult to demonstrate experimentally. Further studies are intended to assess the extent of damages induced by much stronger stresses than those used in these experiments. It has to be emphasized that such integrated approaches of drought effects on forest trees and stands are still seldom performed, and comparisons with other species are rather limited. Such experimental approaches should be significantly developed during the forthcoming years.

Thus, ecophysiological studies have already helped assess some adaptive characteristics of oak species but until now have failed to develop a clear physiological model of the induction of droughth related decline.

In the field of pathology, the hypothetical involvement of *Ophiostoma quercus* (Georgevitch) Nannf. in decline processes has been tested. This fungus, morphologically very similar to *O. piceae* (= *Ceratocystis piceae* (Münch) Bakshi), but genetically different from it, has been frequently detected in declining trees, and is probably prevalent in Europe. Inoculation of young saplings of *Q. robur* with conidia from this species did not induce any disorders in water relations of the plants (Simonin et al., submitted), neither under optimal water supply nor during a period of drought. No difference in susceptibility to cavitation was detected according to the location of the fungal strain. Inoculation was followed by a spread of the spores into the vessels, but their intravascular dispersal was limited by the inter vessel communications (pits) (Simonin and Delatour, pers. com.)

## 5. Discussion

Oak decline has been reported in most of the European countries, including France, for more than one century (see Delatour, 1983). Since the mid 1980s, there is again concern about a severe decline occurring »from the western Pyrenees [...] to Ukrainia and as far as the Tatar region« (Donaubauer, 1987). Several workshops or symposia have recently been dedicated to this issue (Vienna, 1987; Lillafüred, 1989; Poznan, 1990, and Munich, 1991). While some scientists think the current decline is probably similar to the previous ones with more or less the same set of causes, others believe it is at least partly a new and unprecedented phenomenon.

In fact, the causes put forward in the literature to explain oak decline are very numerous. These factors may be grouped as follows:

Natural abiotic factors:

- climatic (or climatic related) factors: (1) repeated and prolonged droughts, (2) deep or late frosts, and (3) prolonged overflooding (in the alluvial valleys) or elevated temporary water table;

- site factors: (4) soils with low water reserves (sandy or compact soils, superficial hardpan).

Natural biotic factors:

- factors affecting the crown: (5) leaf-feeding insects (*Tortrix viridana*, *Operophthera brumata*, *Lymantria dispar*, etc), (6) mildew (*Microsphaera quercina*);

- factors affecting the stems: (7) various subcortical insects (*Agrilus* sp., *Scolytus* sp., *Xyleborus* sp., etc (8) fungi affecting water transport: *Ophiostoma* sp.;

- factors affecting the root system: (9) root-rot fungi: *Armillaria* sp., *Collybia fusipes*, etc.

Anthropogenic factors:

- forest history and management: (10) introduction of pedunculate oak by man to inappropriate sites, (11) inadequate silvicultutal practices (pure pedunculate oak stands, insufficient thinnings);

- changes in the forest environment: (12) sinking water table unrelated to the intensification of the agricultural practices and water regulation, (13) loamy soils degraded by grazing;

- air pollutants: (14) acid deposition, (15) nitrogen overload, and (16) photooxydants.

This paper will focus on several issues.

### First issue: Is the current decline new by its extent or its etiology?

The relative severity of the different waves of decline is very difficult to assess as the survey intensity increased over time. No data similar to those from the monitoring networks (see 4.1) are available for the preceding periods. The descriptions of the past declines are often very impressive and the figures for prematurely harvested stands are similar to those reported for the current decline (or even higher). Unfortunately, no reliable figures of the harvested volumes could be found, which would be a more objective criterion. The dendroecological approach provides historical insight. However, one limitation when considering the dieback issue is that the sample used is composed of the survivors of all kinds of natural and man driven selections. Considering long-term growth curves (figures 4a and 4b), the recent crisis can therefore not be compared directly with the earlier ones, which are inevitably underestimated as the trees most weakened by former episodes have disappeared. The older and the recent crises appear to be of roughly similar intensity on the long-term growth curves; therefore, one may conclude that the older episodes were at least as severe as the recent ones.

As far as symptomatology is concerned, one should be aware that the observations about the recent dieback are much more detailed than those of the older declines. The most common biotic factors, such as *Agrilus* sp. or *Armillaria* sp., were all noticed in the past, in France and elsewhere. For example, the biology of *Agrilus* sp. and the related symptoms were described in detail in the 1950s by Jacquiot (1950). However, as time consuming investigations (e.g. digging out of root systems and bark shaving) are often necessary to simply detect the presence of these agents, it is not surprising that they have been reported only occasionally. The same applies for *Collybia fusipes*, described by Guillaumin et al. (1983) in the Tronçais forest, which seems specific to France with regard to the literature. This fungus is more probably unnoticed elsewhere, or may even have been mistaken for *Armillaria*. The loss of twigs with green leaves, which has been suggested by some authors to be a new symptom, had most likely occurred, but gone unnoticed. This symptom was observed in many French forests in 1990 and 1991 as a likely consequence of drought, but also because of the growing awareness of the observers: it was verified that even an important loss of twigs remains unnoticed when observers were not aware of this symptom.

In comparison with the French descriptions made during the 1970s, Facies A is an apparently new one among those described above. If it is, as suspected, caused by exceptionally harsh winters, such as 1984/85 and 1986/87, it is not surprising that it has not been reported frequently. As pointed out by Hartmann et al. (1989), these symptoms are well known for fruiting trees; in these cases, they have also been associated with frosts. Besides, the T-disease has been described since the late 19th century (Donaubauer, 1987). On samples recently investigated in Austria, necroses were traced back to the 1970s and some to the 1940s. In France, the only historical observation, although rather vague, was made in the late 1970s (Macaire, 1984). The contribution of the T-disease to dieback is not clear: recent observations suggest these symptoms are not restricted in declining stands. Also, frost may not be the only cause of this cracks: in some cases, the necrosis has been traced back to the year 1976, characterized mainly by a severe drought (Nageleisen, pers. com.)

Unlike what was reported in eastern and south-eastern European countries (see Igmandy, 1987; E.P.P.O., 1990), symptoms of tracheomycose were never found in France. The sudden yellowing of the foliage of some branches which may turn rapidly to the death of the tree, a disease type which has been described in Germany and Austria (Hartmann et al., 1988; Führer, 1987), seems extremely rare, if it exists at all, in France.

### Second issue: What are the major causal factors of the declines currently observed in France and elsewhere?

Despite the variety of factors possibly involved, there is some consensus, at least in western and south-eastern Europe, to consider *climatic stresses*, in particular repeated droughts but also frosts, and *defoliators* as the two most important factors of oak decline (Delatour, 1983; Donaubauer, 1987; Hartmann et al., 1989; Heukamp, 1989; Marcu, 1987; E.P.P.O., 1990). Many authors stress the fact that one of these factors alone is not usually enough to cause massive damage. In other words, diebacks are in general the result of at least two (inciting) factors. The cases of diebacks mapped in figure 2 are always associated with two (droughts + defoliators) or three (droughts + frost + defoliators) of these inciting factors. These factors may operate in various chronological sequences, as illustrated by detailed dendrochronological analyses (e.g. Hartmann et al., 1989; this vol.). Thus, depending on the cases, the same factor, e.g. droughts, may be considered as a predisposing or an inciting factor.

In the countries where *Ophiostoma* species have been described, the systematic co-occurrence of climatic stresses and defoliators is also frequently noted (Hungary: Varga, 1987; Rumania: Marcu, 1987; Slowakia: Leontovyc and Capek, 1987). This makes the identification of the specific influence, if any, of the *Ophiostoma* species problematic and suggests this fungi alone can not induce dieback. The general conclusion of the research recently carried out in several countries is that *Ophiostoma* spp. are found indeed, but too seldom and irregularly to be of primary importance (E.P.P.O., 1989). As reported above, symptoms associated with *Ophiostoma* species could not be found in France and could not be experimentally induced, even on water stressed seedlings (Simonin et al., 1992). On the contrary, artificial inoculations of young water stressed Turkey oaks (*Q. cerris*) with *Hypoxylon mediterranean* and *Diplodia mutila* made in Italy produced symptoms typical of dieback (E.P.P.O., 1989).

Other factors may be important on a local or in some cases on a regional scale, such as the often reported problems linked to the sinking of the water table related to major changes in water regulation (Donaubauer, 1987; Krjukova and Balder, 1991; Prpic and Raus, 1987).

### Third issue: How significant are historical, silvicultural and site factors? What is the possible role of the genetic structure of populations?

Contrary to a relative consensus regarding involvement of inciting factors, the role of the predisposing factors is still a matter of conflicting views, in particular as far as historical, silvicultural and site factors are concerned. The French literature on oak dieback puts emphasis on factors or traits which are given little attention elsewhere, in particular ecological factors (soils characteristics), the history of the forest (extension by man of pedunculate oak) and the different behaviour of the two dominant oak species.

The influence of site factors is often denied (e.g. in Austria: Ulrich, 1988; Krapfenbauer, 1987; Cech and Tomiczek, 1986; or in Slovakia: Leontovyc and Capek, 1987) or not mentioned at all. However, site conditions are considered as an important factor in some papers (in Hungary: Varga, 1987; in Croatia: Prpic and Raus, 1987; in the Netherlands: Heukamp, 1989; in Rumania: Marcu, 1987). Until now, in the situations investigated in France, damage was always found to be very dependent on the site quality. As a consequence, the risk of dieback is thought to be circumscribed to a fraction of the forest. For example, in the Tronçais forest, Becker and Lévy (1982) made the prognosis that dieback should stop at the latest after all stands of pedunculate oak on the most susceptible sites are dead. This proved true and moreover, the current dieback is much less serious than the previous one. In the Pyrenean hills, stands which were previously spared are now affected, but the best sites are still undamaged. The soil factor involved is almost always an unfavourable water regime (high temporary water table, sandy or compact loamy soils).

It is difficult to interpret the discrepancies reflected by the literature as most papers do not provide detailed data. In some papers, the ecological analyses appear rather superficial. Besides, there seems to be some confusion between two different questions: (1) can damaged stands be found on different soil types? (which would not be surprising) and (2) does the intensity of damage vary between soil types? The case studies which identified site conditions as an important factor deal generally with pedunculate oak, which is coherent with the French studies. It remains to be clarified whether dieback of sessile oak, where occurring, is less influenced by site conditions.

Silvicultural practices are often quoted by southeastern and eastern European authors as an important predisposing factor. Inadequate thinning regimes and pure pedunculate oak stands are often mentioned (Krjukova and Balder, 1991; Marcu, 1987; Prpic and Raus, 1987). Assuming that water stress is one of the major factors leading to a decrease in oak vitality, excessive density of trees should logically have a detrimental effect (increased competition for water, poorly developed root systems). Unfortunately, the expressed views are usually based on general observations or assumptions and detailed field analyses are seldom done. Other authors, who investigated the influence of stand characteristics, could not detect any significant effect (e.g. Leontovyc and Capek, 1987), or noticed that open stands are more damaged than closed ones (Cech and Tomiczek, 1987). French studies into oak dieback did not focus on this issue; however, since the 1970s, several studies were carried out on the comparative behaviour of the two oak species, and it has been long acknowledged that sessile oak grows better than pedunculate oak in mixed dense stands (recent synthesis in Becker and Lévy, 1990). The latter is considered to be more of a pioneer species (Rameau, 1990). Its distribution range entirely overlaps that of *Q. petraea*. The intensive study of silver fir has shown that stand dynamics plays a crucial role in decline (Becker et al., 1989; Landmann, 1992). However, this influence is usually difficult to detect, in particular because the structure of the stand changes over time, so that the observed structure may be well different from that when the decline began. Moreover, the stand structure usually depends on the site quality (the initial growth being very dependent on fertility). Complex interactions between site condition and stand dynamics may operate and give the impression, when superficially examined, that there are no relations (Landmann, 1993).

The earlier French studies into oak dieback (Becker and Lévy, 1982, 1990) have highlighted a historical fact which had previously gone unnoticed: the introduction of pedunculate oak by man under unsuitable site conditions, probably as early as the 17th century. The periodic occurrence of dieback coinciding with exceptional abiotic and biotic stresses reveals this problem. This has led to the reassessment of the place of the pedunculate oak in the French forest. This species is now, on the whole, only favoured in its original sites, in particular the alluvial valleys. The sudden sanction of historical mistakes by exceptional climatic stresses is not a unique case. The death of nearly 50 000 ha of maritime pine in the Landes region in 1985, as a consequence of the winter frost, is another spectacular example. In this case, the victims were trees in the Portuguese provenances introduced after the second World War, when native seeds were not available (Landmann, 1993). In the recent European literature on oak dieback, only a few reports, originating mostly from south-eastern Europe, deal with the history of pedunculate oak. Prpic and Raus (1987) mention the historical extension (from 20 % to 70 %) of pedunculate in the Sava valley (Croatia) and the fact that man favoured pedunculate oak even outside the suitable sites. Changes in site quality and climatic stresses are thought to be the main causes of dieback in this region. For north-western Romania, Marcu (1987) concludes that the best solution, after the cutting of the dying pedunculate oak stands, is to return to the native forest type.

The genetic structure and functioning of oak species is poorly understood. In spite of obvious morphological and ecological differences between the two species, the interspecific differentiation measured using nuclear (allozymic) and organelle (cDNA) genes is very low (Kremer et al., 1991). Some genetic variation occurs between populations from different geographic origin, for both allozymic and ecophysiological traits. At the stand level, there seems to be a very fine ecotypic differentiation of populations along the soil water and nutrient content clines (Grandjean and Sigaud, 1987). Further studies are needed in order to confirm the genetic basis of this latter differentiation. All these results argue in favour of a strong and rapid genetic adaptation of populations of both species to different ecological niches. Therefore, the comprehension of oak declines depends on our knowledge of the genomic organization of these species. This was obvious at the interspecific level, but it could also be the case at the intraspecific level, between populations from different ecological niches. And this potential cause of decline (the inadequacy between a given genetic material and its environment) could become more and more important as the transfer of seeds between countries, regions and sites increases.

**Fourth issue: How likely is the involvement of air pollution in the recent oak dieback?**

After nearly a decade of research into the »novel forest decline«, it has become impossible to discuss any major forest health problem without addressing the air pollution issue. Several reasons could be quoted for suspecting air pollution: (1) the unprecedented extent of the dieback, (2) the novelty of the symptoms, (3) the spatial distribution, (4) the temporal development (5) and the site dependency of damage, (6) experimental results, (7) the fact that some pollutants have increased over the past decades.

As we have already discussed a number of these issues, our views can be summarized:

(1) although the current decline is widespread, there is no evidence that it is more so than the previous diebacks. Furthermore, even assuming that the current dieback is unprecedented, air pollution would not be the only likely explanation: as forest practices have undergone historical changes (see third issue above), the re-

action of trees to natural stresses may be amplified.

(2) the only symptom which has not been explicitly described on forest trees are the necrotic bast lesions associated with longitudinal cracks. However, these symptoms can be traced back to exceptional frost events; moreover, this is not the most widespread form of dieback;

(3) when compared with the distribution of pollutants, the spatial distribution of damage suggests no simple relationship: oak dieback occurs in rather polluted areas in northern France as well as in south-western France, which is among the least polluted areas in Europe (for acid deposition as well as for nitrogen deposition and ozone concentration);

(4) the time-lag between the supposed causal factor and the appearance of the symptoms has often been opposed to the »climate hypothesis«. As pointed out by Donaubauer (1987), such lag effects have been noticed by many authors (including in Tronçais) for more than a century. Lag effects on growth are well documented by dendroecology (see 4.3), although their physiological bases and the link between growth and damage symptoms are still poorly known;

(5) the site dependency argues against soil acidification being a prevailing factor, in a moderately polluted area like central France (Tronçais) (Landmann, 1993) as well as in more polluted regions such as the Berlin area (Balder, 1989);

(6) experimental results of the effects of air pollution on oak species are unfortunately scarce, both in France and in other countries. Ozone levels are highest in the mountains where there are no oaks growing and in the South-east where there are only Mediterranean oak species (severely stressed by drought). The impact of elevated nitrogen deposition should be tested, as it has proven effective for conifers (Landmann, 1991). A delayed or decreased frost hardiness cannot be ruled out;

(7) every forester, pathologist and ecologist should be aware of the levels of air pollution. However, the existence of air pollution has never been a scientifically valid reason to conclude its responsibility for any dieback.

## 6. Summary and conclusions

From past and recent studies into oak dieback in France, the following important conclusions can be drawn:

– the French oak forests have undergone several diebacks for more than a century; the current one, although widespread, is probably of the same order of magnitude as the previous ones;

– pedunculate oak was always found to be much more sensitive to dieback than sessile oak, although some cases of sessile oak dieback are reported for the current decline (figure 2) but it is unclear whether or not this is related to an increased intensity of observations;

– repeated droughts and defoliators have been reported as the primary causes of these diebacks; mildew may cause additional stress in some cases;

– the exceptional frost of the winter 1984-1985 has resulted in different types of bast lesions, one of which had never been reported before or not to the same extent;

– air pollution is unlikely to be the major cause of the current dieback but interactions with climatic stress are likely under certain circumstances;

– the most common symptoms have been observed for previous declines; however, the longitudinal bast lesions with cracks, a severe but rather rare form of damage, had never been described before on forest trees;

– pedunculate oak, which was historically favoured by man when not on the suitable sites, represents the major »reservoir« for dieback. In some regions, according to the forest inventory data (which are not always very reliable because of possible confusions between the two species), the retreat of the pedunculate oak is already advanced;

– despite repeated dieback episodes, which may have led in the most affected regions to a decrease of the standing volume, the productivity of pedunculate oak is probably still increasing in many regions. But in mixed stands, the pedunculate oak is being progressively supplanted by the sessile oak. For the latter species, the increase in productivity cannot be explained only by the evolution of climate over the last century. As for silver fir, Norway spruce and beech in the North-East of France, which show similar increases (Becker, 1991), one may speculate about possible influences of increased $CO_2$ concentration, nitrogen deposition or changes in silvicultural practises.

When placed in the European context, some of these statements prompt some basic questions:

- how to explain that pedunculate oak seems more sensitive to dieback only in one part of Europe and, conversely, that sessile oak is not affected by major diebacks in France, as it is elsewhere?
- is it possible that some oak diebacks are not significantly predisposed by site, silvicultural and historical factors or does that perception result from inadequate investigations?
- how many *major* types of oak decline can be defined in Europe using objective criteria (Führer, 1987)? Is there not a tendency to define as many types of decline as needed to represent the heterogeneous and often preliminary observations that were recently made?

As for forest decline in general, international collaborative work seems the only way to recognize the real differences in the phenomena from the differences in their perception.

The aforementioned statements may give the impression the oak decline issue is considered as solved in France, which it is not. Firstly, some crucial processes are not yet elucidated, such as the mechanisms involved in drought induced dieback. Cavitation mechanisms and xylem embolism, cambial activity and carbon and nitrogen economy at the tree level are all thought to be key issues which should in the long-term help understand the complex processes associated with loss of vitality. At another level, there is a need to elucidate the genetic basis of ecological differences between *Q. robur* and *Q. petraea*, because this controls the future evolution of these species in a changing environment. The precise role of root pathogens is another difficult question, as the methodological obstacles are considerable. Secondly, although the etiology of oak dieback has not changed fundamentally, new questions arise, relating for example to the impact of the recent harsh winter (was the deep frost or the drop in temperature damaging? what are the predisposing factors?) or to the risk linked to possible new pathogens (*Ophiostoma* sp.). And finally, when considering the future, many uncertainties remain relatively to the impact of increased $CO_2$ and ozone concentrations or altered climate.

It should be noted that, although the reconstruction of past events can be achieved to a variable degree of accuracy, a reliable projection for the future of oak is not yet available. This is a major challenge for the coming years. In order to avoid the weaknesses of the past decade's forest decline research, there should be an integration of observations at the ecosystem and community levels, including population genetics, with those made at the level of physiological processes. This integration should be at the centre of future research efforts.

## Acknowledgements

The authors are very grateful to Michèle Kaennel for editing the manuscript.

## 7. References

Balder, H. 1989. Stand der Untersuchungen zum Eichensterben in Westberlin. Allg. Forstz., 32: 845-848.

Becker, M. 1991. Impact of climate, soil and silviculture on forest growth and health. In: Landmann G. (ed), French research into forest decline, DEFORPA Programme, 2nd report, ENGREF Nancy, 23-38.

Becker, M. & G. Lévy 1982. Le dépérissement du chêne en forêt de Tronçais. Les causes écologiques. Ann. Sci. For., 39(4): 439-444.

Becker, M. & G. Lévy. 1990, Le point sur l'écologie comparée du Chêne sessile et du Chêne pédonculé. Rev. For. Fr., 42(2): 148-153.

Becker, M., G. Landmann & G. Lévy. 1989. Silver fir decline in the Vosges mountains (France): role of climate and silviculture. Water Air Soil Pollut., 48: 77-86.

Becker, M., T. M. Nieminen & G. Gérémia. (Submitted). Long-term vegetation changes in oak productivity in northeastern France. Role of climate and atmospheric $CO_2$.

Bréda, N., H. Cochard, E. Dreyer & A. Granier. (1993). Seasonal evolution of water transfer in a mature oak stand (*Quercus petraea* (Matt.) Liebl.) submitted to drought. Can. J. for. Res., in press.

Buffet, M. 1983. Le dépérissement du chêne en forêt soumise. Rev. For. Fr., 35(3): 199-204.

Cech, T. & C. Tomiczek. 1986. Erste Erkenntnisse zum Eichensterben in Österreich. Allg. Forstztg, Oct., 309.

Cochard, H. & M. T. Tyree. 1990. Xylem dysfunction in

Quercus: vessel sizes, tyloses, cavitation and seasonal changes in embolism. Tree Physiol. 6: 393-407.
Cochard, H., N. Bréda, A. Granier & G. Aussenac. 1992. Vulnerability to air embolism of three European oak species (Quercus petraea (Matt) Liebl., Q. pubescens Willd, Q. robur L.). Ann. Sci. For., 49: 225-233.
Delatour, C. 1983. Les dépérissements de Chênes en Europe. Rev. For. Fr., 35(4): 265-282.
Delatour, C. 1986. Le problème des Ceratocystis européens des chênes en Europe. Bulletin OEPP/EPPO Bulletin, 16: 521-525.
Demorlaine, J. 1927. La grande misère du Chêne dans nos forêts françaises. Rev. Eaux Forêts, 1-3.
Donaubauer, E. 1987. Auftreten von Krankheiten und Schädlingen der Eiche und ihr Bezug zum Eichensterben. Österr. Forsztg, 3: 46-48.
Dupouey, J. L. & V. Badeau. 1993. Morphological variability of oaks (Quercus robur L., Quercus petraea (Matt.) Liebl., Quercus pubescens Willd.) in North-East of France. Preliminary results. Ann. Sci. For., (in press).
Durand, P., J. Gelpe, B. Lemoine, J. Riom & J. Timbal. 1983. Le dépérissement du chêne pédonculé dans les Pyrénées atlantiques. Rev. For. Fr., 35(5): 357-368.
EPPO (European and Mediterranean Plant Protection Organization). 1990. Oak decline and the status of Ophiostoma spp. on oak in Europe. Bulletin OEPP/EPPO Bulletin, 20: 405-422.
Epron, D. & E. Dreyer. 1991. Summer drought and regulation of photosynthesis in oak trees. Plant Sciences Today, INRA ed. (Les colloques, 59) 257.
Epron, D. & E. Dreyer. 1992a. Effects of severe dehydration on leaf photosynthesis in Quercus petraea (Matt.) Liebl.: photosystem II efficiency, photochemical and non photochemical fluorescence quenchings and electrolyte leakage. Tree Physiol., 10: 273-284.
Epron, D. & E. Dreyer. 1992b. Photosynthesis of oak trees (Quercus petraea (Matt.) Liebl.) during drought under field conditions: diurnal course of net $CO_2$ assimilation and photochemical efficiency of photosystem II. Plant Cell Environ., 15: 809-820.
Führer, E, 1987. Eichen-Erkrankungen in Mitteleuropa. Österr. Forsztg, 2: 33-34.
Guillaumin, J. J., Ch. Bernard, C. Delatour & M. Belgrand. 1983. Le dépérissement du chêne à Tronçais: pathologie racinaire. Rev. For. Fr., 35(6): 415-424.
Hartmann, G., F. Nienhaus & H. Butin. 1988. Farbatlas Waldschäden: Diagnose von Baumkrankheiten. Stuttgart: Ulmer, 256 p + ill.
Hartmann, G., R. Blank & S. Lewark. 1989. Eichensterben in Norddeutschland. Forst Holz, 44(18): 475-487.
Heukamp, B. 1989. Eichensterben in Europa nicht neu. Allg. Forstz., 32: 848-849.
Igmandy, Z. 1987. Die Welkeepidemie von Quercus petraea (Matt.) Lieb. in Ungarn (1978 bis 1986). Österr. Forsztg, 3: 48-50.
Jacquiot, C. 1950. Des relations entre les attaques d'Agrilus biguttatus Fab. et certains cas de dépérissement des chênes. Rev. Pathol. Vég. Entomol. Agric. Fr., 29(4): 171-182.
Krapfenbauer, A. 1987. Merkmale der Eichenerkrankungen und Hypothesen zur Ursache. Österr. Forsztg, 3: 42-45.
Kremer, A., R. Petit, A. Zanetto & V. Fougere, [et al.], 1991. Nuclear and organelle gene diversity in Q. robur and Q. petraea. In: M. Ziehe & G. Müller-Starck (eds), Genetic variation of forest tree populations in Europe. Sauerländer Verlag.
Krjukova, J. A. & H. Balder. 1991. Zustand der Eichenwälder in der UdSSR. Forst Holz, 12: 337-338.
Landmann, G. (ed.). 1991. French research into forest decline, DEFORPA Programme, 2nd report, ENGREF Nancy, 120 p.
Landmann, G. 1993. Role of climate, stand dynamics and past management in forest declines : review of ten years of field ecology in France. In: D. Mueller-Dombois, R.F. Huettl, eds., Forest decline in the Atlantic and Pacific region. Springer Verlag, Berlin, 18-39.
Leontovyc, R. & M. Capek. 1987. Eichen welken in der Slowakei. Österr. Forsztg, 3: 51-52.
Macaire, A. 1984. Le dépérissement du chêne pédonculé en forêt communale d'Amance (Aube). Rev. For. Fr., 36(3): 201-205.
Manion, P. D. 1981. Tree disease concepts. Prentice Hall Inc., N. Jersey, 324 p.
Marcu, G. 1987. Ursachen des Eichensterbens in Rumänien und Gegenmassnahmen. Österr. Forsztg, 3: 53-54.
Ministère de l'Agriculture et de la Forêt: 1991, La Santé des Forêts 1990, 76 p.
Nageleisen, L.-M., G. Hartmann & G. Landmann. 1991. Dépérissements d'essences feuillues en Europe occidentale : cas particulier des chênes rouvre et pédonculé. Rev. For. Fr. spec. issue (10th World Forestry Congress, Paris, 1991/09/17-26), 2: 301-306.
Prpic, B. & D. Raus. 1987. Stieleichensterben in Kroatien im Licht ökologischer und vegetationskundlicher Untersuchungen. Österr. Forsztg, 3: 55-57.
Rameau, J. C. 1990. Comportement dynamique du chêne pédonculé et du chêne sessile dans les successions forestières. Rev. For. Fr., 42(2): 155-164.
Rol, R. 1951. Le dépérissement des chênes. Rev. For. Fr., 3: 707-709.
Simonin, G., H. Cochard, C. Delatour, A. Granier & E. Dreyer. (submitted). Susceptibility of young oak trees (Quercus robur) to embolism during water stress and after an inoculation with a potential decline inducing pathogen (Ophiostoma quercus).
Tyree, M. T. & J. S. Sperry. 1988. Do woody plants operate near the point of catastrophic xylem dysfunction caused by dynamic water stress? Answers from a model. Plant Physiol, 88: 574-580.
Ulrich, E. 1988. Eichensterben: Die Rolle des Bodenwasserhaushaltes. Forst. Forsztg, 10: 50-51.
Varga, F. 1987. Erkrankungen und Absterben der Bäume in den Stieleichenbeständen Ungarns. Österr. Forsztg, 3: 57-58.

## Diskussion

**Donaubauer:** Ich hörte, daß in Bordeaux über die Genetik der Eiche geforscht wird. Was ist das Ziel dieser Forschung? Gibt es schon Ergebnisse?

**Landmann:** Soviel ich weiß, gibt es nur vorläufige Ergebnisse. In Bordeaux gibt es tatsächlich viele Wissenschaftler (INRA), die sich für Populationsgenetik interessieren. Das Ziel dieser Forschung ist, mehr über die genetische Vilefalt von *Quercus robur* in verschiedenen Gegenden erfahren.

**Zöttl:** Ich möchte mir folgende Bemerkung zur Frage des Einflusses von Luftschadstoffen erlauben. Es ist bis jetzt in diesem Rundgespräch nur ein einziger handfester Fall von anthropogenem Schadstoffeintrag durch Herrn Kandler genannt worden. Es handelt sich um die verschmutzten Kettenfahrzeuge, die per Hubschrauber die *Phytophtora*-Infektionen in Australien verursachten. Angesichts dieser Tatsache, daß ansonsten nur biotische und witterungsbedingte Ereignisse zusammen mit anderen in der Bewirtschaftungsgeschichte liegenden Faktoren als Ursachenbündel genannt wurden, ist es doch sehr erstaunlich, daß in den vergangenen Jahren bis heute in offiziellen Ministerverlautbarungen von einer maßgeblichen Wirkung der Luftschadstoffe bei der dramatischen Zunahme der Laubholzschäden gesprochen wird. Ich frage mich, auf Grund welcher Informationen solche Aussagen gemacht werden.

**Landmann:** Wir haben nie behauptet, daß das Laubbaumsterben im Zusammenhang mit Luftverunreinigungen steht. Wir haben aber über Luftverschmutzung auch nicht viel gearbeitet. Deshalb können wir darüber auch nichts Endgültiges aussagen. Man kann sich jedoch im Zusammenhang mit den Ergebnissen, die über die Tanne oder die Fichte vorliegen, eine ganze Reihe von negativen Interaktionen vorstellen. Die Luftverunreinigung ist jedoch nur ein Faktor unter vielen anderen. Das macht die Sache kompliziert. Wir haben das Gefühl, daß andere Faktoren als Luftschadstoffe manchmal auf der Ökosystemebene effizienter sind. Es gibt aber mit Sicherheit auch Luftverschmutzungseffekte.

**Schröter:** Ich bekenne mich dazu, daß ich zu den Beratern unserer Regierung gehöre. Wenn man die entsprechende Literatur liest, dann gibt es doch einige Anhaltspunkte dafür, daß die Luftverunreinigung zur Schädigung der Laubbäume beträgt. Es gibt schließlich Begasungsversuche mit der Buche und soviel ich weiß auch mit der Eiche, die zeigen, daß beispielsweise Ozon Schädigungen hervorrufen kann. Aus Kalifornien weiß man, daß es länger dauert, bis akute Ozonsymptome auftreten. Wenn ich aber in die Zeitung schaue, so steht dort, daß wir in Baden-Württemberg an 71 Tagen dieses Sommers Ozonwerte über 180 µg/m$^3$ hatten. Die vorsichtige Schweiz hat einen Grenzwert von 120 µg/m$^3$ angesetzt, der allerdings mehr an die Gesundheit des Menschen orientiert ist. Der VDI will diesen Wert übernehmen. 120 µg/m$^3$ wurden dementsprechend an noch mehr Tagen überschritten. An verschiedenen Waldmeßstellen waren die Ozonkonzentrationen höher als an städtischen Meßstationen. Man kann davon ausgehen, daß dieses chemische Klima um die Laubbäume keinen Bogen macht. Dasselbe gilt natürlich auch für die nassen Depositionen und andere Schadgase wie $NO_x$ und $SO_2$.

**Landmann:** Es gibt ganz einfache Argumente, daß die Luftverschmutzung nicht die wichtigste Rolle spielen kann. Es gibt z. B. keine Korrelation zwischen Bodenversauerung und Eichensterben. Laubbäume sind gegenüber Ozon prinzipiell sensibler als Fichten. Wir sehen jedoch keinen räumlichen Zusammenhang zwischen Eichensterben und Ozon. Wenn man die Sache global betrachtet, kann man nicht sagen, daß Luftverunreinigung die wichtigste Schadursache ist.

# Bodenversauerung und Photosynthese von Buchen.
# Ergebnisse von Zeitvergleichen und einem Düngungsversuch

## Walter Stickan, Michael Schulte, Michael Runge *

### Zusammenfassung

An etwa 140-jährigen Altbuchen auf podsoliger, schwach pseudovergleyter Braunerde wurde untersucht, ob eine langfristige Basenverarmung des Bodens Auswirkungen auf den Gaswechsel hat. Zu diesem Zweck wurde der diurnale Verlauf von Nettophotosynthese, Dunkelatmung und Transpiration mit klimatisierten Küvetten über drei Vegetationsperioden (1986,87,88) hinweg an einem Baum verfolgt, an dem gleichartige Messungen bereits 1968 vorgenommen worden waren. Zusätzlich wurden mit einem Gaswechselporometer Kurzzeit-Messungen von Nettophotosynthese und Transpiration an Buchen dreier Düngungsvarianten (Kalkdüngung, Ammoniumsulfatdüngung, ungedüngte Kontrolle) durchgeführt.

Eine Änderung des Photosynthesevermögens (hier definiert als die auf die Blattflächeneinheit bezogene Nettophotosyntheserate bei natürlichem $CO_2$-Partialdruck, optimalen Temperatur- und Feuchtebedingungen sowie nicht limitierender Strahlung) läßt sich gegenüber 1968 nicht beobachten. Zudem macht die im Vergleich der drei Meßjahre ermittelte große interannuelle Variabilität eine zuverlässige Feststellung langfristiger Trends nahezu unmöglich.

Als Folge der Kalkung treten erhöhte Ca- und Mg-Gehalte der Blätter auf. Eine Steigerung der photosynthetischen Leistungsfähigkeit, ausgedrückt als Nettophotosyntheserate in Abhängigkeit von der Blattleitfähigkeit, resultiert daraus jedoch nicht. Somit läßt sich folgern, daß die Basenverarmung des Bodens bisher nicht zu einem die Photosynthese beeinträchtigenden Mangel an Ca und Mg in den Blättern geführt hat. Die hohe, nicht praxisrelevante N-Düngung (140kg N/ha jährlich) hat dagegen eine verringerte photosynthetische Leistungsfähigkeit zur Folge, und damit auch ein ungünstigeres Verhältnis von Wasserverlust zu $CO_2$-Gewinn der Blätter.

## 1 Einleitung

Die Bedeutung von Versauerung und Nährstoffverarmung der Böden bei der Verursachung der verbreiteten Baumschäden wird seit langem diskutiert (Ulrich 1982). Berichte seit Mitte der 80er Jahre über zunehmende Schäden auch an Buchen (Kennel 1989), veranlaßten uns daher zu einer Untersuchung der folgenden Fragen:

– Lassen sich Auswirkungen einer über lange Zeit dokumentierten Bodenversauerung auf die Photosynthese von Buchen feststellen?
– Lassen sich mögliche negative Auswirkungen durch Düngungsmaßnahmen aufheben?

Für die Untersuchungen konnten wir die folgenden Voraussetzungen nutzen: Etwa 20 Jahre zuvor war im sogenannten 'Solling-Projekt' (Ellen-

---

* Stickan, Walter, Schulte, Michael & Runge, Michael, Prof. Dr., Systematisch-Geobotanisches Institut der Georg-August-Universität, Untere Karspüle 2, D-(W)-3400 Göttingen

berg et al. 1986) der Elementumsatz in einem Buchenbestand eingehend untersucht worden. Seit dieser Zeit waren der Elementeintrag über die Atmosphäre und der Austrag mit dem Sickerwasser kontinuierlich registriert worden. Der ermittelte jährliche Eintrag von durchschnittlich 2 kmol $H^+ \cdot ha^{-1}$ führte durch die Freisetzung von $Al^{3+}$ aus hydroxidischer Bindung zu einer ständigen Abnahme der mittleren Ca/Al- und Mg/Al- Verhältnisse in der Bodenlösung und damit zu einem ungünstigeren Wurzelmilieu. Gleichzeitig wurde eine kontinuierliche Abnahme der P-, K- und Mg-Vorräte im Mineralboden festgestellt (Matzner 1988).

Am gleichen Standort war im Jahre 1968 der $CO_2$- und $H_2O$-Gaswechsel einer Buche zum ersten Male über eine vollständige Vegetationsperiode hinweg unter Freilandbedingungen verfolgt worden (Schulze 1970). Daraus ergab sich die Möglichkeit, mit einer Wiederholung dieser Messungen am selben Baum ($B_{68}$) zu prüfen, ob die zwischen 1968 und 1986 (= 1. Jahr der Wiederholungsmessung) dokumentierte Versauerung und Verarmung des Bodens Auswirkungen auf den Gaswechsel hatte.

Die Möglichkeit zur Beantwortung der zweiten Frage resultierte aus der Anlage eines Kalkungs- und Düngungsversuches im gleichen Bestand (Beese 1989). Hier waren auf einer benachbarten Fläche 1982 einmalig 30 $t \cdot ha^{-1}$ dolomitischer Kalk auf die Oberfläche ausgebracht worden. Eine zweite Fläche wurde seit 1983 jährlich mit 140 kg $N \cdot ha^{-1}$ als Ammoniumsulfat gedüngt, verbunden mit einer zusätzlichen Protonenbelastung von 10 $kmol \cdot ha^{-1}$. Für vergleichende Messungen der Photosynthese standen somit drei Untersuchungsvarianten zur Verfügung: Eine unbehandelte ($B_0$), eine gekalkte ($B_K$) und eine N-gedüngte ($B_N$) Fläche.

## 2 Standort und Methoden

### 2.1 Standortssituation

Der untersuchte Buchenbestand besteht aus ca. 130-140 jährigen Altbuchen und schließt die Hauptfläche des früheren »Solling-Projektes« ein. Eine ausführliche Beschreibung einschließlich der Standortsbedingungen findet sich in der zusammenfassenden Auswertung dieses Projektes (Ellenberg et al. 1986).

Als günstig für die Buche ist das subozeanisch-montane Klima mit einer Jahresdurchschnittstemperatur von 6,4 °C und einem mittleren Jahresniederschlag von 1048 mm anzusehen. Der Boden, eine podsolige, schwach pseudovergleyte Braunerde aus Löß mit Buntsandstein-Verwitterungsmaterial, trägt mit hoher Wasser-Speicherkapazität zu einer ausgeglichenen Wasserversorgung der Bäume bei. Mit $pH_{CaCl2}$-Werten zwischen 3 und 4 (je nach Bodentiefe) und einer Basensättigung < 10 % sind die bodenchemischen Bedingungen dagegen suboptimal.

Luftschadstoffe treten nur kurzzeitig in kritischen Konzentrationen auf[1]. 1986 wurde der höchste Tagesmittelwert an $O_3$ am 3.7. mit 199 $\mu g \cdot m^{-3}$ gemessen. Die Jahresmittelwerte betrugen 58 (1986) und 63 $\mu g \cdot m^{-3}$ (1987).

Die Maxima der $SO_2$ Konzentrationen lagen naturgemäß in den Wintermonaten. Der höchste Tagesmittelwert wurde am 27.2.86 mit 432 $\mu g \cdot m^{-3}$ registriert. Die Jahresmittelwerte lagen bei 40 $\mu g \cdot m^{-3}$ (1986) und 42 $\mu \cdot m^{-3}$ (1987). $NO_2$ und NO traten nur in niedrigen Konzentrationen auf. Direkte Schadwirkungen auf die Blätter hätten allenfalls von $O_3$ ausgehen können, da dessen Konzentrationsmaxima in die Vegetationsperiode fielen. Auswirkungen auf die Photosynthese wurden jedoch nicht beobachtet (Stickan et al. 1991).

### 2.2 Methoden

Die eingesetzten Meßverfahren sind im wesentlichen Standardmethoden. Das Vorgehen bei den Messungen ist ausführlich bei Stickan et al. (1991) erläutert und soll hier nur kurz charakterisiert werden.

Die Langzeitvergleiche wurden mit einer Gaswechselmeßanlage (Fa. Walz) vorgenommen, die für kontinuierliche Messungen geeignet und in ähnlicher Ausführung bereits von Schulze (1970) ver-

---

[1] Die Angaben verdanken wir dem Niedersächsischen Landesamt für Immisionsschutz, das seit Ende 1985 diese Messungen in der Nähe des Untersuchungsgebietes durchführt.

wendet worden ist. Von einem Gerüst aus wurde in 26 m (Lichtkrone) bzw. 20 m Höhe (Schattenkrone) je eine Meßküvette installiert.

Photosynthese-, Respirations- und Transpirationsraten wurden unter weitgehend natürlichen Umweltbedingungen gemessen. Die photosynthetisch aktive Strahlung wurde mit Quantensensoren (Fa. Li-COR, USA) innerhalb der Küvetten ermittelt. Strahlungs-, Temperatur- und Feuchteabhängigkeiten des $CO_2$- bzw. $H_2O$-Gaswechsels wurden aus den ermittelten Tagesgängen abgeleitet. Als Bezugsgrößen wurden Blattfläche, Blatttrockengewicht und Chlorophyllgehalt bestimmt. Außerdem wurden die Gehalte an einigen Blattinhaltsstoffen (N, K, Ca, Mg) analysiert.

Das Photosynthesevermögen ($A_{max}$) wurde aus den Lichteffekt-Kurven berechnet (Stickan 1985). Dabei handelt es sich um die blattflächenbezogene Photosyntheserate, die sich unter natürlichem $CO_2$-Partialdruck der Luft, optimalen Temperaturen (15-22 °C) und Feuchtegehalten (Sättigungsdefizit der Luft < 700 Pa) sowie nicht limitierender Strahlung (> 400 $\mu E \cdot m^{-2} \cdot s^{-1}$) einstellt.

Die Gaswechselmessungen auf den Düngungsflächen wurden mit einem portablen $CO_2$-$H_2O$-Gaswechselporometer (Fa. WALZ) durchgeführt. Die Funktionsweise des Gerätes ist von Schulze et al. (1982) und Lange und Tenhunen (1984) beschrieben worden. Wie bei den Messungen an der $B_{68}$ wurden die gaswechselphysiologischen Kenngrößen nach Caemmerer und Farquhar (1981) berechnet. Mit einer hydraulischen Hubarbeitsbühne konnten die Kronen von jeweils drei Probebäumen einer Fläche erreicht werden. Die maximale Arbeitshöhe der Plattform, auf der sich das Gaswechselporometer mit dem Gasanalysen- und Datenerfassungssystem befand, betrug 22 m.

Die Photosynthesemessungen erfolgten in zwei Schritten:

Zunächst wurden Nettophotosynthese und Transpiration eines Blattes unter den jeweiligen Temperatur-, Feuchte- und Strahlungsbedingungen erfaßt. Zur Bestimmung von $A_{max}$ wurde das Blatt anschließend mit einer auf den Meßkopf aufgesetzten Lampe unter Lichtsättigung gebracht.

Aus den Lichtkronen der Buchen wurden mittels eines Astschneiders kurze Astabschnitte herausgeschnitten und am Boden rasch unter Wasser zurückgeschnitten, um Luftembolien in den Xylemleitungsbahnen zu vermeiden. Anschließend wurden die Blätter unter einer Gewächshauslampe für ca. eine halbe Stunde sättigendem Licht ausgesetzt, um dann $A_{max}$ bestimmen zu können.

## 3 Ergebnisse

### 3.1 Zeitvergleich

Der jahreszeitliche Verlauf von $A_{max}$, gemessen an der bereits von Schulze (1970) verwendeten Buche, wird für die Vegetationsperioden 1986, 87 und 88 in Abb. 1 vorgestellt. Im Vergleich dazu gibt Abb. 2 den aus den Angaben von Schulze (1970) abgeleiteten Verlauf über die Vegetationsperiode 1968 wieder.

Für alle Jahre gilt, daß $A_{max}$ von relativ niedrigen Werten nach der Blattentfaltung im Mai bis zu einem Maximum im Hoch- oder Spätsommer ansteigt und zum Herbst hin wieder absinkt. Entsprechend den bekannten Unterschieden zwischen Licht- und Schattenblättern erreichen die Blätter aus der Lichtkrone höhere Maximalwerte als die der Schattenkrone. Die frühere Abnahme von $A_{max}$ bei den Ersteren steht möglicherweise in Zusammenhang mit einem früheren Vergilben, das bereits im Juli einsetzt (Schenk et al. 1989). Bei ausgeglichenerem Verlauf erreichen die Blätter der Schattenkrone daher im Herbst ein vergleichsweise höheres $A_{max}$. Besonders bemerkenswert ist jedoch die hohe Variabilität von $A_{max}$ von Jahr zu Jahr. Dabei sind die Ergebnisse in Licht- und Schattenkrone stets gleichsinnig abgestuft. Von 1986 bis 1988 nehmen die Durchschnittswerte und die jeweils erreichten Maxima von $A_{max}$ ab. 1988 machen die Höchstwerte nur etwa 50 % der 1986 ermittelten Werte aus. Bei dieser Abstufung handelt es sich jedoch nicht um einen weiterlaufenden Trend; 1989 wurden mit Stichproben wieder höhere Werte festgestellt.

Das 1968 gemessene $A_{max}$ (Schulze 1970) liegt innerhalb der von 1986 bis 1988 erfaßten Variationsbreite. Eine langfristige Verringerung der Photosyntheseleistung unter dem Einfluß des Säureeintrags und der Veränderungen im Bodenzustand ist daher nicht festzustellen. Die zum Zeitpunkt der Jahresmaxima von $A_{max}$ gemessene Dunkelatmung ist ebenfalls im Jahre 1986 besonders hoch

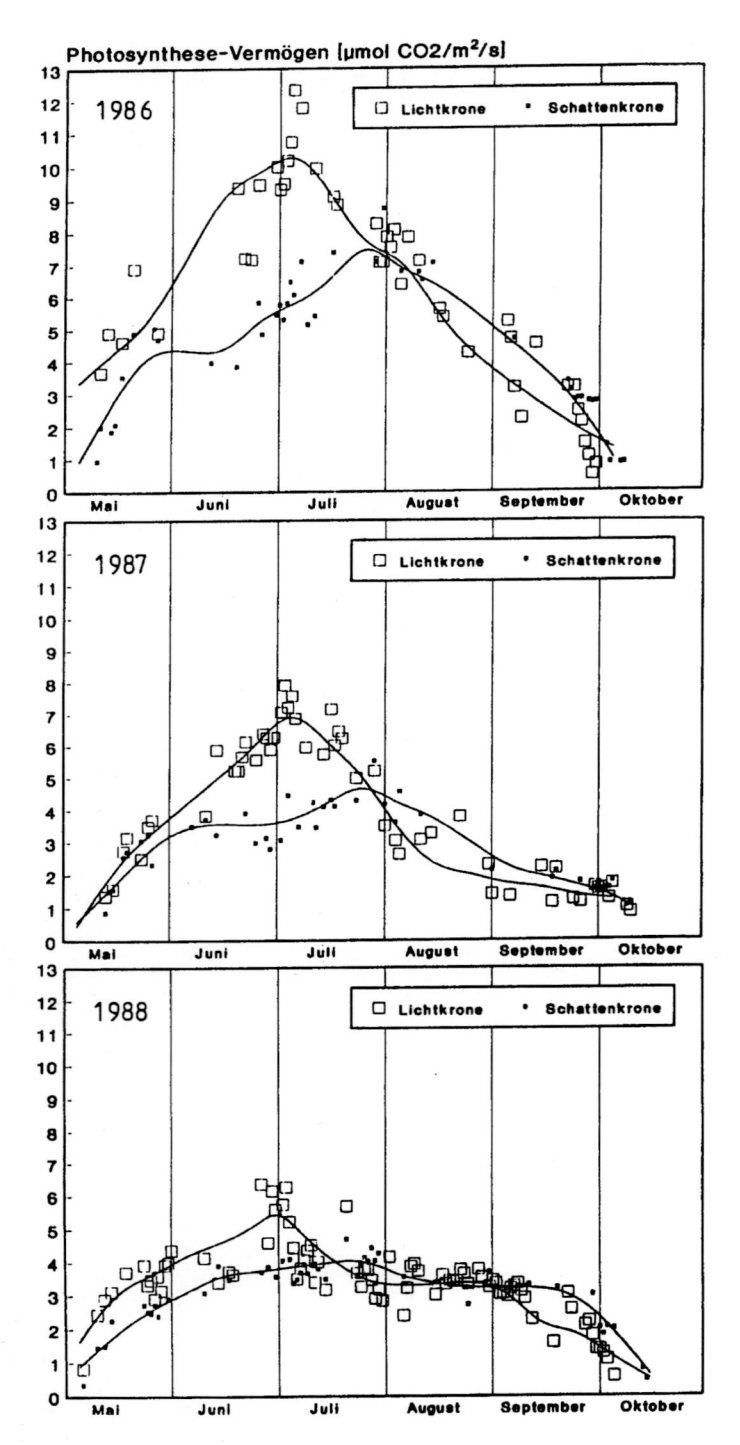

**Abb. 1.** Photosynthesevermögen von Blättern aus der Licht- und Schattenkrone der Buche $B_{68}$ im Verlauf der Vegetationsperioden 1986-88.

**Photosynthese-Vermögen [µmol CO2/m²·s]**

(nach SCHULZE 1970)
Lichtkrone — Schattenkrone

1968

Vegetationsperiode 1968

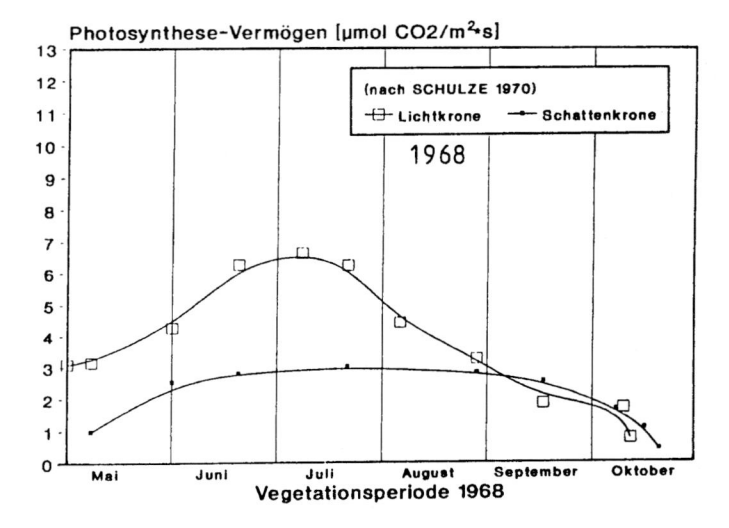

**Abb. 2.** Photosynthesevermögen von Blättern aus der Licht- und Schattenkrone der Buche $B_{68}$ im Verlauf der Vegetationsperioden 1968 (Werte nach den Ergebnissen von Schulze (1970) berechnet).

(Tab. 1), liegt aber in den Folgejahren zumindest in der Lichtkrone in gleicher Größenordnung wie 1968. Hinsichtlich Blattleitfähigkeit und Chlorophyllgehalt lassen sich im Vergleich der Jahre keine Tendenzen feststellen, abgesehen davon, daß 1986 jeweils relativ hohe Werte auftreten.

Von allen ermittelten Parametern ist nur die Blattgröße in den Jahren 1986 bis 1988 deutlich höher als 1968.

**Tab. 1.** Kenngrößen des $CO_2$- und $H_2O$-Gaswechsels der Buche $B_{68}$ im Solling aus den Jahren 1968 und 1986-88. Alle Mittelwerte gelten jeweils für den Juli, d. h. den Zeitpunkt maximaler Stoffwechselaktivität der Blätter. Das Photosynthesevermögen ($A_{max}$) ist auf die einseitige Blattfläche, das Blatt-Trockengewicht, sowie den Chlorophyllgehalt bezogen. (n.b. = nicht bestimmt).

| | Lichtkrone | | | | Schattenkrone | | | |
|---|---|---|---|---|---|---|---|---|
| | 1968* | 1986 | 1987 | 1988 | 1968* | 1986 | 1987 | 1988 |
| $A_{max}$ | | | | | | | | |
| ($\mu$ mol $CO_2 \cdot m^{-2} \cdot s^{-1}$) | 6.5 | 10.2 | 6.9 | 5.5 | 3.0 | 7.5 | 4.6 | 4.1 |
| ($\mu$ mol $CO_2 \cdot gTS^{-1} \cdot s^{-1}$) | 0.065 | 0.102 | 0.085 | 0.061 | 0.075 | 0.160 | 0.079 | 0.063 |
| ($\mu$ mol $CO_2 \cdot gChl^{-1} \cdot s^{-1}$) | 13.0 | 17.3 | 15.7 | 11.4 | 7.5 | 12.5 | 9.0 | 7.2 |
| Dunkelatmung ($\mu$ mol $CO_2 \cdot m^{-2} \cdot s^{-1}$) | 0.89 | 1.30 | 0.87 | 0.89 | 0.25 | 0.62 | 0.53 | 0.58 |
| Leitfähigkeit (mmol $H_2O \cdot m^{-2} \cdot s^{-1}$) | 157 | 180 | 121 | 133 | 75 | 89 | 83 | 91 |
| spez. Blattgew. (mg $\cdot cm^{-2}$) | 10.0 | 10.0 | 8.1 | 9.0 | 4.0 | 4.7 | 5.8 | 6.5 |
| Blattgröße ($cm^2$) | 8.8 | 15.0 | 14.5 | 16.0 | 17.0 | 24.0 | 22.5 | 20.0 |
| Chlorophyllgeh. mg $\cdot g^{-1}$ | 5.0 | 5.9 | 5.5 | 5.4 | 10.0 | 12.6 | 8.7 | 8.8 |
| Chlorophyllgeh. g $\cdot m^{-2}$ | 0.50 | 0.59 | 0.44 | 0.48 | 0.40 | 0.60 | 0.51 | 0.57 |
| N-Gehalt (mmol $\cdot gTS^{-1}$) | n.b. | 1.40 | 1.40 | 1.48 | n.b. | 1.75 | 1.60 | 1.67 |
| Mg-Gehalt (mmol $\cdot gTS^{-1}$) | n.b. | 0.018 | 0.013 | 0.020 | n.b. | 0.038 | 0.021 | 0.028 |

\* aus Schulze (1970)

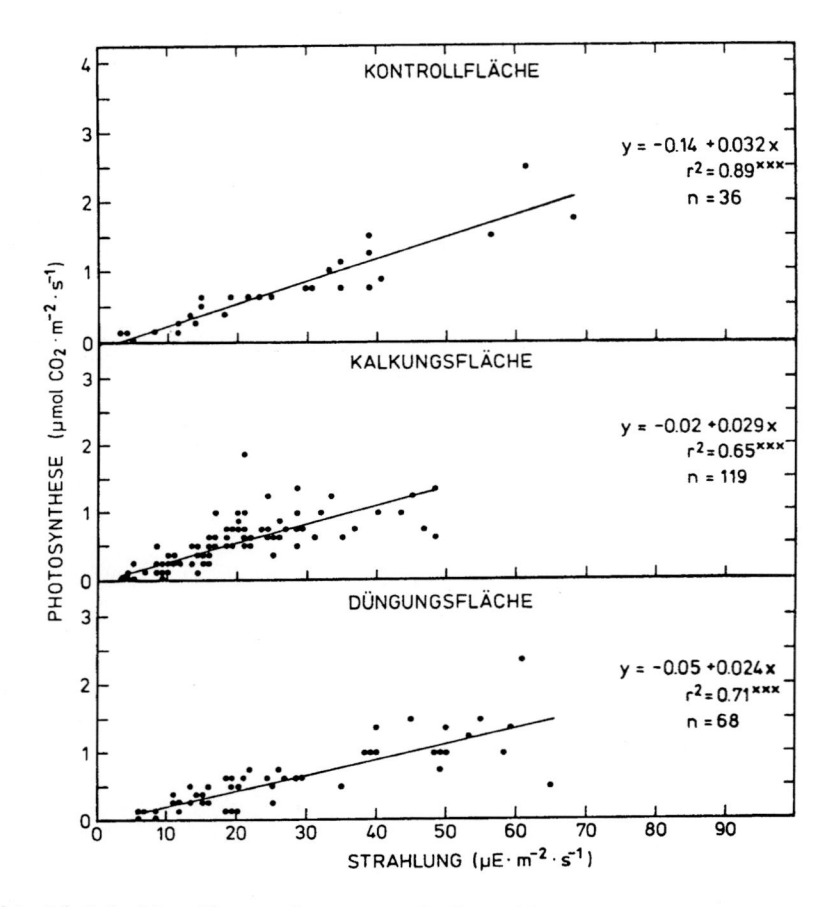

**Abb. 3.** Abhängigkeit der Netto-Photosyntheserate von der Einstrahlung in den Behandlungsvarianten (Kontroll- ($B_0$), Kalkungs-($B_K$) und N-Düngungsfläche ($B_N$)). In die statistische Berechnung wurden Daten aus dem Zeitraum optimaler Stoffwechselaktivität der Blätter (Juni, Juli) aufgenommen.

## 3.2 Düngungsversuch

Das Gaswechsel-Porometer ermöglicht vergleichende Kurzzeit-Messungen der Nettophotosynthese an zahlreichen Einzelblättern. Die Ergebnisse, bezogen auf die jeweils gegebene Strahlungsintensität, sind jedoch mit großer Streuung behaftet. Die Ursache liegt darin, daß einerseits die Strahlungsverhältnisse im Kronenraum zeitlich und räumlich stark variieren, und daß andererseits für die Photosyntheseleistung eines Buchenblattes nicht nur die gerade gegebene, sondern u.U. auch die vor der Messung herrschende Strahlungsintensität von Bedeutung ist. Denn auf Veränderungen der Belichtungsverhältnisse reagieren Blätter zum Teil mit erheblicher Verzögerung (Pollard 1970; Thornley 1974; Pearcy et al., 1985).

Wegen dieses Effektes sind direkte Vergleiche der Nettophotosynthese von Buchen der drei Versuchsflächen bei natürlichem Strahlungsangebot nur bei niedrigen, wenig variierenden Strahlungsintensitäten möglich. Unter diesen Bedingungen erreichen Blätter aus der mit dem Hubwagen erreichbaren Schattenkrone der unbehandelten ($B_0$) und der gekalkten ($B_K$) Fläche übereinstimmende Nettophotosyntheseraten bei gegebener Strahlungsintensität (Abb. 3). Im Unterschied dazu deutet die geringere Steigung der Regressionsgeraden für die Blätter der N-Düngungsfläche ($B_N$) darauf hin, daß die extreme N-Düngung die photosynthetische Leistungsfähigkeit beeinträchtigt hat.

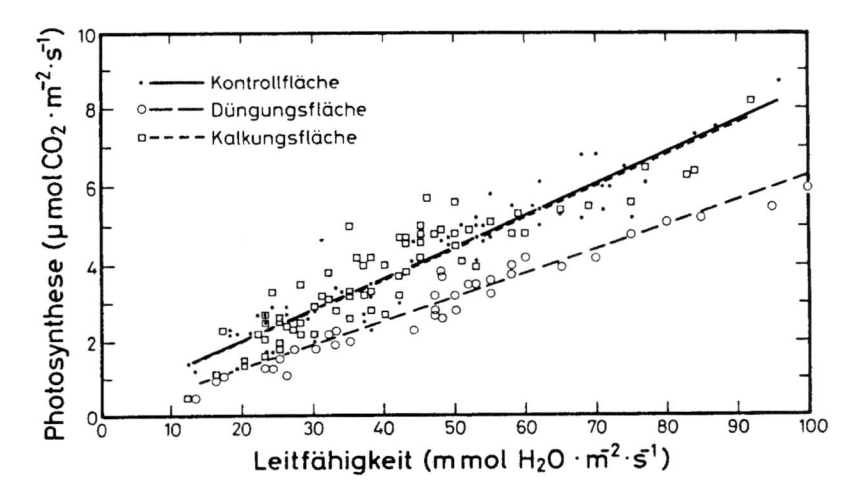

**Abb. 4.** Beziehung zwischen Netto-Photosyntheserate und stomatärer Leitfähigkeit in den Bestandesvarianten (vergl. Abb. 3).

Die Ursache kann zum einen in verschlechterter Wasserversorgung, die zu verringerter Stomataweite (geringere Blattleitfähigkeit) führt, zum anderen aber in einer direkten Beeinträchtigung der Photosynthese-Physiologie liegen.

Eine Entscheidung darüber ist möglich, wenn die Nettophotosynthese in Abhängigkeit von der Blatt-Leitfähigkeit betrachtet wird (Abb. 4). Hier können dann auch die Verhältnisse bei höheren Lichtintensitäten in die Betrachtung einbezogen werden, da die erwähnte Variabilität der Photosynthese einzelner Blätter im Kronenraum in erster Linie auf eine entsprechende Variabilität der stomatären Leitfähigkeit zurückgeht. Auch in diesem Falle unterscheiden sich die Buchen der $B_N$-Fläche durch eine bei gegebener Leitfähigkeit deutlich geringere Nettophotosynthese von denen der beiden anderen Flächen. Im Hinblick auf die Ausgangsfrage ist aber bemerkenswerter, daß sich $B_0$ und $B_K$-Fläche nicht unterscheiden. Es ist somit kein positiver Effekt der Kalk- und Magnesiumdüngung auf die Nettophotosynthese zu beobachten.

Ein ähnliches Ergebnis wurde an Blättern abgeschnittener, optimal wasserversorgter Zweige aus Licht- und Schattenkrone bei künstlicher Belichtung erzielt (Abb. 5). Auch hier unterscheiden sich Blätter von $B_N$ durch niedrigere Regressionskoeffizienten von $B_0$ und $B_K$, während sich die letzteren wenig unterscheiden (Ausnahme: relativ hohe Steigung in der Schattenkrone der $B_K$-Fläche).

Die zusätzliche N-Düngung bzw. die damit verbundene zusätzliche Versauerung (beide Effekte sind nicht zu unterscheiden) scheinen somit die Physiologie der Photosynthese beeinträchtigt zu haben. Daraus ergeben sich allerdings auch Konsequenzen für die Wasserökonomie der Bäume: Bei gegebenem Sättigungsdefizit ist das Verhältnis von Wasserverlust zu $CO_2$-Aufnahme bei den Buchen der $B_N$-Fläche stets größer, d. h. ungünstiger, als bei den anderen Buchen (Abb. 6). Zwischen $B_0$ und $B_K$-Fläche besteht wiederum kein Unterschied.

### 3.3 Weitere Schlußfolgerungen

Sowohl der zeitliche Vergleich wie der Düngungsversuch führen zu dem Schluß, daß der langjährige Säureeintrag die photosynthetische Leistungsfähigkeit der Buche im Untersuchungsgebiet bisher nicht beeinträchtigt hat. Weder Nährstoffmangel noch eine Schädigung von Feinwurzeln, die theoretisch als Ursachen einer Beeinträchtigung in Frage kommen, scheinen von Bedeutung zu sein.

Schädigungen der Feinwurzeln sind von Rapp (1991) auf der $B_N$-Fläche festgestellt worden. Dem entspricht, daß die Buchen dieser Fläche eine verschlechterte hydraulische Leitfähigkeit erkennen

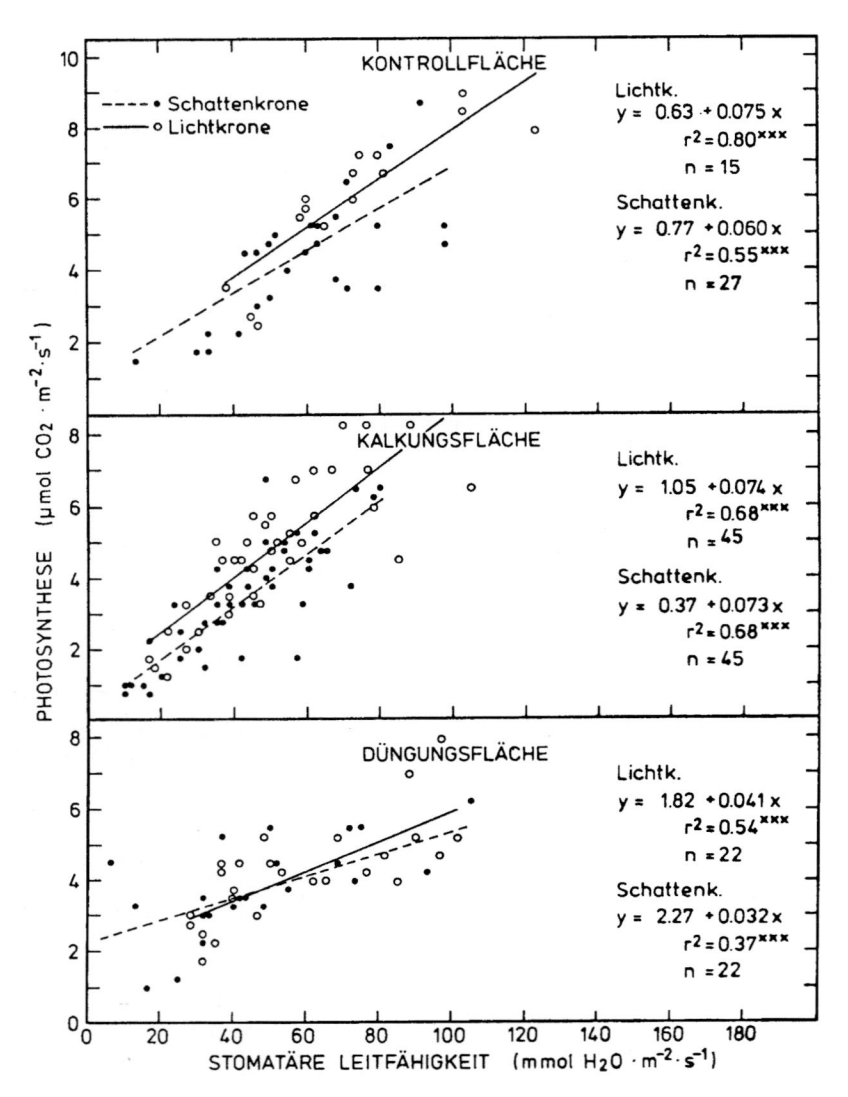

**Abb. 5.** Beziehung zwischen Netto-Photosyntheserate und stomatärer Leitfähigkeit, gemessen an vom Baum getrennten Blättern der Licht- und Schattenkrone.

lassen (Niederstadt et al. 1989), doch läßt sich im Vergleich der $B_0$ und der $B_K$ Fläche kein Hinweis auf eine Beeinträchtigung der Wurzelfunktion finden.

Die Gehalte der Blätter an Ca und Mg sind auf der $B_0$-Fläche zwar relativ niedrig (Tab. 2), doch liegen sie hier bisher nicht im Mangelbereich, da ihre Erhöhung nach der Kalkung keine Auswirkungen auf die Photosynthese hatte. Andere Parameter, wie Lebensdauer und Größenklassen-Verteilung der Blätter, sind dagegen durch die Kalkung verändert worden (Schenk et al. 1989).

Die K-Gehalte der Blätter liegen unter dem Grenzwert von $0{,}25$ mmol $\cdot$ gTS$^{-1}$, unter dem nach Untersuchungen von Rzeznik und Nebe (1987) der Mangelbereich für Buchenblätter beginnt. Auf der $B_K$-Fläche liegen sie sogar unter $0{,}18$ mmol $\cdot$ gTS$^{-1}$, und damit in einem Bereich, in dem die Autoren einen latenten K-Mangel annehmen. Die Jahrringzuwächse geben keinen Hin-

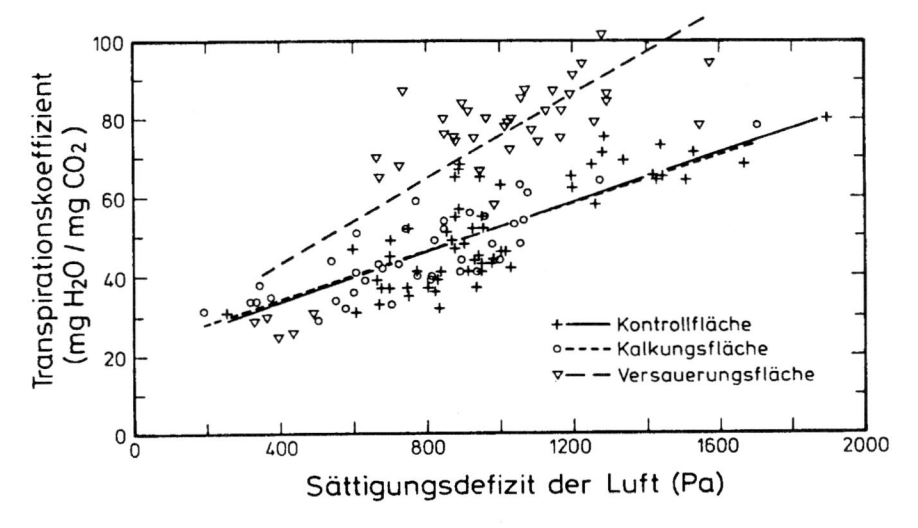

**Abb. 6.** Beziehung zwischen Transpirationskoeffizient und Sättigungsdefizit der Luft..

weis auf eine in den letzten Jahren abnehmende Zuwachsleistung der untersuchten Buchen (Makowka et al. 1991). Insofern sind negative Auswirkungen eines zunehmenden K-Mangels bisher nicht feststellbar. Doch scheint K unter den analysierten Nährstoffen derjenige zu sein, dessen Verfügbarkeit für die Buchen am kritischsten ist. Falls die K-Versorgung unter dem Einfluß des Säureeintrags weiter abnehmen sollte, wäre eine Schädigung auf diesem indirekten Wege nicht auszuschließen. Auch Matzner (1989) kommt aufgrund seiner Bilanzbetrachtungen zu dem Schluß, daß eine Mangelsituation als Erstes für K eintreten könnte.

**Tab. 2.** Blattspiegelwerte von Buchen der $B_0$-, $B_N$-, und $B_K$-Fläche aus dem Jahre 1986, getrennt nach Licht- und Schattenkrone. Die Mittelwerte beziehen sich auf Probematerial aus dem Juli, zum Zeitpunkt maximaler Stoffwechselaktivität der Blätter. (Alle Angaben in mmol · gTS$^{-1}$ aus Beese et al. 1991, n.b.= nicht bestimmt.)

|     | Lichtkrone | | | Schattenkrone | | |
| --- | --- | --- | --- | --- | --- | --- |
|     | $B_0$ | $B_N$ | $B_K$ | $B_0$ | $B_N$ | $B_K$ |
| N   | 1.90 | 2.05 | 1.88 | 2.0 | 2.1 | 1.8 |
| P   | 0.045 | 0.041 | 0.038 | 0.041 | 0.048 | 0.042 |
| K   | 0.22 | 0.21 | 0.14 | 0.19 | 0.20 | 0.17 |
| Ca  | 0.094 | 0.070 | 0.138 | 0.073 | 0.088 | 0.128 |
| Mg  | 0.040 | 0.032 | 0.065 | 0.032 | 0.033 | 0.065 |
| Mn  | 0.039 | 0.032 | 0.022 | 0.030 | 0.031 | 0.023 |
| Fe  | 0.0024 | 0.0023 | 0.0018 | n.b. | n.b. | n.b. |

Die hohe Variabilität des Photosynthesevermögens von Jahr zu Jahr macht die zuverlässige Feststellung von langfristigen Trends nahezu unmöglich. Das Phänomen selbst ist allerdings von großem Interesse. In Modellen des Kohlenstoffhaushalts von Waldökosystemen (Ågren et al. 1991), sofern sie mehrjährige Entwicklungen einschließen, sollte es zukünftig berücksichtigt werden. Voraussetzung dafür wäre die Kenntnis der Einflußgrößen, die das Photosynthesevermögen, bzw. seine Änderung von Jahr zu Jahr, bestimmen. Ihre Identifikation ist bisher jedoch nicht gelungen. Weder die Niederschlags-, Temperatur- und Strahlungsbedingungen der Jahre 1986-88, noch die jeweiligen Gehalte der Blätter an N und Mg (Tab. 1 u. 2) lassen einen Zusammenhang mit dem Photosynthesevermögen erkennen. Der seit 1968 weiter gestiegene N-Eintrag (Matzner 1989) könnte als Ursache der gegenüber 1968 in den späteren Jahren stark erhöhten Blattgröße vermutet werden. Für die Unterschiede des Photosynthesevermögens zwischen den Jahren 1986-88 kann eine unterschiedliche N-Versorgung jedoch nicht verantwortlich gemacht werden.

Die Klärung dieser Zusammenhänge ist insofern schwierig, als das Photosynthesevermögen eines Blattes nicht nur von den direkten externen Einflüssen (Klima-, Bodenfaktoren), sondern auch von internen Bedingungen, wie der Senkenstärke für Assimilate, abhängig ist (Ho et al. 1989). Wie von

Heichel und Turner (1983) z. B. an *Quercus rubra* beobachtet wurde, führt ein Entfernen von Blättern zu einer Steigerung des Photosynthesevermögens der verbleibenden Blätter. Die Feststellung, daß eine schwache Beblätterung von Buchen nicht zu entsprechend verringertem Zuwachs führen muß (Athari 1987), läßt sich auf einen derartigen Kompensationseffekt zurückführen. Daraus folgt schließlich auch, daß das Photosynthesevermögen einzelner Blätter oder Nadeln ein wenig geeigneter Parameter zur Beurteilung der Produktivität eines Baumes ist. (Diese Feststellung stellt jedoch nicht in Frage, daß Untersuchungen des Gaswechsels zur Feststellung kurzfristiger Schädigungsereignisse sehr wohl geeignet sind und zur Aufklärung sowohl kurz- wie langfristiger Schädigungen beitragen können).

Der im vorliegendem Falle untersuchte Bestand bietet eine einmalige Voraussetzung dafür, Auswirkungen von Ungleichgewichten in Elementbilanzen und von damit verbundenen langfristigen Änderungen des Bodenzustandes auf die Buchen zu verfolgen. Diese Auswirkungen sind bisher hypothetisch. Dennoch sollte auch weiterhin versucht werden, die Entwicklung möglicher Schädigungen von einem früheren Stadium an zu beobachten. Der Einsatz von Gaswechselmessungen scheint nach den hier referierten Erfahrungen allerdings nicht zur Frühindikation sondern gegebenenfalls erst zur Klärung von Schädigungsmechanismen sinnvoll zu sein.

## 4 Literaturverzeichnis

Ågren, G. I., R. E. Mc Murtrie, W. J. Parton & J. Pastor. (1991). State-of-the-art of models of production-decomposition linkages in conifer and grassland ecosystems. Ecol. Appl., 1: 118-138.

Athari, S. (1987). Zuwachsvergleich von Buchen mit unterschiedlich starken Schadsymptomen. Deutscher Verband d. Forstl. Versuchsanstalten - Sektion Ertragskunde - Tagungsbericht, 12: 1-12.

Beese, F. (1989). Wirkungen von Kalkungs- und Düngungsmaßnahmen auf die chemische Zusammensetzung der Bodenlösung. Ber. d. Forschungszentrums Univ. Göttingen, Reihe A, Bd. 49: 27-48.

Beese, F., A. Waraghai, I. Wöhler, W. Stickan & K. J. Meiwes. (1991). Gehalte an Nährelementen und organischen Verbindungen in Buchenblättern und phänologische Prozesse in Abhängigkeit vom Versauerungsgrad des Bodens. Ber. d. Forschungszentrums Univ. Göttingen, Reihe B, Bd. 17: 178 S.

Caemmerer, S. v., & G. D. Farquhar. (1981). Some relationships between the biochemistry of photosynthesis and the gas exchange of leaves. Planta, 153: 376-387.

Ellenberg, H., R. Mayer & J. Schauermann. (1986). Ökosystemforschung - Ergebnisse des Sollingprojekts 1966-1986. Verlag Ulmer, Stuttgart, 507 S.

Heichel, G. H. & N. C. Turner. (1983). $CO_2$ assimilation of primary and regrowth foliage of red maple (*Acer rubrum* L.) and red oak (*Quercus rubra* L.): Response to defoliation. Oecologia, 57: 14-19.

Ho, L. C., R. I. Grange & A. F. Shaw. (1989). Source/Sink regulation. In Baker, D. A., Milburn, J. A. (eds): Transports of Assimilates. Longman Scientific & Technical, Essex: 306-344.

Kennel, E. (1989). Entwicklung und Stand der Waldschadenserhebung. In: Ulrich, B. (Hrsg.): Internationaler Kongreß Waldschadensforschung: Wissensstand und Perspektiven. Kernforschungszentrum Karlsruhe GmbH, Band 1: 43-60.

Lange, O. L. & J. D. Tenhunen. (1984). A minicuvette system for measurement of $CO_2$ exchange and transpiration of plants under controlled conditions in field and laboratory. H. Walz, Meß- und Regeltechnik, W-8521 Effeltrich: 1-11.

Makowka, I., W. Stickan & M. Worbes. (1991). Jahrringbreitenmessung an Buchen (*Fagus sylvatica* L.) im Solling; Analyse des Klimaeinflusses auf den jährlichen Holzzuwachs. Ber. Forschungsz. Waldökosysteme Univ. Göttingen, Reihe B, Bd. 18: 82-156.

Matzner, E. (1988). Der Stoffumsatz zweier Waldökosysteme im Solling. Ber. Forschungsz. Waldökosysteme Univ. Göttingen, Reihe A, Bd. 40.

Matzner, E. (1989). Introduction, site and element cycling. In Matzner, E. (ed.): Excursion-Guide Solling and Hils Research Area. Ber. Forschungszentrum Waldökosysteme Univ. Göttingen, Reihe B, Bd. 15: 1-35.

Niederstadt, F., W. Stickan & M. Runge. (1989). Die Auswirkung von Düngung und Kalkung auf den Wasserhaushalt von Altbuchen im Solling. Verh. Ges. Ökol., Band XVII.: 507-512.

Pearcy, R. W., K. Osteryoung, K. & H. W. Calkin. (1985): Photosynthetic responses to dynamic light environments by Hawaiian trees. Plant Physiol. 79: 896-902.

Pollard, D. F. W. (1970). The effect of rapidly changing light on the rate of photosynthesis in largetooth aspen (*Populus grandidentata*). Can. J. Bot. 48: 823-829.

Rapp, C. (1991). Untersuchungen zum Einfluß von Kalkung und Ammoniumsulfat-Düngung auf Feinwurzeln und Ektomykorrhiza eines Buchenaltbestandes im Solling. Ber. Forschungsz. Waldökosysteme Univ. Göttingen, Reihe A, Bd. 72, 293 S.

Rzeznik, Z. & W. Nebe. (1987). Wachstum und Ernährung von Buchen-Provenienzen. Beiträge für die Forstwirtschaft, 21,3: 106-111.

Schenk, J., W. Stickan & W. Runge. (1989). Belaubungsverlauf und Blattmerkmale von Buchen unter dem

Einfluß von Kalkung und Stickstoffdüngung. Ber. d. Forschungszentrums Univ. Göttingen, Reihe A, Bd. 49: 91-101.

Schulze, E.-D. (1970). Der $CO_2$-Gaswechsel der Buche (*Fagus sylvatica* L.) in Abhängigkeit von den Klimafaktoren im Freiland. Flora 159: 177-232.

Schulze, E.-D., A. E. Hall, O. L. Lange & H. Walz. (1982). A portable steady-state porometer for measuring the carbon dioxide and water vapour exchanges of leaves under natural conditions. Oecologia (Berl.) 53: 141-145.

Stickan, W. (1985). Auswirkungen von Umweltchemikalien auf den Gaswechsel von Grünlandpflanzen. Scripta Geobotanica XIII, 92 S.

Stickan, W., M. Schulte. Y. Kakubari, F. Niederstadt, J. Schenk & M. Runge. (1991). Ökophysiologische und biometrische Untersuchungen in einem Buchenbestand (Fagus sylvatica L.) des Sollings als ein Beitrag zur Waldschadensforschung. Ber. Forschungszentrum Waldökosysteme Univ. Göttingen, Bd. 18, Reihe B: 1-81.

Thornley, J. H. M. (1974). Light fluctuations and photosynthesis. Ann. Bot., 38: 363-373.

Ulrich, B. (1982). Gefahren für das Waldökosystem durch saure Niederschläge. LÖLF-Mitteilungen, Landesanstalt für Ökologie Nordrhein-Westfalen, Recklinghausen, Sonderheft 1982: 9-25.

# Diskussion

**Ziegler:** Für einen Pflanzenphysiologen ist ein Boden in einem Wald so gut, wie er den Bäumen gut tut. Sie sagen, daß der Boden in Solling schlechter wurde. Nach meiner Auffassung ist er nicht schlechter, denn er leistet für die Bäume das gleiche wie früher. Der Boden wurde vielleicht für einen Bodenkundler schlechter. Sie sagten, daß Sie auf den stickstoffgedüngten Böden eine geringe Photosyntheseleistung der Buchen und eine schlechtere »water use efficiency« hatten. Haben Sie einmal geprüft, ob die gedüngten Bäume besser mit Stickstoff versorgt waren, und was aus dem Stickstoff wurde.

**Runge:** Es ist nicht auszuschließen, daß trotz der sauren Bedingungen, die wir vorfinden, Nitrifikation abläuft. Wir haben das bereits im Sollingprojekt gezeigt. Das hätte auch nach der Ammoniumdüngung stattfinden können. Es hat durchaus einen Anstieg der Stickstoffgehalte in den Bäumen auf der Düngungsfläche gegeben, wir haben das jedoch nicht weiter differenziert. Zur Verschlechterung des Bodens sollte man vielleicht sagen, daß einem als Ökologe eine derartige Versauerung und Nährstoffverarmung der Böden durchaus als nachteilig erscheint, auch wenn der Buchenbestand dort keine Reaktion zeigt. Wir können mit Sicherheit sagen, daß das Artenspektrum zunehmend eingeschränkt wird. An krautigen Arten kann man die Reaktion auf die Versauerung des Bodens durchaus demonstrieren.

**Kandler:** Der Stickstoffgehalt wurde in den Blättern offensichtlich nur geringfügig erhöht. War der Zuwachs schlechter?

**Runge:** Das können wir noch nicht genau beurteilen, aber die Entwicklung könnte durchaus auf eine Reduktion des Zuwachses hinauslaufen. Wir haben diese Untersuchungen in den letzten Jahren jedoch nicht mehr gemacht. Sie müssen noch einmal wiederholt werden.

**Kandler:** Wenn man die Versauerungskurven, die Sie zeigten, ansieht, so stellt man fest, daß sie anfangs eine große Fluktuation auf hohem Niveau und danach einen plötzlichen Rückgang auf ein gleichbleibend tiefes Niveau zeigen. Wenn mir in meinen experimentellen Arbeiten so eine Kurve unterkommt, dann würde ich zunächst das primäre Protokoll noch einmal gründlich überprüfen, ob es sich nicht um einen experimentellen Fehler handelt. Sie hatten einen großen Personalwechsel während der Anfangsphase Ihrer Untersuchungen. Ist es wirklich völlig ausgeschlossen, daß es sich nicht um eine experimentellen Fehler handelt? Es ist schwer einzusehen, wie es im Boden innerhalb von vier Jahren zu einem solchen Sprung kommen kann, obwohl er seit 4000 Jahren mit Buche besiedelt ist und dauernd vom Regen ausgewaschen und podsoliert wurde.

**Runge:** Das kann man sich schwer vorstellen, aber vielleicht kann Herr Matzner dazu konkret etwas sagen.

**Zöttl:** Ich möchte auf diese Fragen nicht eingehen, weil Herr Rehfuess die Untersuchungen von Herrn Matzner bereits einmal einer fundierten Kritik unterzogen hat. Es ist in sich sehr schlüssig, daß Sie bei den Magnesiumgehalten in den Blättern der Buche, die damals und heute ausreichend hoch waren, keine zusätzlichen Magnesiumdüngungseffekte durch den dolomitischen Kalk erhalten haben.

**Runge:** Doch, wir hatten solche Effekte. Für Magnesium haben sich die Gehalte in den Blättern durch die Düngung verbessert.

**Zöttl:** Es herrschte aber vorher keine Mangelsituation, auch nicht auf den Kontrollflächen, die Sie uns zeigten. Wenn Sie nach der Kalkung erst geringe Effekte auf den Gaswechsel haben, muß man natürlich die relativ kurze Versuchszeit berücksichtigen. Gekalkt wurde erst 1983, und Ihre Messungen begannen schon 1986. Zu diesem Zeitpunkt war erst eine minimale Menge des Kalkes gelöst. Sie haben sicherlich noch keine tiefgründige Veränderung des Bodenchemismus. Auf der anderen Seite haben Sie natürlich bei der massiven Stickstoffdüngung sehr drastische Veränderungen. Es wäre interessant zu sehen, was sich in den Bäumen an Veränderungen ergeben hat. Ich erinnere mich an mündliche Aussagen von Herrn Beese, daß die Nitrataustäge, also die Stickstoffverluste, gering sind.

**Runge:** Bei der Stickstoffdüngung handelte es sich um einen Nebenversuch und es ist klar, daß ein unphysiologisch hoher Einsatz erfolgte. Worauf es mir bei den Untersuchungen viel mehr ankam, war der Kalkungs- und der Magnesiumdüngungseffekt. Trotz der schwachen Löslichkeit des Kalkes stiegen die Gehalte von Kalzium und Magnesium in den Blättern rasch an, weil die Hauptmasse der Feinwurzeln in der Streu steckt. Diese Wurzeln haben also sofort Zugang zu Kalzium und Magnesium. Es zeigte sich jedoch, daß das zusätzlich aufgenommene Kalzium zum großen Teil als Kalziumoxalat in den Zellwänden vorliegt. Die Buchen brauchen gar nicht mehr, als ihnen auf den unbehandelten Flächen zur Verfügung steht. Ähnliches gilt vermutlich für Magnesium. Wir sind nach Literaturangaben gerade an der Grenze der ausreichenden Versorgung.

**Matzner:** Ich möchte einen Kommentar anbringen zu der Entwicklung der Kalzium/Aluminium- und Magnesium/Aluminium-Verhältnisse in der Bodenlösung. Zu Beginn der Untersuchungen traten hohe Schwankungen auf. Man kann sie relativ leicht erklären. Zum einen ist das Verhältnis von Kalzium zu Aluminium natürlich relativ empfindlich gegenüber Schwankungen, weil die Konzentrationen in der Regel gegenläufig variieren. Die großen Variationen zu Beginn der Meßperiode gehen im wesentlichen auf die damals deutlich höheren Kalziumeinträge aus der Deposition zurück. Diese Einträge haben im Verlauf der Zeit abgenommen.

**Donaubauer:** Hat nicht auch $SO_2$ abgenommen und damit auch die Schwefeldeposition?

**Matzner:** Die Schwefeldeposition hat erst später, seit etwa 1985 abgenommen. In den 70er Jahren war es im wesentlichen der Kalziumeintrag, der diese Fluktuationen bewirkte.

Zitterpappel (*Populus tremuloides* Michx.)

# Photosynthese und Nährstoffgehalte von Buchen unterschiedlich stark SO$_2$-belasteter Standorte

Hardy Pfanz und Birgit Vollrath *

## Zusammenfassung

Das Photosyntheseverhalten und der Nährstoffhaushalt von Rotbuchen wurden an unterschiedlich stark SO$_2$-belasteten Standorten verglichen. Der Gesamtschwefelgehalt der Laubblätter zeigte eine gute Übereinstimmung mit der Schwefeldioxidbelastung am jeweiligen Standort. Mit steigendem Schwefelgehalt nahm der Gehalt an organischen Säuren und an Nitrat in den Blättern ab. Der Schwefelfraktionskoeffizient ($S_{org}/S_{anorg}$) hoch belasteter Standorte war stark erniedrigt, was als Hinweis auf SO$_2$-Einwirkung gilt. Der Anstieg der maximalen Photosynthesekapazität (als Funktion des Blattfrischgewichtes pro Blattfläche) zeigte sich abhängig von der Schwefelbelastung der Blätter. Für Aluminium und Cadmium ergaben sich ebenfalls gute Korrelationen. Es ist anzunehmen, daß im Erzgebirge die auch während der sommerlichen Vegetationsperiode erhöhte Schwefeldioxid-Belastung als ein ursächlicher Faktor an der Ausprägung der Buchenschäden beteiligt ist. Der latente Mangel an Stickstoff, sowie an den essentiellen Kationen Magnesium, Kalium und Kalzium mag dort zu der beobachteten Schädigung beitragen.

## 1. Einleitung

Die seit 1983 bundesweit durchgeführte Waldschadensinventur zeigt, daß neben den Koniferen in den letzten Jahren auch Laubbäume immer häufiger Schadsymptome aufweisen (vgl. Waldschadensbericht 1991). Die Ansprache und Klassifizierung der Schäden erfolgt hierbei nach optisch erkennbaren Merkmalen und Symptomen wie der Kronenmorphologie, dem Belaubungszustand und dem Grad der Blattvergilbung (vgl. Roloff 1985). Schlußfolgerungen über die Ursachen der Schäden aufgrund dieser rein beschreibenden Diagnose sind daher sehr spekulativ.

Die Frage um die Ätiologie und die Kausalanalyse der mittel- und osteuropäischen Laubbaumschäden werden kontrovers diskutiert (Kandler 1985), wobei neben klimatischen Faktoren wie Trocken-, Kälte- oder Hitzestreß und Wassermangel (Flükkiger und Braun 1989, Hotz et al. 1990, Matyssek 1991a), hauptsächlich biotischen Faktoren (wie Insekten, Pilze, Bakterien und Viren) Bedeutung zugeschrieben wird (Krehan 1991, Balder 1992, Hartmann 1992, Seemüller 1992).

Doch auch Nährstoffmangel scheint in bestimmten Gebieten eine Rolle bei der Schadausprägung zu spielen (Flückiger und Braun 1989, Berki 1991; für Fichte siehe Lange et al. 1987). Anthropogenen Luftverunreinigungen wie Stickoxiden, Peracylnitraten, Ozon und dem Schwefeldioxid werden

---

* Pfanz, Hardy, Dr. & Vollrath, Birgit, Julius v. Sachs Institut für Biowissenschaften, Lehrstuhl Botanik II, Mittlerer Dallenbergweg 64, D.(W)-8700 Würzburg

bei der ursächlichen Schadausprägung nur lokal Bedeutung zugeschrieben (Varga 1992, Doniță 1992). Messungen der Photosyntheseaktivität experimentell belasteter Bäume zeigen jedoch schon bei geringen Schadgasdosen, daß auch bei »umweltrelevanter« Belastung negative Effekte auf die Vitalität der Bäume zu erwarten sind (Keller 1976, Reich und Amundson 1985, Wright 1988, Langebartels et al. 1991, Matyssek et al. 1991b, Führer 1989). Unser Interesse galt daher der Frage, ob direkte Schadgaseffekte im Freiland nachweisbar sind. Zu diesem Zweck wurden Untersuchungen an Buchen unterschiedlich stark $SO_2$-belasteter Standorte der Hochplateau-Fläche des Erzgebirges (CSFR) durchgeführt und mit Daten eines gering $SO_2$-belasteten Buchenstandortes südlich von Prag (Ledec) und eines ebenfalls sehr gering belasteten Standortes bei Würzburg (BRD) verglichen. Buchen gehören nach den VDI-Richtlinien zu der mittleren Kategorie der »$SO_2$- empfindlichen Laubgehölze« (Verein Deutscher Ingenieure 1978). Das Ziel dieser Arbeit war es, die photosynthetischen Reaktionen von Buchen in Gebieten zu verfolgen, in denen direkte Schäden an Koniferen durch Schwefeldioxid vermutet werden (vgl. Jirgle et al. 1981, Materna 1981a,b, 1989, Kubikova 1989, Pfanz und Beyschlag 1991). Im folgenden sollen erste Ergebnisse dieser Arbeit vorgestellt werden.

## 2. Material und Methoden

An vier Standorten der CSFR und an einem Standort der BRD wurden Buchen (*Fagus sylvatica* L.) untersucht. Als Kontrollstandort mit geringer belasteter Luft diente der »Guttenberger Wald« bei Würzburg (Franken, BRD). Die Buchen dieser Kontrollfläche wuchsen auf gut nährstoffversorgtem Lettenkeuper; die Wasserversorgung des Bodens gilt als gut. Der Standort liegt etwa 400 m ü. NN. Der Buchenstandort bei Ledec (80 km südöstl. von Prag) ist aus lufthygienischer Sicht ebenfalls als gering mit $SO_2$ belastet anzusehen. Etwas erhöhten $SO_2$-Konzentrationen sind die Bäume bei Horni Blatna (890 m ü. NN) im West-Erzgebirge ausgesetzt. Hier fanden sich jedoch keine adulten Buchen, so daß die Untersuchungen an Jungbuchen durchgeführt wurden, die, von hohen Fichten umsäumt, sehr schattig wuchsen. Das anstehende Gestein im Gebiet um Horni Blatna ist Granit. Die Luft um Kliny (600 m ü. NN; im Ost-Erzgebirge) weist sehr hohe Schadgaskonzentrationen auf. Die Belastung der erzgebirgischen Hochplateau-Flächen mit $SO_2$ erfolgt aus dem Egertal und dem Raum Süd-Sachsen wegen der dort im großen Rahmen betriebenen Braunkohleverstromung. Der Standort Kliny erfährt zusätzliche Luftverschmutzung durch die in Litvinov und Most ansässige Petrochemie. Die Böden im Erzgebirge sind vorherrschend torfige oder gleyige Podsole, das Grundgestein in Kliny ist Gneis.

Die Bäume an den Standorten Haj/Keilberg und Kliny waren zwischen 60 und 100 Jahre, die der Standorte Ledec und Würzburg um 30 bis 60 Jahre und die bei Horni Blatna ca. 20-30 Jahre alt. Die Blätter der Buchen bei Würzburg und Ledec zeigten sowohl im Juli, als auch im September ein normales Aussehen. Leichte Schäden in Form beginnender Nekrosen wurden im Herbst bei den Blättern des Standortes Horni Blatna festgestellt. In Kliny und bei Haj/Keilberg zeigten die Bäume eine mittelstarke bis starke Schädigung (Schadstufe 2-3; Roloff 1985). Ein Teil der Blätter dieser Bäume war im September extrem geschädigt und zeigte Vergilbungserscheinungen mit ausgeprägten Rand- und Intercostalnekrosen.

Die Gehalte der Anionen Malat, Sulfat und Nitrat in den Blättern wurden mittels isocratischer Ionenchromatographie (Modell BT, Fa. Biotronik), die Blattspiegelwerte der Nährelemente mittels ICP, bzw. AAS bestimmt (vgl. Schramel 1988). Hierzu wurden nur Blätter verwandt, deren spezifisches Blattfrischgewicht zwischen 0,11 und 0,16 mg $\cdot$ 10 m$^{-2}$ lag.

Die Chlorophyllbestimmung folgte der Vorschrift nach Ronen und Galun (1984). Die Ermittlung der Photosyntheseparameter erfolgte mit einer Sauerstoffelektrode vom Typ Clark; hierbei wurden ausgestanzte Blattscheiben von 10 cm$^2$ Fläche verwandt. Die Photosynthesekapazität (PSK) und die Lichtausnutzungseffizienz ($\alpha$) wurden in Anwesenheit von 5 % $CO_2$ erhalten. Die Messungen und die Probennahmen wurden im Juli und im September durchgeführt. Blätter mit starken Nekrosen wurden nicht zu Messungen herangezogen.

## 3. Ergebnisse und Diskussion

### Die $SO_2$-Konzentration der Luft und die Schwefelgehalte der Blätter

Bei den Buchenstandorten im Erzgebirge handelt es sich um zum Teil extrem hoch $SO_2$-belastete Gebiete. Es war daher von großem Interesse, die von den Assimilationsorganen aufgenommene Menge an Gesamtschwefel zu bestimmen. Die Frage bestand, ob laubabwerfende Baumarten, wie die Rotbuche, während der nur halbjährigen Vegetationsperiode aus unterschiedlich belasteter Luft wirklich signifikant unterschiedliche Men-

**Tabelle I.** Schwefeldioxidkonzentrationen der Luft in der Nähe der verschiedenen Buchenstandorte. Die $SO_2$-Konzentrationen sind in µg $SO_2$ m$^{-3}$ Luft als sommerliche (April-September) und winterliche Mittelwerte (Oktober-März), sowie als maximale Halbstunden-Spitzenbelastung im Jahr angegeben. Die Daten der $SO_2$-Spitzenbelastungen der tschechischen Standorte sind approximierte Werte aus grob-gerasterten Isoplethendarstellungen (Anonymus 1987, Tichy 1991 und mündl. Mitt.). Alle anderen Meßdaten sind bislang unveröffentlichte Daten des Hydrometeorologischen Institutes (Prag) und der Messungen der Arbeitsgruppe von Dr. Materna (VULHM, Prag). Die $SO_2$-Konzentration des westdeutschen Standortes wurde den Lufthygienischen Monatsberichten (1991) entnommen.

| Standort | | $SO_2$-Konzentration [µg $SO_2$ · m$^{-3}$]  | | |
|---|---|---|---|---|
| | | sommerlicher Mittelwert | winterlicher Mittelwert | Spitzenbelastung 1/2h |
| Würzburg | '91 | 10,1 | 22* | 290 |
| Ledec | '87 | - | 10 | 320 |
| | '90 | 20 | 22 | |
| H. Blatna | '87 | 26 | 77 | |
| | '90 | 15 | 56 | um 1000 |
| | '91 | 21 | 59 | |
| Klinovec | '87 | 9 | 50 | 2000 |
| | '90 | 28 | 23 | und mehr |
| | '91 | 29 | 46 | |
| Kliny | '87 | 71 | 115 | 2600 |
| | '90 | 66 | 87 | und mehr |

Den Konzentrationsangaben bei Ledec liegen Daten der Meßstation Kosetice zugrunde; die Angaben für Horni Blatna wurden bei Prebuz ermittelt. Für Haj/Keilberg wurden die auf dem Keilberg gemessenen Daten benutzt, während in Kliny die $SO_2$-Messungen direkt am Standort durchgeführt werden. Die Daten aus Würzburg wurden am Th. Heuss Damm erhoben. * = Mittelwert ohne den Dezemberwert.

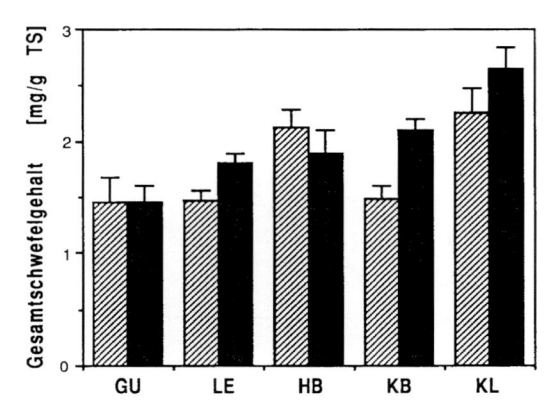

**Abb. 1.** Gesamtschwefelgehalt von Buchenblättern verschiedener Standorte. Die Standorte sind in der Reihenfolge steigender $SO_2$-Konzentration der Atmosphäre aufgetragen (vgl. auch Tab. I). Die Schwefelmengen sind in mg Gesamtschwefel pro Gramm Trockensubstanz der Laubblätter angegeben. Für die Analysen wurden nur Blätter der Gewichtsklasse 0,11-0,16 g FM 10cm$^{-2}$ verwandt. Die hell schraffierten Säulen stellen Messungen im Juli, die dunkel schraffierten Säulen Messungen im September dar. GU = Guttenberger Wald/Würzburg; LE = Ledec, HB = Horni Blatna, KB = Haj/Keilberg, KL = Kliny. Die Standardabweichung ist angegeben (n=5).

gen an Schwefeldioxid aufnehmen. Dies war umso mehr zweifelhaft, als der sommerliche Gaswechsel der Buchenblätter gerade zu einer Jahreszeit erfolgt, in der die Belastung der Atmosphäre mit Schwefeldioxid erheblich unter der herbstlichen bzw. winterlichen Belastung liegt (Tab. I).

Der Gesamtschwefelgehalt der Buchenblätter der verschiedenen Standorte ist in Abb. 1 dargestellt. Vergleicht man die Daten dieser Abbildung mit der sommerlichen Schwefeldioxidbelastung der Bäume (Tab. I), so ist ein klarer Zusammenhang zwischen den Luft- und den Blattschwefelgehalten festzustellen. Der Gehalt an Gesamtschwefel in den Blättern steigt mit zunehmender $SO_2$-Belastung an. Eine exakt lineare Korrelation ist hier allerdings nicht zu erwarten, da - wie oben schon erwähnt - genaue Schadgasmessungen der Luft nicht direkt an allen Standorten durchgeführt wurden, so daß zum Vergleich Daten benachbarter Meßstationen herangezogen werden mußten (vgl. Tab. I). Hinzu kommt, daß von den Blättern aufgenommener Schwefel nicht zwangsläufig im Blatt verbleibt, sondern auch in andere Organe verlagert werden kann (Rennenberg 1984).

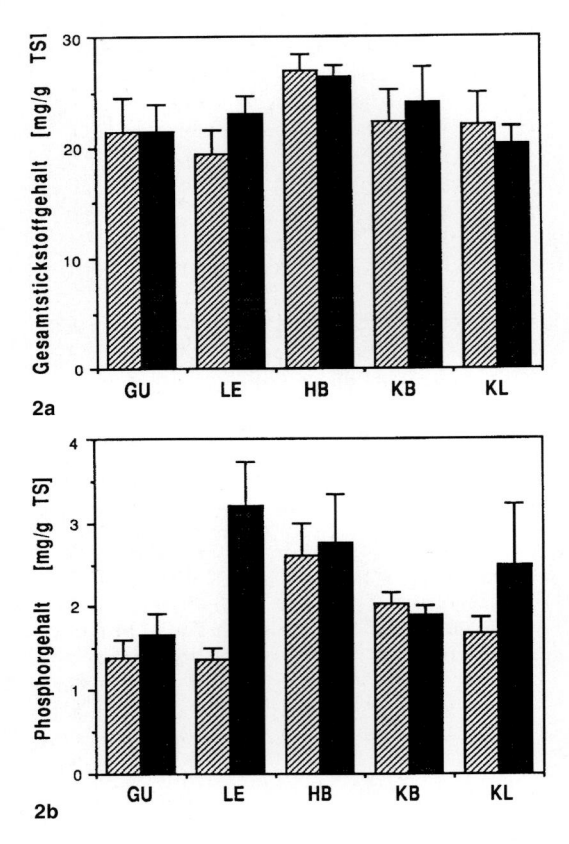

**Abb. 2.** Gesamtstickstoff- (2a) und Phosphorgehalte (2b) von Buchenblättern verschiedener Standorte. Nähere Erläuterung siehe Legende der Abb. 1.

Die Abb. 1 zeigt, daß die Blattspiegelwerte während der ersten Meßperiode (Juli) im wenig belasteten Guttenberger Wald bei Würzburg, am Standort Ledec, sowie bei Haj/Keilberg) um 1,5 mg S/g TS lagen. An den anderen Standorten waren die Schwefelgehalte mit Werten um 2 mg S/g TS schon im Juli deutlich höher. Die Gesamtschwefelgehalte der Blätter erzgebirgischer Buchen nahmen im Jahreslauf noch zu und erreichten im September mit 2,7 (max. 2,93) mg S/g TS im Raum Kliny ihre höchsten Werte. Allein bei Horni Blatna zeigte der S-Gehalt der Buchenblätter ein gegenläufiges Verhalten. Die Bedeutung der Zunahme des Gesamtschwefels in belasteten Blättern wird durch die Tatsache untermauert, daß sich die S-Gehalte unbelasteter Buchen im jahreszeitlichen Verlauf als recht konstant erwiesen (nicht dargestellt). Die Beobachtung eines direkten Zusammenhanges zwischen der Schwefeldioxidbelastung der Luft und dem Schwefelgehalt der Blätter ist für die immergrünen Koniferen bereits mehrfach beschrieben (Guderian 1970, Materna 1981b, Gasch et al. 1988, Dittrich et al. 1991, Pfanz und Beyschlag 1991).

### Die Blattspiegelwerte weiterer Makro-Nährelemente

Die Gesamt-Stickstoffgehalte des Buchenlaubes schwankten mit Werten um 19-27 mg N/g TS sowohl zwischen den Standorten, als auch im Jahreslauf ohne erkennbare Tendenz (Abb. 2a). Eine deutliche Verminderung des Gesamtstickstoffes im Jahreslauf um über 40 % fanden Le Tacon und Toutain (1973). Diese Autoren legen die Mangelgrenze für Stickstoff - auf optimale Wuchsleistung bezogen - bei Blättern von Altbuchen auf Werte zwischen 21,7 und 34,5 mg N/g TS fest (vgl. auch Bergmann 1988). Somit lagen die Buchen der meisten von uns untersuchten Standorte gerade an dieser Mangelgrenze (Ausnahme Horni Blatna; vgl. Abb 2a).

Der Phosphorgehalt der Blätter zeigte demgegenüber deutliche Unterschiede zwischen den einzelnen Standorten, wobei die Buchen im Guttenberger Wald und am Keilberg mit Werten um 1,4-2,0 mg P/g TS die geringsten, die Buchen der übrigen Standorte mit 2,5-3,2 mg P/g TS höhere Herbstwerte aufwiesen (Abb 2b). In der Literatur werden Buchenblätter mit P-Gehalten zwischen 1,6 und 2,4 mg P/g TS als mangelfrei erachtet (Rzeznik und Nebe 1987, Bergmann 1988). Auch diese Werte sind auf optimales Wachstum der Bäume bezogen. Die Buchen bei Haj/Keilberg und im Guttenberger Wald lagen somit in der Nähe dieser Mangelgrenze.

Der Gehalt an Kohlenstoff war mit etwa 49 % der Trockenmasse sowohl bei jungen Blättern (Juli), als auch bei älteren Blättern (September) an allen Standorten annähernd gleich groß (nicht dargestellt).

### Blattspiegelwerte wichtiger Kationen

Vergleicht man die Magnesiumgehalte der Buchenblätter, so zeigte sich, daß die höchsten Gehalte mit über 2 mg Mg/g TS bei den Buchen der basenreichen Böden um Würzburg gefunden wurden Werten der Kontrollstandorte nicht sehr hoch waren, so lagen sie doch deutlich über der von Powers (1976) mit 0,8 mg/g TS gesetzten Mangelgrenze für dieses Kation. Nach Bergmann (1988) hingegen sind für Buchenblätter erst Magnesiumgehalte von 1,5 bis 3,0 mg /g TS als ausreichend für optimales Wachstum anzusehen (vgl. auch Flückiger und Braun 1989). Die Magnesiumversorgung der Standorte Haj/Keilberg und Kliny ist nach Bergmann daher als leicht mangelhaft anzusehen. Zur Frage nach den optimalen Gehalten und der Bedeutung dieser Werte für die Leistungsfähigkeit des Stoffwechsels siehe Lange et al. (1987) und Pfanz und Beyschlag (1991).

Im Gegensatz zur Magnesiumversorgung scheinen die Bäume aller untersuchten Standorte einheitlich schlecht mit Kalium versorgt zu sein. Die Blattspiegelwerte zeigten kaum standortsspezifische Unterschiede (Abb. 3b). Die gemessenen Gehalte lagen sowohl im Juli, als auch im September zwischen 4,3 und 6,7 mg K/g TS und damit unterhalb der mit 7-11 (-15) mg K/ g TS festgesetzten Mangelgrenze (Le Tacon und Toutain 1973, Bergmann 1988). Typische, optisch erkennbare Kaliummangelerscheinungen der Buchenblätter wurden jedoch an keinem Standort mit Sicherheit beobachtet.

Auch für das dritte wichtige Kation, das Kalzium, ist die Versorgungssituation offensichtlich kritisch. Vergleicht man die Blattspiegelwerte der Buchen der tschechischen Standorte mit den von Bergmann (1988) als ausreichend bezeichneten Mindestgehalten von 3-15 mg Ca/g TS, bzw. mit der Mangelgrenze von 6 mg Ca/g TS (Rzeznik und Nebe 1987), so scheint auch hier eine latente Mangelsituation vorzuliegen (Abb. 3c). Allein der Buchen-Kontrollstandort auf basenreichem Untergrund war mit 10-13 mg Ca /g TS ganzjährig ausreichend mit diesem zweiwertigen Kation versorgt.

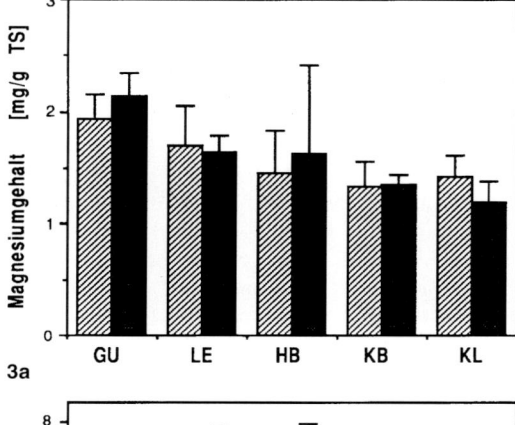

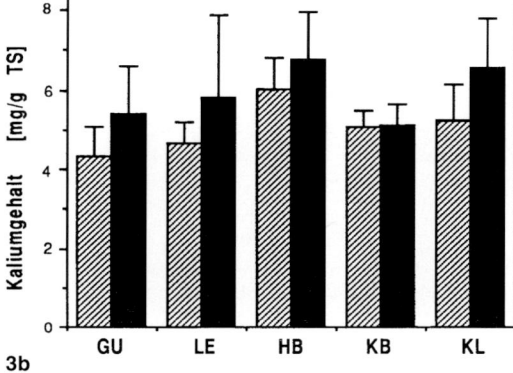

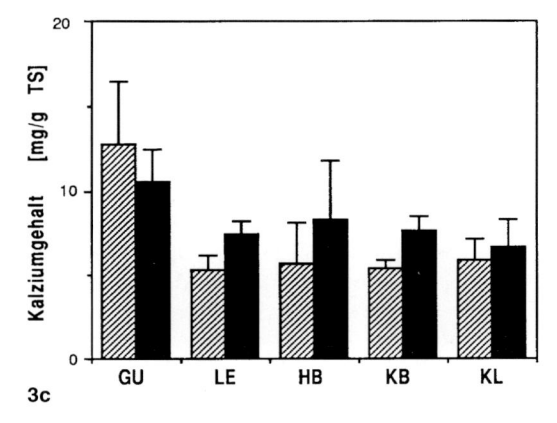

**Abb. 3.** Blattspiegelwerte von Magnesium (3a), Kalium (3b) und Kalzium (3c) von Buchenblättern verschiedener Standorte. Nähere Erläuterung siehe Legende der Abb. 1.

## Schwermetalle und Aluminium

Die Blattgehalte für Blei stiegen von 0,6 µg Pb g$^{-1}$ TS im Frühsommer auf Werte von 1,1-1,9 µg Pb g$^{-1}$ TS an (Abb. 4a). Spitzenwerte wurden am Keilberg und in Ledec gemessen. Bei der Betrachtung von Cadmium fallen die Unterschiede in den Blattgehalten deutlich geringer aus (Abb. 4b). Hier wurden in Guttenberg im Frühherbst Gehalte um 0,1

den (vgl. Abb. 3a). Niedrigere Gehalte wurden in Buchenblättern der basenarmen Erzgebirgs-Standorte (um 1,5 mg Mg/g TS) gefunden. Wenngleich die erzgebirgischen Mg-Blattspiegel verglichen mit

(Horni Blatna, 0,4 µg Cd g$^{-1}$ TS). Die Größenordnung, in der Blei oder Cadmium im Pflanzenmaterial gefunden werden, liegt zwischen 2 und 10 µg g$^{-1}$ TS für Blei und 0,1 - 0,2 µg g$^{-1}$ TS für Cadmium, wobei in der Nähe von Städten oder an Straßenrändern Extremwerte von 1 µg Cd g$^{-1}$ TS und 350 µg Pb g$^{-1}$ TS erreicht werden können (Flückiger und Braun 1989, Pescoller und Albert 1989). Die in den Buchenblättern aller untersuchten Standorte gemessenen Schwermetallgehalte reihen sich somit in die als mitteleuropäische Normalbelastung angegebenen Werte ein.

Die Al-Gehalte der Blätter waren mit Werten um 40-60 µg Al g$^{-1}$ TS im Frühsommer an allen untersuchten Standorten annähernd gleich groß; nur in Kliny wurden höhere Werte erreicht (um 70-110 µg Al g$^{-1}$ TS). Im September wurden in Kliny Extremwerte von bis zu 290 µg Al g$^{-1}$ TS gemessen (Abb. 4c). Nach Rzeznik und Nebe (1987) werden Al-Gehalte im Bereich von 73-144 µg g$^{-1}$ TS als nicht toxisch erachtet.

Als prinzipielle Tendenz zeigte sich an allen Standorten eine Anreicherung von Kationen in den Blättern im Laufe des Jahres. Dies traf neben Al und Pb vor allem für die Elemente Zink, Mangan, Titan und Eisen zu; allein bei Cadmium, Nickel und Kupfer war die Anreicherung weniger stark ausgeprägt (nicht dargestellt).

## Photosynthesemessungen

### Lichtausnutzungseffizienz

Die Lichtausnutzungseffizienz ($\alpha$; auf einfallende Strahlung bezogen) ist die Steigung des linearen Astes der Lichtfluß-Effektkurven der apparenten Photosynthese. Sie ist ein Maß für die Fähigkeit des Photosyntheseapparates, das eingestrahlte Licht effektiv in photosynthetische Leistung umzusetzen. Veränderungen von $\alpha$ lassen auf Schäden an der Elektronentransportkette des Thylakoidsystems schließen. Abb. 5 gibt die am jeweiligen Standort bestimmten »apparenten Quantenausbeuten« von Buchenblättern wieder. Sowohl bei den im Juli gemessenen Werten, als auch bei den in der zweiten Messung bestimmten Herbstwerten sind keine signifikanten Unterschiede der Lichtausnutzungseffizienz zwischen den Standorten zu erkennen.

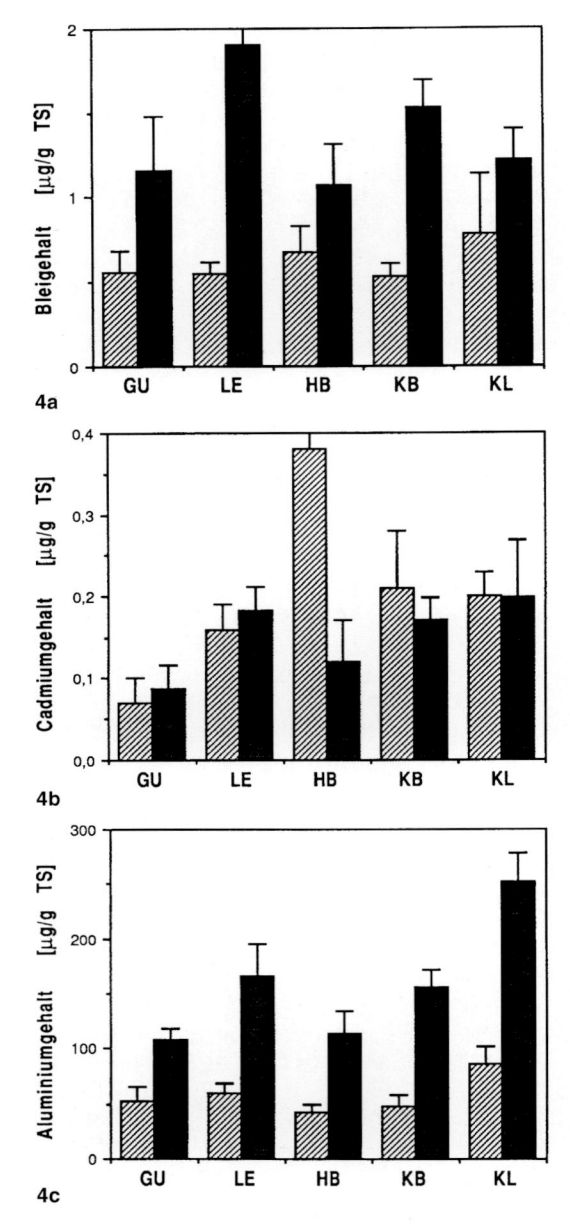

**Abb. 4.** Blei- (4a), Cadmium- (4b) und Aluminiumgehalte (4c) von Buchenblättern verschiedener Standorte. Nähere Erläuterung siehe Legende der Abb. 1.

µg Cd g$^{-1}$ TS erreicht. Die Blattgehalte der erzgebirgischen Standorte lagen zur gleichen Zeit um 0,2 µg Cd g$^{-1}$ TS. Ein extrem hoher Wert (wenngleich im Herbst nicht reproduzierbar) wurde in Buchenblättern im West-Erzgebirge gemessen

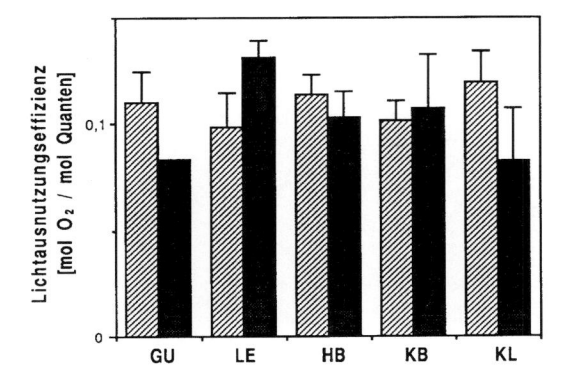

**Abb. 5.** Lichtausnutzungseffizienz von Buchenblättern verschiedener Standorte. Die Werte der Lichtausnutzungseffizienz sind auf einfallende Strahlung bezogen. Nähere Erläuterung siehe Legende der Abb. 1.

### Die Photosynthesekapazität

Die Bestimmung der Photosynthesekapazitäten (PSK) der Buchenblätter unterschiedlich belasteter Waldstandorte ist in den Abbildungen 6a-e dargestellt. Aufgetragen sind hier die Photosynthesekapazitäten ausgestanzter Blattscheiben [$\mu$mol $O_2$ m$^{-2}$ · s$^{-1}$] gegen das Blattfrischgewicht pro einheitlicher projizierter Blattfläche [g FM 10 cm$^{-2}$]. Diese Art der Auftragung wurde gewählt, da die maximalen Photosyntheseraten von Licht- und Schattenblättern der Buchen sehr stark differieren. Die Unterschiede in den Photosyntheseraten von Licht- und Schattenblättern sind bei Blattflächen- oder Chlorophyllbezug am größten, jedoch auch bei Frisch- oder Trockengewichtsbezug noch sehr deutlich (Lichtenthaler 1985, Lichtenthaler et al. 1981). Um diesem Verhalten Rechnung zu tragen, wurden pro Standort mehrere Buchen (meist 5-10) ausgewählt und die Photosynthesekapazität der Laubblätter möglichst vieler unterschiedlicher Gewichts- bzw. Lichtklassen der Blätter bestimmt.

Die Abbildung 6 stellt daher die maximalen Photosynthesekapazitäten der Blätter als Funktion ihres »Lichtcharakters« bzw. ihrer »Lichtadaptation« dar. Im linken Teil der Abszisse der Abb. 6a-e befinden sich somit jeweils die schatten-adaptierten Buchenblätter (Werte unter 0,11 g Frischmasse pro 10 cm$^2$ Blattfläche) und im rechten Teil die sonnen-adaptierten Laubblätter (Werte größer als 0,16 g FM 10 cm$^{-2}$ Blattfläche). Zwischen diesen Bereichen befinden sich Sonnen- und Schattenblattübergänge. Durch die Punkte der maximalen Photosynthesekapazitäten wurde eine Regressionsgerade gelegt. Die Steigung dieser Geraden (Steigungsskoeffizient $\beta$ in [nmol $O_2$ g$^{-1}$ FM s$^{-1}$]) wurde als ein Maß für die photosynthetische Leistung einer »gemittelten« Buchenkrone an dem jeweiligen Standort definiert. Diese Steigung - die eigentlich eine Rate darstellt - integriert das unterschiedliche Photosyntheseverhalten der Licht- und Schattenblätter einer Baumkrone.

Die Abbildungen zeigen, wie erwartet, die wesentlich höheren maximalen Photosyntheseraten der Buchenblätter mit Sonnenblattcharakter gegenüber denen mit Schattenblattcharakter. Man erkennt, daß der Steigungskoeffizient der maximalen Photosynthesekapazitäten an allen Standorten zum Herbst hin deutlich abnimmt (Abb. 6a-e). Die Abnahme der Steigung kann durch die früher eintretende Seneszenz von Lichtblättern gegenüber Schattenblättern erklärt werden. Bei Messungen des Seneszenzverhaltens von Buchenblättern unbelasteter Kontrollstandorte zeigte sich die Verminderung der Photosynthesekapazitäten und des Chlorophyllgehaltes bei Sonnenblättern wesentlich früher als bei Schattenblättern (nicht dargestellt).

Im Standortvergleich ist dieser Steigungskoeffizient unterschiedlich groß (Abb. 6). Im September wurden die höchsten Werte mit 330 nmol $O_2$ g$^{-1}$ Frischmasse s$^{-1}$ von Buchen des Kontrollstandortes »Guttenberger Wald« erreicht; doch auch bei den schattenadaptierten Jungbuchen des Standortes Horni Blatna waren die Steigungskoeffizienten mit 295 nmol $O_2$ g$^{-1}$ FM s$^{-1}$ noch sehr hoch. Die Standorte Ledec (220 nmol $O_2$ g$^{-1}$ FM s$^{-1}$) und Haj/Keilberg (215 nmol $O_2$ g$^{-1}$ FM s$^{-1}$) zeigten niedrigere Raten. Die geringsten Werte wiesen die Buchen bei Kliny (200 nmol $O_2$ g$^{-1}$ FM s$^{-1}$) auf. Die standortsspezifischen Unterschiede zwischen Steigungskoeffizienten der Photosynthesekapazitäten bleiben erhalten, wenn die Photosynthesekapazitäten anstelle des Blattfrischgewichtes (wie in Abb. 6), gegen das Trockengewicht der Blätter pro einheitlicher Fläche aufgetragen werden (nicht dargestellt; vgl. dazu auch Lichtenthaler et al., 1981). Die Auftragung der Photosynthesekapazitäten aus Abb. 6 gegen den Chlorophyllgehalt pro einheitlicher Blattfläche erbrachte wegen der sehr großen Streuung der Daten keine weiterführenden Erkenntnisse.

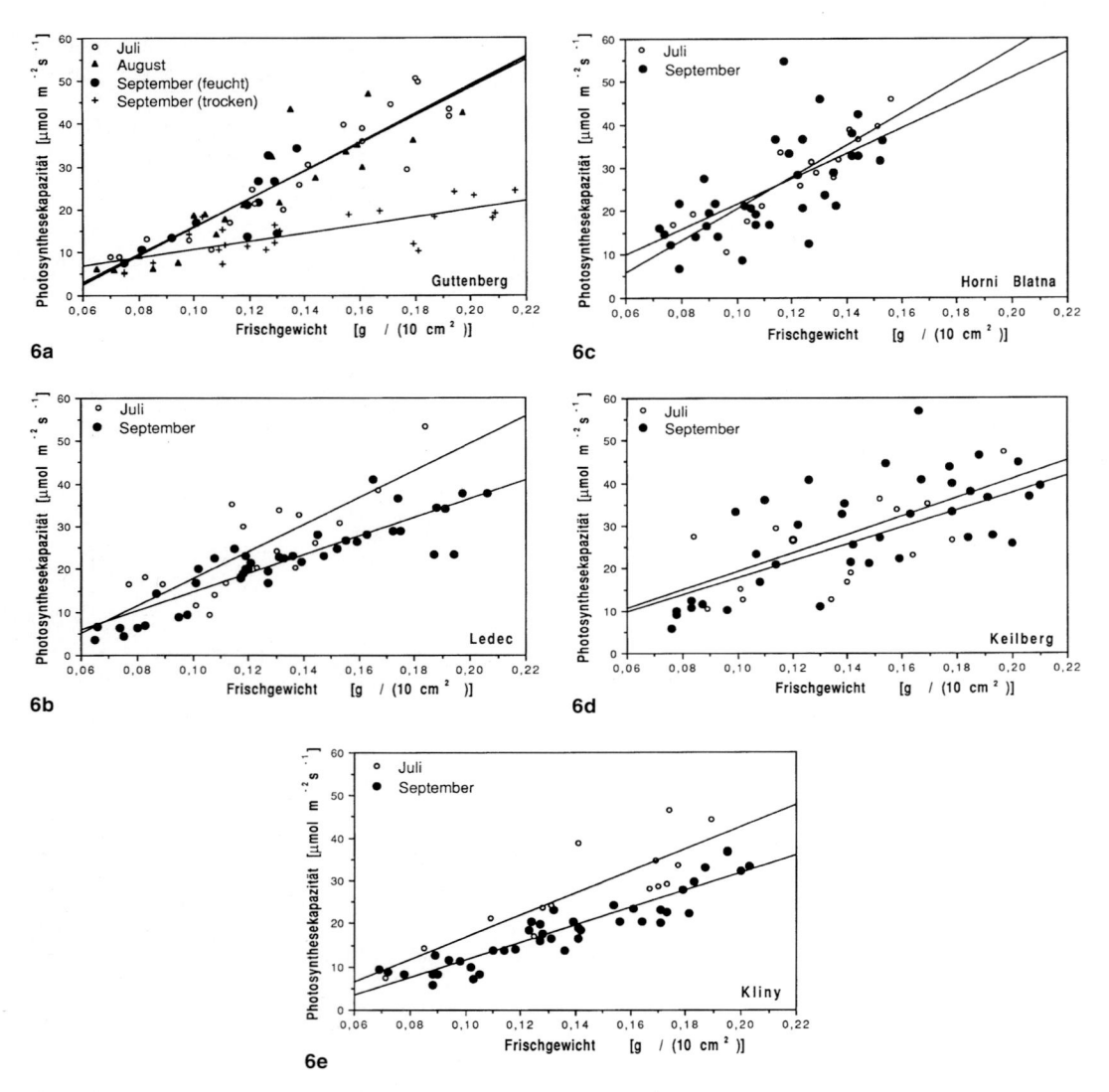

**Abb. 6:** Photosynthesekapazitäten ausgestanzter Buchenblattscheiben unterschiedlich $SO_2$-belasteter Standorte. Die Photosyntheseraten sind gegen das spezifische Blattfrischgewicht (in g FM 10cm$^{-2}$) aufgetragen. (6a) = Guttenberger Wald; (6b) = Ledec; (6c) = Horni Blatna; (6d) = Keilberg/Haj; (6e) = Kliny.

Einen dramatischen Einbruch in der Photosyntheseleistung der unterschiedlichen Lichtklassen der Blätter (und somit im Steigungskoeffizienten β) zeigten Bäume an einigen Kleinstandorten des Guttenberger Waldes (Abb. 6a; vergleiche flache Kurve mit der oberen, steileren Kurvenschar). Hier konnten wegen der wochenlangen Trockenperiode und des damit einhergehenden akuten Wassermangels der Bäume (die Blätter waren in typischer Weise eingerollt, aber noch grün) nur noch erheblich reduzierte Photosyntheseleistungen gemessen werden. An anderen, besser wasserversorgten Standorten des gleichen Waldes zeigten die Buchen keinen derartigen Einbruch der Photosynthese. Hier waren die erzielten Steigungskoeffizienten mit denen der Vormonate nahezu identisch (Juli: 334 nmol $O_2$ g$^{-1}$ FM s$^{-1}$, August: 326 nmol $O_2$ g$^{-1}$ FM s$^{-1}$, Sept: 330 nmol $O_2$ g$^{-1}$ FM s$^{-1}$; Abb. 6a, obere Kurven).

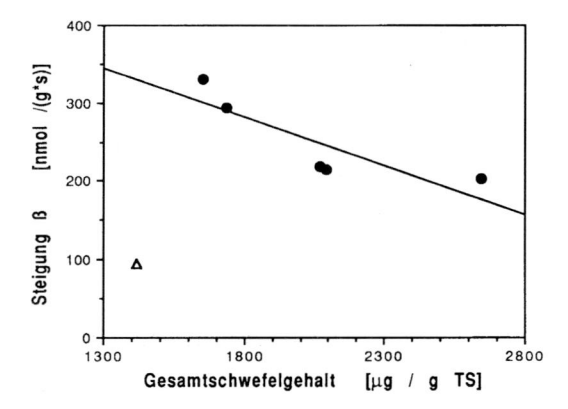

**Abb. 7.** Steigungskoeffizienten (β) der Photosynthesekapazitäten von Buchenblättern unterschiedlich SO$_2$-belasteter Standorte in Abhängigkeit der Gesamtschwefelgehalte von Parallelproben derselben Bäume. Der Korrelationskoeffizient der Geraden beträgt 0,79. Der mit Δ gekennzeichnete Punkt steht für den Steigungskoeffizienten wasser-gestreßter Buchen am Standort Guttenberger Wald (vgl. Abb. 6a).

Die Abbildung 7 gibt den Versuch einer Korrelation zwischen dem Gesamtschwefelgehalt der Blätter und den dazugehörenden Steigungskoeffizienten der maximalen Photosyntheseraten der Bäume wieder.

Wie aus Abb. 1 und 6 ersichtlich, ergibt sich ein deutlicher Zusammenhang zwischen dem Anstieg (β) der Photosynthesekapazitäten und der Belastung der Blätter mit Schwefel. Die Werte sind dabei am Standort Kliny am geringsten, am Kontrollstandort bei Würzburg am höchsten. Die Korrelation war im September sehr deutlich (Korrelationskoeffizient: 0,79), im Juli jedoch noch kaum ausgeprägt (nicht dargestellt). Dies spiegelt offensichtlich die längere Expositionszeit der Buchenblätter im Herbst wider. Der weit unterhalb der Regressionsgeraden liegende Wert (siehe Dreieck in Abb. 7) zeigt den Steigungskoeffizienten von PSK-Kurven wassergestresster Buchen (vgl. Abb. 6a). Dieser Wert ist naturgemäß »Schwefelunabhängig« und liegt daher nicht auf der Regressionsgeraden.

Gute Korrelationen zwischen der Abnahme der Steigungskoeffizienten der maximalen Photosynthesekapazitäten und den Blattgehalten verschiedener anderer Elemente wurden auch für Aluminium, Cadmium und Blei erhalten (nicht dargestellt).

## Hinweise für den Einfluß von Schwefeldioxid: Die potentielle Versauerung der Laubblätter

Wenn Schwefeldioxid über die Spaltöffnungen in Blätter diffundiert ist, werden nach (1)

(1) $\quad SO_2 + H_2O \leftrightarrow SO_2\text{-}H_2O \leftrightarrow H^+ + HSO_3^-$
$\leftrightarrow 2H^+ + SO_3^{2-} \rightarrow 2H^+ + SO_4^{2-}$

intrazellulär letztendlich zwei Protonen pro aufgenommenem Molekül Schwefeldioxid freigesetzt (vgl. Pfanz et al. 1987, Pranz und Oppmann 1991, Dittrich et al. 1992). Die Freisetzung von Protonen erfolgt hauptsächlich in den Chloroplasten und im Cytosol und führt zu einer Ansäuerung der neutral-alkalischen Zellkompartimente. Die Azidifizierung der Organellen kann die Hemmung photosynthetischer Enzymreaktionen bewirken, wenn die pH-stat-Mechanismen den Überschuß an Protonen nicht schnell genug kompensieren können (Woodrow et al. 1984, Pfanz und Heber 1986, 1989, Yin et al. 1991). Die Abb. 8a zeigt, daß tatsächlich bei steigender SO$_2$-Belastung auch der Sulfatgehalt der Blätter zunimmt.

Die Entgiftung der toxischen Schwefelspezies und die Neutralisation der parallel eingebrachten Protonen (vgl. Gleichung (1)) ist für das Überleben der Blätter von besonderer Bedeutung. Es ist also vor allem eine Frage der zellulären Puffer- und Abwehrmechanismen, wann es zur Manifestierung von Schäden kommt. Einer intrazellulären Ansäuerung durch SO$_2$ kann die Pflanze in verschiedener Weise gegenübertreten. Die wichtigsten Mechanismen dabei sind

(i) der Abbau von organischen Säuren (z. B. Malat),
(ii) die Reduktion von Nitrat,
(iii) die Reduktion von Sulfit und Sulfat, sowie
(iv) der Protonen/Kationen-Antiport an der Wurzel.

(i) Eine Möglichkeit, überschüssige Protonen schnell zu kompensieren, ist der Abbau von vorhandener organischer Säure (oder die Bildung von Base; Davies, 1973, Raven 1986, 1988). In den vorliegenden Untersuchungen nahmen die Malatkonzentrationen der Blätter tendenziell mit der Stärke der SO$_2$-Belastung der Standorte ab (Abb. 8a). Die absoluten Gehalte der Buchenblätter stiegen zwar im Laufe des Jahres an allen Standorten an (vgl. Pescoller und Albert, 1989), jedoch zeigte sich die prinzipielle Tendenz zu geringeren Malatgehalten der Blätter bei erhöhter $SO_2$-Belastung auch noch im Herbst. Wir haben allerdings auch Hinweise auf unterschiedliche Gehalte an Malat (und Nitrat) in Blättern von Buchen, die keinem offensichtlichen Säurestress ausgesetzt waren.

(ii) Auch durch Reduktion von Nitrat (oder Nitrit) gemäß

$$NO_3^- + 3H_2O \to NH_4^+ + 2O_2 + 2OH^-$$

kann wegen der Produktion von Hydroxylionen einer- $SO_2$-bedingten pH-Absenkung im Cytosol (aber auch im Chloroplasten) prinzipiell entgegengewirkt werden (Heber et al. 1987, Raven 1988). Eine Nutzung dieses Nitrat-reduzierenden Weges zur pH-Kontrolle wäre an der Reduktion des Nitratgehaltes der Buchenblätter zu erkennen. Abb. 8b zeigt, daß eine Verminderung des Nitratgehaltes der Blätter, der $SO_2$-Belastung der Bäume folgend, tatsächlich meßbar war (doch vgl. das über Malat Gesagte).

(iii) Doch auch Sulfat selbst kann durch Reduktion im Chloroplasten entgiftet werden (Rennenberg 1984, Heber et al. 1987, Dittrich et al. 1991). Der hierbei entstehende organische Schwefel beinhaltet in der Hauptsache Protein (Kelly und Lambert 1972), sowie die schwefelhaltigen Aminosäuren Cystein, Methionin und das Glutathion (Rennenberg 1984). Wenn der reduzierte Schwefel dabei als Schwefelwasserstoff ($H_2S$) an die Atmosphäre abgegeben wird, trägt dies zusätzlich zur Entspannung der Protonenbelastung bei. Am Verhältnis von in der Pflanze verbliebenem, reduziertem (»organischem«) Schwefel zu oxidiertem (»anorganischem«) Schwefel kann die reduktive Entgiftung von Schwefeldioxid abgeschätzt werden. Die Schwefel-Fraktionskoeffizienten Q ($Q = S_{org}/S_{anorg}$) von Buchenblättern unserer Meßstandorte wurden gegen die Menge an Gesamtschwefel der Blätter aufgetragen (Abb. 9). Man erkennt, daß die meisten Q-Werte oberhalb, wenige unterhalb des sog. Äquivalenzbereiches (Menge an organischem Schwefel gleich Menge an anorganischem Schwefel, Q ist daher gleich 1; vgl. Gasch et al. 1988) liegen. Die unterschiedlichen Symbole in Abb. 9 erlauben eine Zuordnung der Werte zu den verschiedenen Waldstandorten. Die Q-Werte der Blattproben der Kontrollstandorte (GU, LE) lagen sowohl im Frühsommer, als auch im Herbst zwischen 3 und 25 und damit immer deutlich über dem Äquivalenzwert. Bei der Betrachtung der

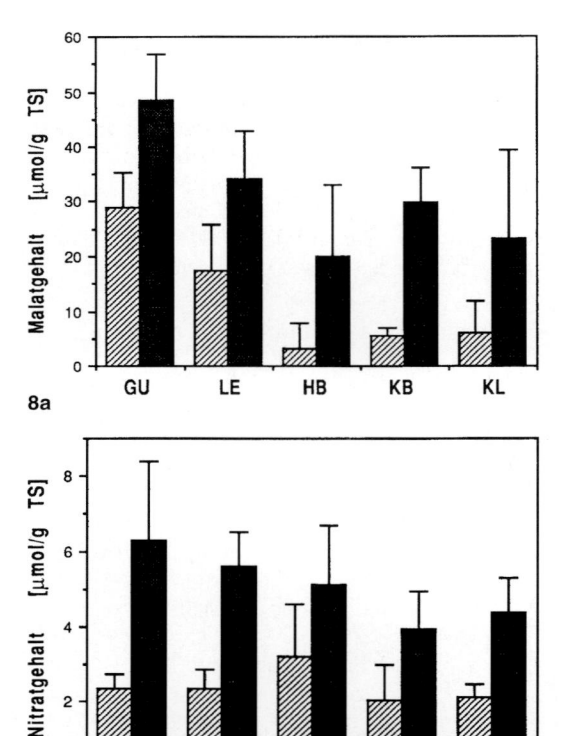

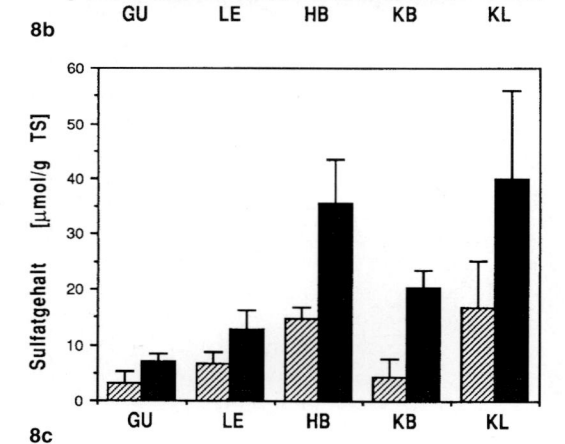

**Abb. 8.** Anionengehalte von Buchenblättern unterschiedlich belasteter Waldstandorte. (8a) = Malatgehalt, (8b) = Nitratgehalt, (8c) = Sulfatgehalt. Zur Analyse wurden nur Blätter der Gewichtsklasse 0,11-0,16 g FM 10cm$^{-2}$ verwandt. Nähere Erläuterungen siehe Abb. 1.

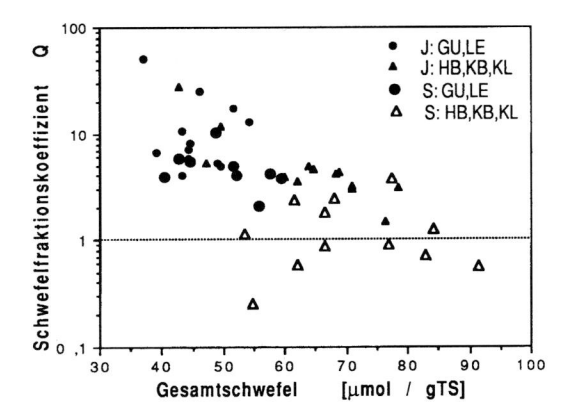

**Abb. 9.** Schwefel-Fraktionskoeffizient ($S_{org}/S_{anorg}$) von Buchenblättern unterschiedlich $SO_2$-belasteter Standorte. Die Angaben sind auf die Trockensubstanz der Laubblätter bezogen und wurden an Buchen der in Tab. 1 vorgestellten Standorte gewonnen. J = Ernte der Blätter im Juli; S = Ernte der Blätter im September. Zur Analyse wurden nur Blätter der Gewichtsklasse 0,11-1,16 g FM 10cm$^{-2}$ verwandt. Nähere Erläuterungen siehe Abb. 1.

Daten der erzgebirgischen Standorte (HB, KB, KL) zeigt sich, daß diese im Frühsommer noch klar oberhalb, im September aber zum Teil deutlich unterhalb des Äquivalenzbereiches lagen. Nach Linzon (1978), Keller und Jäger (1980) und Jäger et al. (1986) ist die Dominanz des anorganischen Schwefels (bei Q-Werten unterhalb 1) als starkes Indiz auf $SO_2$-Einwirkung zu werten (vgl. Gasch et al. 1988).

(iv) Eine weitere Möglichkeit, den Überschuß an Protonen zu neutralisieren, liegt im biophysikalischen pH-stat-Mechanismus. Nach Kaupenjohann et al. (1988) besitzen Bäume die Fähigkeit, Protonen über einen Kationen-Antiport (z. B. $2H^+/Ca^{2+}$ etc.) im Wurzelraum mit dem Bodenwasser auszutauschen. Indirekte Hinweise für einen derartigen Mechanismus im Freiland beschreiben Pfanz und Beyschlag (1991), Dittrich et al. (1991), sowie Slovik et al. (1992). Bei den untersuchten Bäumen war außer einer leichten Zunahme des Kalziumgehaltes keine größere, mengenmäßig relevante Akkumulation wichtiger Kationen meßbar. Die geringe Verfügbarkeit von Kationen in den Böden des Erzgebirges (vgl. Lochman 1986 und Fiedler 1991) scheint die effektive Nutzung dieses pH-stat-Mechanismus zu behindern.

## 4. Schlußfolgerungen

Die Frage nach den möglichen Ursachen der Schädigung von Buchen im Erzgebirge läßt sich auf Grund unserer Daten mit einer Reihe von Indizien beantworten. Klar ist die Tatsache, daß die Buchen auf der Hochebene des Erzgebirges auch während der sommerlichen Vegetationsperiode einer erhöhten $SO_2$-Belastung ausgesetzt sind. Die erhöhte Belastung spiegelt sich deutlich in den akkumulierten Schwefelmengen der Laubblätter wider. Parallel zu der Erhöhung des Gesamtschwefelgehaltes steigt auch die Fraktion des oxidierten Sulfatschwefels (und damit auch die Protonenkonzentration) im Blatt an. Unter optimalen Ernährungsbedingungen, also abhängig von einem ausreichenden Nährstoffangebot (vor allem an Kationen) im Boden, kann eine Erhöhung des Schwefelgehaltes und eine damit einhergehende potentielle Ansäuerung in den Blättern toleriert und kompensiert werden. Die angespannte Versorgungslage der erzgebirgischen Böden mit den wichtigen Kationen Mg, Ca, K schränkt dies jedoch stark ein.

Hinweise für die Nutzung biochemischer pH-stat-Mechanismen in den Buchenblättern wurden gefunden. So zeigte sich eine Abnahme des Malat-, sowie des Nitratgehaltes der Blätter an den Standorten erhöhter $SO_2$-Belastung. Desweiteren wurde eine Verschiebung des Verhältnisses von organischem ($S_{org}$) zu anorganischem Schwefel ($S_{anorg}$) in den Buchenblättern belasteter Standorte zu Gunsten von Sulfat beobachtet: Der Schwefelfraktionswert ($Q = S_{org}/S_{anorg}$) war an Standorten ohne $SO_2$-Belastung hoch, an belasteten Standorten meist klein. Die Blätter waren ab einer bestimmten $SO_2$-Belastung offensichtlich nicht mehr in der Lage, das Überangebot an Schwefel reduktiv zu kompensieren und akkumulierten daher Sulfat. Eine Erniedrigung von Q auf Werte um 1 wird allgemein als starker Hinweis auf $SO_2$-Einfluß gewertet.

Schließlich erwies sich ein Parameter, der sog. Steigungskoeffizient β der Photosynthesekapazität, der Angaben über die unterschiedlichen Photosyntheseraten von Sonnen- und Schattenblättern einer Baumkrone macht, als mit der Schwefelbelastung der Bäume korreliert. Doch wurden ebenfalls gute Übereinstimmungen der Abnahme dieses Parameters mit dem Aluminium- und Cadmiumgehalt der Blätter erhalten. Auch darf in diesem Zusammenhang nicht vergessen werden, daß die Bäume der Erzgebirgs-Standorte, außer der Belastung mit Schwefeldioxid, einer Vielzahl anderer - in ihrer Konzentration und Toxizität häufig unbekannter - Luftschadstoffe (Ozon, Fluorwasserstoff) und organischer Verbindungen (Petrochemie um Most/Litvinov im Egertal) ausgesetzt sind. Über deren Beitrag zur Schädigung der Buchen kann jedoch nichts ausgesagt werden.

## Literatur

Anonymus. 1987. Znecisteni ovzdusi oxidem siricitym v CSSR, CHMU Praha, 1987.

Berki, I. 1991. Die Rolle des Nährstoffmangels bei dem Eichensterben in Nordungarn. In PBWU (ed.) Expertentagung Waldschadensforschung im östlichen Mitteleuropa und in Bayern. GSF Bericht 24/91, pp 267-283.

Balder, H. 1993. Absterbeerscheinungen an Eichen - Symptome und Verbreitung. Dieser Band, pp 33-44.

Bergmann, W. (Hrsg.). 1988. Ernährungstörungen bei Kulturpflanzen. Fischer Verlag, Stuttgart, New York.

Davies, D. D. 1973. Control of and by pH. Symp. Soc. Exp. Biol. 27: 513-529.

Dittrich, A. P. M., H. Pfanz & U. Heber. 1991. Oxidation and reduction of sulfite by chloroplasts and formation of sulfite addition compounds. Plant Physiol., 98: 738-744.

Dittrich, A. P. M., S. Slovik, U. Heber & W. M. Kaiser. 1991. Proton accumulation is mainly responsible for reduced viability of spruce growing in poor soils and exposed to $SO_2$. In. PBWU (ed.) Expertentagung Waldschadensforschung im östlichen Mitteleuropa und in Bayern. GSF Bericht 24/91, pp 418-422.

Donită, N. 1993. Forstökologische Untersuchungen über die Eichenerkrankungen in Rumänien. Dieser Band, pp 91-96.

Fiedler, H. J. 1991. Untersuchungen zu Azidität, Ionenbelegung und Mineralbestand der Waldböden im $SO_2$-Immissionsgebiet des Osterzgebirges. In. PBWU (ed.) Expertentagung Waldschadensforschung im östlichen Mitteleuropa und in Bayern. GSF Bericht 24/91, pp 56-70.

Flückiger W. & S. Braun. 1989. Waldschadensbericht. Untersuchungen in Buchenbeobachtungsflächen 1984-1988. Institut für Angewandte Pflanzenbiologie Schönenbuch, Schweiz.

Flückiger, W., S. Braun & S. Leonardi. 1989. Nährstoffentwicklung im Buchenlaub und Auswirkungen auf den Parasitenbefall. Allg. Forstz. 29/30: 772-775.

Führer, G. 1989. Photosyntheseverhalten, Transpiration und Spaltöffnungsregulation von Fichten (Picea abies) unter experimenteller Schadstoffbelastung in Expositionskamrnern. Dissertation Würzburg.

Gasch, G, L. Grünhage, H.-J. Jäger & K.-F. Wentzel. 1988. Das Verhältnis der Schwefelfraktionen in Fichtennadeln als Indikator für Immissionsbelastungen durch Schwefeldioxid. Angew. Bot. 62: 73-84.

Guderian, R. 1970. Untersuchungen über quantitative Beziehungen zwischen dem Schwefelgehalt van Pflanzen und dem Schwefeldioxidgehalt der Luft. Z. Pflanzenkrankh. Fflanzenschutz, 77: 200-220, 289-308, 389-399.

Hartmann, G. 1993. Eichensterben in Norddeutschland - Symptomatik und mögliche Ursachen. Dieser Band, pp 45-58.

Heber, U, A. Laisk, H. Pfanz & O. L. Lange. 1987. Wann ist $SO_2$ Nähr- und wann Schadstoff. Ein Beitrag zum Waldschadensproblem. All. Forstz. 26/27/28: 700-705.

Jäger, H.-J., H. J. Weigel & L. Grünhage. Physiologische und biochemische Aspekte der Wirkung von Immissionen auf Waldbäume. Eur. J. For. Pathol., 16: 98-109.

Jirgle, J, J. Kucera, J. Tichy & J. Materna. 1981. Problematika Krusnych hor. Zpravy Lesnickeho Vyzkumu c. 1: 6-16.

Kandler, O. 1985. Waldschäden - Theorie und Praxis auf der Suche nach Antworten. In: Immissions- versus Epidemie- Hypothesen. München Wien.

Kaupenjohann, M., B. U. Schneider, R. Hantschel, W. Zech & R. Horn. 1988. Sulfuric acid rain treatment of Picea abies (Karst. L.): Effects on nutrient solution, throughfall chemistry, and tree nutrition. Z. Pflanzenernähr. Bodenk., 151: 123-126.

Keller, Th. 1976. Auswirkungen niedriger $SO_2$-Konzentrationen auf junge Fichten. Schweiz. Z. Forstw., 127: 237-251.

Keller, Th. & H.-J. Jäger. 1980. Der Einfluß bodenbürtiger Sulfationen auf den Schwefelgehalt $SO_2$-begaster Assimilationsorgane von Waldbaumarten. Angew. Bot., 54:77-89.

Kelly, J. & M. J. Lambert. 1972. The relationship between sulphur and nitrogen in the foliage of Pinus radiata. Plant and Soil, 37: 395-407.

Krehan, H. 1991. Forstpathologische Untersuchungen im Rahmen des österreichischen Waldschaden-Beobachtungssystems. In PBWU (ed.) Expertentagung Waldschadensforschung im östlichen Mitteleuropa und in Bayern. GSF Bericht 24/91, 568-471.

Kubikova, J. 1989. Forest dieback in Czechoslovakia. In Sjögren E. (ed.) Forests of the world. Diversity and Dynamics. Studies in Plant ecology. Abstracts. Uppsala, pp 147-149.

Lange, O. L., H. Zellner, J. Gebel, P. Schramel, B. Köstner & F. C. Czygan. 1987. Photosynthetic capacity, chloroplast pigments, and mineral content of the previous year's spruce needles with and without the new flush: analysis of the forest-decline phenomenon of needle bleaching. Oecologia, 73: 351-357.

Langebartels, C, D. Ernst, W. Heller & H. Sandermann. 1991. Reactions of trees to air pollutants. In. Ecological approaches of environmental chambers. Proc. Debrecen, Ungarn, im Druck.

Le Tacon, F. & F. Toutain. 1973. Variations saisonnieres et stationelles de la teneur en elements mineraux des feuilles de hetre (*Fagus sylvatica*) dans l'est de la France. Ann. Sci. Forest., 30, pp 1-29.

Lichtenthaler, H. K. 1985. Differences in morphology and chemical composition of leaves grown at different light intensities and qualities. In Baker, N. R., Davies, W. J. (eds.) Control of leaf growth. SEB Seminar 27, Cambridge University Press, Cambridge, pp 201-221.

Lichtenthaler, K. H., C. Buschmann, M. Döll, H.-J. Fietz, T. Bach, U. Kozel, D. Meier & U. Rahmsdorf. 1981. Photosynthetic activity, chloroplast structure, and leaf characteristics of high-light and low-light plants and of sun and shade leaves. Photosynth. Res., 2: 115-141.

Linzon, S. N. 1978. Effects of airborne sulfur pollutants on plants. In. Nriagu, J. O. (ed). Sulfur in the environment, Part II. Ecological Impacts. Wiley & Sons, NY, pp 109-162.

Lochman, V. 1986. The contemporary state of forest soils in the Ore Mountains. Prace VULHM 68, 9-48 (in tschechisch).

Lufthygienische Monatsberichte 1991. Bayerisches Landesamt für Umweltschutz (Hrsg.), München.

Materna, J. 1981a. Vyziva krusnohorskych smrcin. Lesnictvi, 27(8): 689-698.

Materna, J. 1981b. Concentration of sulfur dioxide in the air and sulfur content in Norway spruce needles (*Picea abies* (L.) Karst.) Comm. Inst. Forest., 12: 137-146.

Materna, J. 1989. Air pollution and forestry in Czechoslovakia. Environ. Monit. Assess., 12: 227-235.

Matyssek, R., J. Cermak & J. Kucerna. 1991. Ursacheneingrenzung eines lokalen Buchensterbens mit einer Messmethode der Kronentranspiration. Schweiz. Z. Forstwes., 142(10): 809-828.

Matyssek, R., M. S. Günthardt-Goerg, Th. Keller & C. Scheidegger. 1991b. Impairment of gas exchange and structure in birch leaves (*Betula pendula*) caused by low ozone concentrations. Trees, 5: 5-13.

Motz, A, W. Bilger, W. M. Kaiser & O. L. Lange. 1990. Chlorophyll-Fluoreszenz, Photosynthesekapazität, Chorophyll- und Nährstoffgehalte der Blätter »ungeschädigter« und als »geschädigt« eingestufter Buchen (*Fagus sylvatica* L.) im Gebiet um Würzburg, Forstw. Cbl., 109: 40-54.

Pescoller, G. & R. Albert. 1989. Mineralstoffgehalt und Ionenmuster von Buchen im Wienerwald und anderen Waldbeständen Österreichs. Allg. Forstz., 29/30, 774-775.

Pfanz, H. & W. Beyschlag. 1991. Photosynthetic performance of Norway spruce in relation to the nutrient status of the needles. A study in the forests of the Ore Mountains. In. PBWU (ed.) Expertentagung Waldschadensforschung im östlichen Mitteleuropa und in Bayern. GSF Bericht 24/91, pp 523-527.

Pfanz, H. & U. Heber. 1986. Buffer capacities of leaves, leaf cells, and leaf cell organelles in relation to fluxes of potentially acidic gases. Plant Physiol., 81: 597-602.

Pfanz, H. & U. Heber. 1989. Determination of extra- and intracellular pH values in relation to the action of acidic gases on cells. In Linskens, H. F. & J. F. Jackson (eds.). Gases in plant and microbial cells. Mod. Meth. Plant Anal. NS 9, Springer Verlag, Berlin, Heidelberg, New York, pp 322-343.

Pfanz, H., E. Martinoia, O. L. Lange & U. Heber. 1987. Flux of $SO_2$ into leaf cells and cellular acidification by $SO_2$. Plant Physiol., 85: 928-933.

Pfanz, H. & B. Oppmann. 1991. The possible role of apoplastic peroxidases in detoxifying the air pollutant sulfur dioxide. In. Lobarzewski J., H. Greppin, C. Penel & Th. Gaspar. (eds.). Biochemical, molecular, and physiological aspects of plant peroxidases. Univ. M. Curie-Sklodowska/Univ. Geneva, Switzerland, pp 401-417.

Powers, R. F. 1976. Nutrient requirements of timber species: an overview. Proc. 5th. California Soil Fert. Conf., Sacramento, pp 7-16.

Raven, J. A. 1986. Biochemical disposal of excess $H^+$ in growing plants? New Phytol., 104: 175-206.

Raven, J. A. 1988. Acquisition of nitrogen by the shoots of land plants: its occurrence and implications for acid-base regulation. New Phytol., 109: 1-20.

Reich, P. B. & R. G. Amundson. 1985. Ambient levels of ozone reduce net photosynthesis in tree and crop species. Science, 230: 566-570.

Rennenberg, H. 1984. The fate of excess sulfur in higher plants. Annu. Rev. Plant Physiol., 35: 121-153.

Roloff, A. 1985. Schadstufen bei der Buche. Der Forst- und Holzwirt 40(5): 131-134.

Ronen, R. & M. Galun. 1984. Pigment extraction from lichens with dimethyl sulfoxide (DMSO) and estimation of chlorophyll degradation. Environ. Exp. Bot., 24(3): 239-245.

Rzeznik, Z. & W. Nebe. 1987. Wachstum und Ernährung von Buchen-Provenienzen. Beitr. Forstwirtschaft, 21:106-111.

Schramel, P. 1988. ICP and DCP spectrometry for trace element analysis in biomedical and environmental samples. Spectrochim. Acta, 43 B: 881-896.

Seemüller, E. 1993. Mykoplasmen-Erkrankungen an Laubbäumen im Wald. Dieser Band, pp 145-152.

Slovik, S., W. M. Kaiser, G. Kindermann & U. Heber. 1992. Mineralstoffversorgung und $SO_2$-Resistenz: Physiologische Zusammenhänge und ableitbare Immissionsgrenzen. Allg. Forstz. eingereicht.

Tichy, J. 1991. The status and development of forest ecosystems in North Bohemia. In. PBWU (ed.) Expertentagung Waldschadensforschung im östlichen Mitteleuropa und in Bayern. GSF Bericht 24/91, pp 23-28.

Varga, F. 1993. Epidemiologie und Ursachen der Eichenerkrankung in Ungarn. Dieser Band, pp 85-90.

Verein Deutscher Ingenieure (Hrsg.) 1978. VDI-Richtlinie 2310. Maximale Immissions-Werte zum Schutz der Vegetation. Maximale Immissions-Werte für Schwefeldioxid. VDI 2310, Blatt 2, Düsseldorf.

Waldschadensbericht 1991. Freistaat Bayern. Bayerisches Staatsministerium für Ernährung Landwirtschaft und Forsten und Bayerische Forstliche Versuchs- und Forschungsanstalt (Hrsg.) München.

Woodrow, I. E., D. J. Murphy & E. Latzko. 1984. Regulation of stromal sedoheptulose-1,7-bisphosphatase activity by pH and $Mg^{2+}$ concentration. J. Biol. Chem., 259: 3791-3795.

Wright, E. A. (1988): Some effects of low levels of sulphur dioxide and nitrogen dioxide on the control of water loss by *Betula* ssp. In Mathy, P. (ed.) Air pollution and ecosystems. Reidel, Dordrecht, pp 760-765.

Yin, Z. H., W. Schmidt & U. Heber. 1991. Influence of the air pollutants ($SO_2$, $NO_2$ and ozone) on cellular pH changes in leaves. In PBWU (ed.) Expertentagung Waldschadensforschung im östlichen Mitteleuropa und in Bayern. GSF-Bericht 24/91, pp 574-578.

# Diskussion

**Ziegler:** Niemand bezweifelt wohl, daß $SO_2$ einen Einfluß auf den Wald und die Bäume hat. Das weiß man seit über 100 Jahren. Es ist nur die Frage, welche Konzentrationen an einem gegebenen Standort einwirken. Kann man jedoch das $SO_2$ an einem Standort, an dem es nur in ganz niedrigen Konzentrationen auftritt, als mitwirkenden Faktor betrachten? Außerdem möchte ich darauf hinweisen, daß man vorsichtig sein muß, die von Ihnen gemessene maximale Photosynthesekapazität als Photosyntheseleistung am Standort anzusehen. Das wissen Sie natürlich. Aber wenn man die Kurven sieht, meint man, dies sei die Photosyntheseleistung. Tatsächlich haben wir gerade bei Luftverunreinigungen natürlich einen maßgeblichen Effekt auf die Diffusionskapazität, also auf die Spaltöffnungsreaktion. Dies geht in die tatsächliche Photosyntheseleistung ein. Man kann also eine potentiell maximale Photosynthese erniedrigen und trotzdem eine höhere reale Photosyntheseleistung haben.

**Pfanz:** Das ist richtig. Bei den Gaswechselvorgängen am natürlichen Standort spielen die Stomata eine Rolle. Bei den Prozessen, die wir gemessen haben, spielen die Stomata aus versuchstechnischen Gründen keine Rolle. Wir können damit allerdings den Finger in die Wunde legen und feststellen, wo es weh tut. Ist es der Elektronentransport, der möglicherweise inhibiert wird oder sind es andere Reaktionen? Diese Aussagen können wir machen.

**Zöttl:** Am interessantesten fand ich ihre Darstellung über die trockenen Standorte in Würzburg. Wir sollten das im Gedächtnis behalten. Das wird bei der weiteren Diskussion der Buchenerkrankungen sicherlich sehr hilfreich sein. Ich würde Sie weiterhin dazu ermuntern, an Standorten in einem wirklichen Reinluftgebiet, nämlich im Schwarzwald, zu untersuchen. Dort werden $SO_2$-Werte gemessen, die deutlich unter 10 µg/m³ liegen. Wenn Sie dort den Schwefelhaushalt und die Photosynthesezusammenhänge untersuchen, wäre es sicherlich sehr interessant, denn wir haben dort nach Sulfatdüngung eine erhebliche Aufnahme des verabreichten Sulfates in die Buchen festgestellt. Der Schwefel wurde in Proteine der Blätter eingebaut. Auch bei relativ hohen Sulfatgaben war der anorganische Sulfat-Gehalt nicht erhöht. Die Magnesiummangel-Buchen wiesen deutlich erniedrigten Chlorophyllgehalt auf.

**Pfanz:** Dazu möchte ich folgendes erläutern: Wir denken in zwei Schwefelformen. Der »gute« und der »böse« Schwefel. Der »gute« Schwefel wird über die Wurzel als Sulfat aufgenommen. Er bringt keine Protonen mit. Der »böse« Schwefel ist der $SO_2$-Schwefel von oben. Man kann schließlich nicht mehr unterscheiden, ob der Schwefel als »guter« oder als »böser« Schwefel ankam. Es geht nur darum, ob ein Protoneneintrag erfolgte oder nicht. Es wundert mich, daß Sie eine Erhöhung des Proteinschwefels im Blatt beobachten, wenn Sie sehr viel Sulfat düngen.

**Zöttl:** Ich schicke Ihnen eine Veröffentlichung von P. Ende dazu.

**Pfanz:** Das würde mich sehr interessieren. Wir sehen dieses Phänomen bei der Begasung eigentlich nie. Bei jungen Bäumen tritt es schon eher ein.

**Zöttl:** Ich möchte nur am Rande bemerken, daß auch der »böse« Luftschwefel nützlich sein kann, nachdem die $SO_2$-Emission stark reduziert wurde. In den USA ist bei Grasland, in Schleswig-Holstein bei Rapskulturen Schwefelmangel aufgetreten.

**Pfanz:** Sie haben vollkommen recht. Bei Schwefelmangel könnte man mit $SO_2$ ernähren.

**Kandler:** Ich möchte noch einmal das bestärken, was Herr Ziegler bereits sagte. Kein Mensch glaubt, daß Luftschadstoffe keine Wirkung auf Bäume haben. Gerade beim Vergleich zwischen der Buche und der Fichte haben wir natürlich im Ruhrgebiet aus dem Ende des vorigen bis in die 60er Jahre dieses Jahrhunderts gute Belege. Die Buche ist eben wesentlich resistenter als die Fichte. Überall, wo die Fichte im Ruhrgebiet abgestorben ist, wächst die Buche wunderbar. Wenn Sie nach Leipzig fahren, finden Sie wunderbare Buchenwälder. Wenn man jedoch etwas über die Produktivität aussagen will, müßte man die

Photosynthesemessungen unbedingt durch Zuwachsmessungen ergänzen. Es ist viel wichtiger, wie stark die Spaltöffnungen reguliert werden. Haben Sie Zuwachsmessungen gemacht?

**Pfanz:** Nein, wir werden jedoch nächstes Jahr in Zusammenarbeit mit der Arbeitsgruppe von Herrn Materna damit beginnen.

**Kandler:** Welche Schäden, die Sie auf $SO_2$ zurückführen, haben Sie eigentlich gesehen?

**Pfanz:** Wir haben erst Schäden festgestellt und diese zunächst nicht auf $SO_2$ zurückgeführt. Wir beobachteten, daß die alten Buchen jene eigenartige krallenartige Verzweigungen aufweisen, die Roloff publiziert hat.

**Kandler:** Das sind doch keine $SO_2$-Schäden.

**Pfanz:** Das habe ich auch nicht gesagt. Wir haben morphologisch-physiognomisch keine $SO_2$-Schäden gesehen. Wir vermuten lediglich aufgrund der gezeigten Korrelationen, daß es sich um einen $SO_2$-Schaden handelt.

**Donaubauer:** Nach meiner Ansicht sind die Schäden dort durch hohe Konzentrationen von $SO_2$ und Fluorwasserstoff, die oft im Nebel vermischt auftreten, entstanden.

# Mykoplasma-Krankheiten bei Laubhölzern des Waldes in Europa

Erich Seemüller *

## Zusammenfassung

In Europa kommen Mykoplasmakrankheiten bei Erle *(Alnus glutinosa und A. incana)*, Pappel *(Populus alba, P. canescens, P. nigra var. italica und P. tremula)*, Robinie *(Robinia pseudoacacia)* und Ulme *(Ulmus carpinifolia und U. glabra)* vor. Ein möglicher Befall von Buche, Eiche und Esche bedarf einer weiteren Bearbeitung. Dabei ist das größte Problem die in Bäumen oft sehr geringe Besiedlungsdichte der Erreger. Mit der *in vitro*-Amplifikation der Mykoplasma-DNA scheint jetzt eine ausreichend empfindliche und auch spezifische Methode zur Verfügung zu stehen.

## Summary

In Europe mycoplasma diseases occur in alder *(Alnus glutinosa und A. incana)*, poplar *(Populus alba, P. canescens, P. nigra var. italica, and P. tremula)*, black locust *(Robinia pseudoacacia)*, and elm *(Ulmus carpinifolia and U. glabra)*. A possible infection of ash, beech, and oak needs further investigations. The major problem in detecting mycoplasmas in trees with a low population of the causal agents is the sensitivity of the diagnostic methods. It appears that the polymerase chain reaction fulfills the requirements for specific and sensitive mycoplasma detection in low titer hosts.

## Einführung

Mykoplasmen sind kleine, zellwandlose Bakterien, die innerhalb der Prokaryoten in der Abteilung der *Tenericutes* zusammengefaßt sind. Im Gegensatz zu den human- und tierpathogenen sowie den saprophytisch lebenden Formen ist es noch nicht gelungen, die pflanzenpathogenen Mykoplasmen in axenische Kultur zu nehmen. Sie werden daher immer noch als Mykoplasma-ähnliche Organismen (MLOs) bezeichnet, obwohl die in jüngster Zeit durchgeführten molekulargenetischen Untersuchungen gezeigt haben, daß es sich um echte Mykoplasmen handelt.

## 1. Krankheitserscheinungen

Mykoplasmen sind als Erreger von Krankheiten bei mehreren hundert Pflanzenarten nachgewiesen worden, unter denen sich auch zahlreiche Laubhölzer befinden. In Koniferen scheinen sie dagegen selten oder gar nicht vorzukommen. Die Organismen rufen eine Vielzahl von Symptomen

---

\* Seemüller, Erich, Dr., Biol. Bundesanstalt für Land- und Forstwirtschaft, Institut für Pflanzenschutz im Obstbau, Schwabenheimer Straße 101, D-(W)-6915 Dossenheim

hervor, die sich in spezifische und unspezifische unterscheiden lassen. Bei den spezifischen Symptomen handelt es sich vor allem um Blütenvergrünung (Vireszenz), Blütenverlaubung (Phyllodie) und andere Blütenanomalien, die hauptsächlich bei krautigen Wirten hervorgerufen werden. Bei Holzpflanzen sind der vorzeitige Austrieb der Seitenknospen, der zur Hexenbesenbildung führt, sowie andere abweichende Verzweigungen des Sprosses die wichtigsten spezifischen Symptome. Bei manchen Pflanzen ist auch ein vorzeitiger Austrieb im Spätwinter oder Frühjahr ein charakteristisches Merkmal.

Insbesondere bei Holzpflanzen treten unspezifische Symptome wesentlich häufiger auf. Dabei handelt es sich um Rotlaubigkeit, Adernanomalien, Blattrollen und andere Blattdeformationen, Verhärtung der Blätter, Kleinblättrigkeit, büschelartigen Blattstand, Vergilbung, vorzeitigen Blattfall, Kümmerwuchs, Welke, Rindennekrosen, Bräunungen in Rinde und Holz, sowie partielles oder vollständiges Absterben. Die meisten dieser Erscheinungen können auch durch verschiedene biotische und auch durch abiotische Faktoren hervorgerufen werden, wie z. B. durch Wurzelfäule- und Welkekrankheitserreger, unzureichende Wasserversorgung und Nässe, Ernährungsstörungen oder die Einwirkung von Schadstoffen im Wurzel- und Kronenbereich. Zahlreiche Mykoplasmakrankheiten sind daher ursprünglich auf diese Faktoren zurückgeführt worden, ehe die tatsächliche Ursache nachgewiesen werden konnte.

Die Mykoplasmen kommen in ihren Wirtspflanzen nur im Phloem vor, und zwar hauptsächlich oder ausschließlich in Siebröhren. Diese können auf den Befall sehr empfindlich reagieren, was in Kalloseablagerungen und Nekrotisierung zum Ausdruck kommt. Die Schädigung des Phloems führt zu erheblichen Störungen in der Pflanze, wie beispielsweise zu einer Stärkeanreicherung in den Blättern und zu einer unzureichenden Versorgung des Wurzelsystems. Diese Verarmung verhindert ein ausreichendes Wurzelwachstum, beeinträchtigt die Aufnahme von Wasser und Nährsalzen und kann zum Absterben der Wurzeln führen, das in der Regel an den Faserwurzeln beginnt. Es ist wahrscheinlich, daß das durch Mykoplasmen hervorgerufene Absterben von Pflanzen vor allem auf eine Wurzelschädigung zurückzuführen ist.

Eine weitere Folge der Siebröhrennekrosen ist das Bestreben der Pflanze, das geschädigte Leitgewebe durch eine Phloemneubildung zu ersetzen. Diese erfolgt durch eine verlängerte Kambiumaktivität, die sich bis zum Ende der Vegetationsperiode erstrecken kann. Da die Funktion des neugebildeten Phloems auch wieder in Mitleidenschaft gezogen wird, und das Kambium daher lange teilungsaktiv bleibt, ist das junge Phloem bei Eintritt der kalten Jahreszeit nicht ausgereift und damit frostanfällig. Die Frostschäden sind in der folgenden Vegetationsperiode als Phloembräunungen zu erkennen, die den Baum schwer schädigen, und die verschiedenen Mykoplasmakrankheiten, wie z. B. bei Ulme und Pflaume, den Namen Phloemnekrose gegeben haben.

## 2. Wirtseigenschaften und Reaktionen auf den Befall

Pflanzen reagieren sehr unterschiedlich auf den Befall durch einen bestimmten Erreger. Dieses Verhalten ist am besten bei Genotypen der Gattung *Malus* untersucht, die experimentell mit dem Erreger der Apfeltriebsucht inokuliert wurden (Kartte und Seemüller, 1988, 1991a,b). Das umfangreiche geprüfte Material ließ sich aufgrund der ausgebildeten spezifischen und unspezifischen Symptome, der Phloemschäden und der Mortalität sowie der Besiedlungsdichte in verschiedene Gruppen einteilen. In der ersten Gruppe, die die Kulturformen des Apfels (*M. pumila*) beinhaltet, werden spezifische Symptome in Form von Hexenbesen häufig ausgebildet. Die Phloemschädigung ist gering bis mäßig, die Wüchsigkeit wird oft nur wenig beeinträchtigt, und absterbende Bäume sind selten. Außerdem weisen die Bäume eine hohe Besiedlungsdichte auf. In den folgenden Gruppen gehen die spezifischen Symptome mehr und mehr zurück und werden durch unspezifische wie Vergilbung und Kümmern ersetzt. Phloemschäden und Mortalität nehmen zu, und die Besiedlungsdichte nimmt ab. Bei den am stärksten geschädigten Taxa treten nur noch unspezifische Symptome auf, die Phloemschäden sind sehr stark und die Absterberate liegt zwischen 70 und 100 %. In mehreren der sehr empfindlichen Genotypen war die Besiedlungsdichte so gering, daß die Erreger nur noch mit großer Schwierigkeit oder überhaupt nicht mehr nachgewiesen werden konnten. Ähnliche Nachweisprobleme bestehen bei flavescence dorée-kranken Weinreben sowie verschiedenen Steinobstarten. Die Diagnose wird zusätzlich noch durch den unterschiedlichen Befall einzelner Pflanzenteile sowie durch jahreszeitliche Schwankungen in der Besiedlung erschwert. So können beispielsweise beim Kernobst die Erreger im Winter und Frühjahr nur in den Wurzeln nachgewiesen werden.

## 3. Laubholzmykoplasmosen

Entsprechend der hohen Intensität des Erwerbsobstbaus sind Mykoplasmakrankheiten bei Obstbäumen wesentlich besser untersucht als solche an Waldbäumen. Es konnte gezeigt werden, daß in Europa bei praktisch allen Obstarten Mykoplasmakrankheiten vorkommen und vor allem bei Apfel (Triebsucht), Birne (Birnenverfall, pear decline), Aprikose und japanischer Pflaume *(Prunus salicina)* von großer Bedeutung sind. Der Befall hängt in starkem Maße von der Intensität der gegen die Überträger (Zikaden, Psylliden) gerichteten Bekämpfungsmaßnahmen ab. So sind in unbehandelten Apfel- und Birnenanlagen praktisch alle Bäume infiziert.

Im Forst könnte die Befallssituation ähnlich sein wie im Obstbau. Entsprechend dem geringen Forschungsaufwand konnten jedoch bis jetzt vor allem solche Fälle nachgewiesen werden, in denen auffällige und spezifische Symptome auftreten, wie bei Ulme, Robinie und Pappel, oder wo die Besiedlung hoch ist, wie z. B. bei der Erle. Die schwierigen Fälle, die im Obst- und Weinbau erst nach Übertragung auf einen besseren Wirt oder durch Einsatz hochempfindlicher Nachweismethoden aufgeklärt werden konnten, sind im Forst noch nicht bearbeitet. Auch scheinen noch keine breit angelegten Untersuchungen durchgeführt worden zu sein, so daß der Wissensstand insgesamt recht fragmentarisch ist. Die bis jetzt bekannt gewordenen Meldungen über das Vorkommen von Mykoplasmen in Laubhölzern des Waldes sind im folgenden behandelt.

### Buche

In je einer vergilbungskranken Buche aus dem Solling und dem Nordschwarzwald wurden mykoplasmaähnliche Strukturen nachgewiesen, deren Identität noch nicht endgültig geklärt erscheint. Auch konnte nicht festgestellt werden, ob das Vorkommen der Strukturen mit den Krankheitserscheinungen in Verbindung steht. In denselben Bäumen wurden auch bakterienähnliche Organismen beobachtet (Parameswaran und Liese 1984).

### Eiche

Über das Vorkommen von Mykoplasmen in kranken Eichen liegen zwei Berichte vor, und zwar aus Rumänien an *Quercus petraea* und *Q. robur* (Ploaie 1987) und aus Österreich an *Q. robur* (Gasch et al. 1991). Die jeweiligen Abbildungen und die übrigen Angaben lassen jedoch keine zweifelsfreie Aussage zu, ob tatsächlich ein Mykoplasmabefall vorgelegen hat. In eigenen Untersuchungen wurden zahlreiche Bäume mit der DAPI-Methode (Seemüller, 1976) untersucht, die auf der Fluorochromierung der Erreger-DNA beruht. Dabei wurde bei mehreren Bäumen Befallsverdacht festgestellt, ein endgültiger Nachweis konnte jedoch nicht erbracht werden. (Siehe auch Addendum S. 149.)

### Erle

*Alnus glutinosa* (Schwarzerle) und *A. incana* (Grauerle) sind in Europa zu fast 100 % Mykoplasmainfiziert, soweit die Bäume älter als ca. 5 Jahre sind. Von den infizierten Bäumen zeigen aber nur etwa 20 % Krankheitserscheinungen in Form von Vergilbung, Kleinblättrigkeit, schütterer Belaubung, Kümmern und Absterben. Die übrigen Bäume zeigen keine Symptome, und es ist nicht bekannt, inwieweit sie durch die Infektion beeinträchtigt werden. Kranke Bäume finden sich vor allem in angepflanzten Beständen und auf nicht optimalen Standorten, während sie an typischen Erlenhabitaten seltener sind. Die Besiedlungsdichte der Mykoplasmen ist in symptomlosen Bäumen in der Regel höher als in kranken. In deutschen botanischen Gärten wurde Mykoplasmabefall ferner bei *A. cordata*, *A. glutinosa* var. *barbata*, *A. hirsuta*, *A. subcordata* und *A. tenuifolia* festgestellt. Auch in diesen Fällen war die Krankheitsausprägung unterschiedlich (Seemüller und Lederer 1988, Lederer und Seemüller 1991, W. Lederer, unveröff.). Die in Erle vorkommenden Mykoplasmen scheinen nach gentechnologischen Untersuchungen mit dem Erreger der Hexenbesenkrankheit der Ulme nahe verwandt oder identisch zu sein. (R. Mäurer und E. Seemüller, unveröff.).

### Esche

Sutakova (1987) beschreibt aus der CSFR bei *Fraxinus ornus* (Mannaesche) eine Blattscheckung, bei *F. excelsior* (Gemeine Esche) Mosaiksymptome und bei *F. americana* (Weißesche) chlorotische Streifen. Diese Krankheitserscheinungen werden mit dem Vorkommen von Mykoplasmen in Verbindung gebracht. Die veröffentlichten Strukturen sind jedoch nicht zweifelsfrei als Mykoplasmen zu identifizieren und auch die Symptome sind nicht sehr typisch für Mykoplasmakrankheiten. Andererseits wird jedoch aus Nordamerika eine als ash yellows bezeichnete Mykoplasmose beschrieben, vor allem bei *F. americana* und *F. pennsylvanica*. In diesen Fällen treten jedoch hauptsächlich Kümmer- und Absterbeerscheinungen auf, manchmal in Verbindung mit Hexenbesen (Matteoni und Sinclair 1988). Der Befund aus der CSFR bedarf daher einer weiteren Bearbeitung.

### Pappel

Mykoplasma-Befall wurde an *Populus alba* (Silberpappel) in Frankreich (Sharma und Cousin 1986), Holland (van der Meer 1981) und Ungarn (E. Seemüller, unveröff.), an *P. canescens* (Graupappel) in Holland (van der Meer 1981), an *P. nigra* var. *italica* (Pyramidenpappel) in Holland (van der Meer 1981) und Frankreich (M.-T. Cousin, pers. Mitt.) und an *P. tremula* (Zitterpappel, Espe) in Deutschland (Seemüller und Lederer 1988) festgestellt. Die Krankheiten zeigten sich in allen Fällen durch das Auftreten von Hexenbesen an, die bei *P. alba*, *P. canescens* und *P. nigra* var. *italica* vor allem am Stamm und den Hauptästen im unteren Kronenbereich und bei *P. tremula* hauptsächlich an kräftigen Jahrestrieben junger Bäume oder an Wurzelschossen gebildet wurden. Mit dem Fortschreiten der Krankheit tritt Rotlaubigkeit und/oder Vergilbung auf, läßt die Wuchsleistung nach, und die Bäume sterben in der Regel ab. Es hat den Anschein, daß bei *P. alba*, *P. canescens*, *P. nigra* var. *italica* Hexenbesen und stärkere Mykoplasmapopulationen nur bei bestimmten Klonen auftreten. In anderen Fällen kommt es dagegen offenbar zu Kümmer- und Absterbeerscheinungen in Verbindung mit einer sehr geringen, meist unter der Nachweisgrenze liegenden Besiedlungsdichte. Bei *P. tremula* schwankt das Auftreten der Krankheit von Jahr zu Jahr beträchtlich.

### Robinie

Über eine Hexenbesenkrankheit der Robinie wird aus der CSFR und Italien berichtet (Blattny 1959, Ciferri und Corte 1960). Hexenbesen treten vor allem an Stock- und Wurzelausschlägen auf, seltener in der Krone. Neben diesen Symptomen zeigen kranke Bäume Adernaufhellungen, Adernverbreiterungen, Mosaiksymptome zwischen den Adern und Blattdeformationen. Befallene Bäume können sich erholen oder sie sterben ab. Aufgrund der übereinstimmenden Symptome dürfte die in Europa auftretende Krankheit mit dem in Nordamerika verbreiteten black locust witches' broom nahe verwandt oder identisch sein. In amerikanischen Untersuchungen zeigte sich, daß die Besiedlungsdichte in den Hexenbesen relativ hoch ist, während die Erreger in den übrigen Teilen des Baumes schwierig nachzuweisen sind (Seliskar et al. 1973).

### Ulme

*Ulmus carpinifolia* wird in der CSFR (Bojnansky 1969), in Italien (Pisi et al. 1981) und in Frankreich (G. Morvan, pers. Mitt.) häufig von einer Hexenbesenkrankheit befallen. In Deutschland wurde eine Krankheit mit ähnlichen Symptomen auch bei *Ulmus glabra* festgestellt (W. Lederer, unveröff.). Hexenbesen werden vor allem an Stockausschlägen ausgebildet und solange die Bäume noch wüchsig sind. Später kommt es zu Kleinblättrigkeit, Chlorosen, Blattdeformationen und Kümmerwuchs. Absterben tritt offenbar nicht auf, ist jedoch bei *U. americana* und *U. rubra* nach einem Befall durch das amerikanische elm yellow mycoplasma häufig. Wie bereits beim Apfel beschrieben, ist die Besiedlungsdichte in den beiden Hexenbesen-bildenden Arten *U. carpinifolia* und *U. glabra* hoch und in den rasch absterbenden *U. americana* und *U. rubra* sehr niedrig (Braun und Sinclair 1979, Matteoni und Sinclair 1988).

Molekulargenetische Untersuchungen haben gezeigt, daß die in Nordamerika und Europa vorkommenden Krankheiten durch den gleichen Organismus hervorgerufen werden, der wiederum - wie erwähnt - mit dem in Erle vorkommenden Mykoplasma identisch oder sehr nahe verwandt ist (R. Mäurer und E. Seemüller, unveröff.). In Nordamerika ist elm yellows neben dem durch *Ophiostoma (Ceratocystis) ulmi* hervorgerufenen Ulmensterben die wichtigste Ulmenkrankheit.

## Andere Laubhölzer in Wald und Flur

In Wald und Flur kommen noch bei einer Reihe anderer Holzpflanzen Mykoplasmakrankheiten vor (Seemüller 1989), die möglicherweise eine Infektionsquelle für den Befall der Waldbäume darstellen. So ist aus Italien eine Erkrankung der Haselnuß *(Corylus avellana)* bekannt (Ragozzino et al. 1973). Auch die Baumhasel *(C. colurna)* und die Lambertnuß *(C. maxima)* werden befallen (W. Lederer, unveröff.). Europaweit verbreitet ist die Hexenbesenkrankheit der Heidelbeere (Siller et al. 1986). Möglicherweise der gleiche Erreger kommt auch in der Preiselbeere *(Vaccinium vitis-idaea)*, der Moorbeere *(V. uliginosum)*, der Moosbeere *(V. oxycoccus)*, der Bärentraube *(Arctostaphylos uva-ursi)* und der Besenheide *(Calluna vulgaris)* vor (Blattny und Blattny 1970, Bremer 1981). Verhältnismäßig häufig befallen sind auch in ganz Europa Himbeere, Brombeere und Kratzbeere *(Rubus caesius)* (van der Meer 1987, E. Seemüller, unveröff.). In Süddeutschland und wahrscheinlich auch in anderen Gebieten wird die Mehrzahl der Sträucher des Traubenholunders *(Sambucus racemosa)* und des Schwarzen Holunders *(S. nigra)* durch eine Mykoplasmakrankheit geschädigt. Dabei ist die Besiedlung in *S. racemosa* hoch, während sie in *S. nigra* oft sehr schwach oder nicht nachweisbar ist (Lederer und Seemüller 1991). Mykoplasmabefall ist ferner beim Weißdorn festgestellt worden (Seemüller und Lederer 1988).

## 4. Ausblick

Die vordringlichste Aufgabe in der weiteren Erforschung von Mykoplasmosen an Waldbäumen ist die gründliche Bearbeitung von Eiche, Buche, Esche und Pappel. Bei Eiche und Buche sind Schäden weit verbreitet, ohne daß deren Ursache in allen Einzelheiten bekannt ist. Die vorliegenden Berichte über einen Mykoplasmabefall müssen daher überprüft werden, und wenn sie sich bestätigen, sind breit angelegte Untersuchungen über die Verbreitung der Erreger durchzuführen. Auch bei der Esche bedarf die Mykoplasmaätiologie einer Überprüfung. Gegebenenfalls ist auch die Bedeutung der Krankheit zu untersuchen. Bei der Pappel ist vor allem zu klären, ob auch bei den Formen, die keine Hexenbesenbildung zeigen, sondern Kümmer- und Absterbeerscheinungen aufweisen, ein Mykoplasmabefall vorliegt.

Die angesprochenen Probleme können nur mit verbesserten Nachweismethoden gelöst werden. Die Einführung des DAPI-Testes bedeutete eine beachtliche Steigerung der Empfindlichkeit im Vergleich zur Elektronenmikroskopie. Die in der Mykoplasmologie neueren Techniken der Serologie und der Nukleinsäurehybridisierung stellen allem Anschein nach keinen Fortschritt in Bezug auf Nachweisempfindlichkeit dar, sie erlauben jedoch bei einer ausreichenden Besiedlungsdichte die spezifische Erkennung der Erreger. Ein spezifischer Nachweis verbunden mit hoher Empfindlichkeit stellt die *in vitro*-Amplifikation der Erreger-DNA dar. Mit dieser neuen Methode, die auch als polymerase chain reaction (PCR) bezeichnet wird, konnten im eigenen Labor schon wiederholt Mykoplasmen in Obstbäumen nachgewiesen werden, die im DAPI-Test nur verdächtig oder negativ waren. Mit dieser Methode sind somit die Voraussetzungen gegeben, die »schwierigen Fälle« Eiche, Buche, Esche und Pappel hinsichtlich eines Mykoplasmabefalls abzuklären.

## Addendum während der Korrektur

Seit der Einreichung des Manuskripts wurden die Untersuchungen zum Nachweis von MLOs in kranken Eichen weitergeführt. Anstelle der DAPI-Fluoreszenzmethode wurde dabei die Amplifikation von Erreger-DNA durch eine Polymerase-Kettenreaktion unter Verwendung von Primern aus dem 16S rRNA-Gen herangezogen. Als erster Schritt des Nachweises wurde mit relativ unspezifischen Primern von kranken Eichen ein MLO-typisches Fragment amplifiziert. Nach Sequenzierung dieses Fragments und entsprechenden Sequenzanalysen wurden aus variablen Regionen des 16S rRNA-Gens Primer hergestellt, die eine hohe Spezifität für die in Eiche vorkommenden MLOs aufweisen. Mit diesen Primern wurden 4 kranke Bäume aus dem Botanischen Garten in München, 3 aus der Umgebung von Braunschweig und 5 aus dem Raum Göttingen sowie mehrere symptomlose Bäume untersucht. Alle kranken Bäume wiesen Absterbeerscheinungen im Kronenbereich auf, einzelne waren auch vergilbt. MLOs waren in 2 kranken Bäumen aus Göttingen und in 3 kranken Bäumen aus München nachzuweisen. Die symptomlosen Bäume waren dagegen alle MLO-negativ. Die nachgewiesenen Mycoplasmen stellen einen einheitlichen Typ dar, der den europäischen Streuobst-MLOs nahesteht, mit diesen aber nicht identisch ist.

## Literatur

Blattny, C. 1959. A virosis and a suspected virus disease of *Robinia pseudoacacia* L.. Ann. Acad. Czech. Agric., 5: 291 -294.

Blattny, C. & C. Blattny. 1970. Blueberry witches'-broom. In: Frazier, N. W. (ed.), Virus diseases of small fruits and grapevines. Univ. California, Div. Agric. Sci., Berkeley, pp. 177-179.

Bojnansky, V. 1969. Elm witches' broom - a new virus disease in Czechoslovakia. Proc. 6th Czechoslov. Pl. Virologists, Olomouc, 1967, pp. 211-215.

Braun, E. J. & W. A. Sinclair. 1979. Phloem necrosis of elms: Symptoms and histopathological observations in tolerant hosts. Phytopathology, 69: 354-358.

Bremer, K. 1981. Witches' broom disease of *Arctostaphylos* and *Vaccinium* species in Finland. Ann. Agric. Fenniae, 20: 188-191.

Ciferri, R. & A. Corte. 1960. Witches broom disease of black locust, a disease new to Italy. Atti. Ist. Bot. Univ. Pavia, Ser. 5, 17: 122-128.

Gasch, J., G. Pekny & A. Krapfenbauer. 1991. MLO in den Siebröhren des Bastes kranker Eichen. Allg. Forstz., 46: 500.

Kartte, S. & E. Seemüller. 1988. Variable response within the genus *Malus* to the apple proliferation disease. Z. PflKrankh. PflSchutz, 95: 25-34.

Kartte, S. & E. Seemüller. 1991a. Susceptibility of grafted *Malus* taxa and hybrids to apple proliferation disease. J. Phytopath., 131: 137- 148.

Kartte, S. & E. Seemüller. 1991b. Histopathology of apple proliferation in *Malus* taxa and hybrids of different susceptibility. J. Phytopath., 131: 149-160.

Lederer, W. & E. Seemüller. 1991. Occurrence of mycoplasma-like organisms in diseased and non-symptomatic alder trees (*Alnus* spp.). Eur. J. For. Path., 21: 90-96.

Lederer, W. & E. Seemüller. 1991. Association of mycoplasmas with a dieback of *Sambucus nigra* and *S. racemosa*. Z. PflKrankh. PflSchutz, 98: 647-649.

Matteoni, J. A. & W. A. Sinclair. 1988. Elm yellows and ash yellows. In: Hiruki, C. (ed.), Tree mycoplasmas and mycoplasma diseases. Univ. Alberta Press, Edmonton, pp. 19-31.

Meer, F. A. van der. 1981. Mozaiekvirus, heksenbezem en knobbelziekte bij populier, en een virusachtige groeiremmeng bij wilg. Populier, 18: 51-59.

Meer, F. A. van der. 1987. Rubus stunt. In: Converse, R. H. (ed.), Virus diseases of small fruits. US Dept. Agric., Agric. Handbook No. 631, pp. 197-203.

Parameswaran, N. W. & W. Liese. 1984. Über das Vorkommen von Rickettsien-ähnlichen Bakterien und Mycoplasma-ähnlichen Organismen in Buchen aus Waldschadensgebieten. Eur. J. For. Path., 14: 373-377.

Pisi, A., F. Marani, & A. Bertaccini. 1981. Mycoplasma-like organisms associated with elm witches' broom symptoms. Phytopath. medit., 20: 189-191.

Ploaie, P. G. 1987. Oak decline: a disease caused by mycoplasma-like organisms?. Bull. Prot. Plant. 1: 13-21.

Ragozzino, A., F. M. Iccarino & G. Viggiani. 1973. »Maculatura lineare« of hazel. Proc. 3rd Conf. Phytopharm. Med. Region 1971, pp. 385-386.

Seemüller, E. 1976. Fluoreszenzoptischer Direktnachweis von mykoplasmaähnlichen Organismen im Phloem pear decline- und Triebsucht-kranker Bäume ? Phytopath. Z., 85: 368-372.

Seemüller, E. 1989. Mykoplasmen als Ursache von Gehölzkrankheiten in Europa. Forum Mikrobiol., 12: 144-151.

Seemüller, E. & W. Lederer. 1988. MLO-associated decline of *Alnus glutinosa*, *Populus tremula* und *Crataegus monogyna*. J. Phytopath. 121: 33-39.

Seliskar, C. E., C. L. Wilson & C. E. Bourne. 1973. Mycoplasmalike bodies found in phloem of black locust affected with witches'-broom. Phytopathology, 63: 30-34.

Sharma, A. K. & M.-T. Cousin. 1986. Mycoplasmalike organisms (MLOs) associated with the witches' broom disease of poplar. J. Phytopath., 117: 349-356.

Siller, W., W. Lederer, W. & E. Seemüller. 1986. Ursache und Verbreitung der Hexenbesenkrankheit der Heidelbeere (*Vaccinium myrtillus* L.) in Waldgebieten Süddeutschlands. Nachrichtenbl. Deut. Pflanzenschutzd., 38: 1-5.

Sutakova, G. 1987. Electron microscope study of ash tree diseases of unclear aetiology. Biologica (Bratislava), 42: 307-313.

## Diskussion

**Balder:** Die Mykoplasmaforschung steht erst am Anfang. Es ist erst seit 16 Jahren etwas darüber bekannt. Würden Sie meinen, daß die Organismen zunehmen? Gibt es eine Korrelation zwischen ihrem Auftreten und weiteren Schadstofffaktoren?

**Seemüller:** Es gibt sicher Fluktuationen in der Befallsstärke. Wir hatten bei der Triebsucht des Apfels die großen Schäden in Südwestdeutschland in den 60er und 70er Jahren. Seither ist es sehr ruhig geworden. Generell haben diese Krankheiten nicht zugenommen. Ich glaube vielmehr, daß sie immer aufgetreten sind. Nur wissen wir durch die verbesserte Nachweismethodik mehr über die Verbreitung und Bedeutung. So haben wir alle diese Fälle beim Steinobst erst in den letzten Jahren nachweisen können. Als dort der Befall nicht bekannt war, erklärte man sich die Schäden durch Frosteinwirkung oder *Cytospora*-Befall. Inzwischen ist die Beziehung zwischen Mycoplasmabefall und der Krankheit klar.

**Donaubauer:** Bei Kokospalmen in Thailand und Malaysia scheinen Epidemien aufzutreten.

**Seemüller:** Das ist richtig. Es ist vielleicht auch noch interessant zu wissen, daß im Streuobstbau der Apfel generell verseucht ist, auch wenn man keine Symptome sieht. Die Triebsucht wurde erst beim Intensivobstbau erkannt und hat dort an Bedeutung gewonnen. Der Intensivobstbau unterscheidet sich grundlegend vom Streuobstbau. Beim ersteren wird jedes Jahr Triebwachstum und gesundes Laub bis zum Herbst gebraucht. Da die Ausbildung der Symptome von einem starken Triebwachstum abhängt, wurde die Krankheit beim Apfel so lange übersehen.

**Hartmann:** Meine Frage geht in dieselbe Richtung. Sie zeigten ein Bild von Erlen, die sehr gesund aussahen, gleichzeitig aber eine sehr hohe Besiedlungsdichte aufwiesen. Wie hängt der Befall damit zusammen?

**Seemüller:** Die Mykoplasmen sind von der Wüchsigkeit und damit von den im Phloem verfügbaren Stoffen stark abhängig. Je besser der Baum im Saft steht, um so bessere Bedingungen herrschen für die Mykoplasmen. Besonders Obstbäume reagieren empfindlich auf Mykoplasmabefall mit Siebröhrennekrosen. Die Siebröhren kollabieren und die Lebensbedingungen für die Mykoplasmen verschlechtern sich dadurch.

Ulme (*Ulmus glabra* Huds.)

# Eichenvergilbung im Raum München: eine Fallstudie *

## Otto Kandler und Margot Senser **

### Zusammenfassung

Die vorliegende Fallstudie über die im Botanischen Garten München-Nymphenburg und Umgebung seit 1987 auftretende Vergilbung alter Stieleichen ergab, daß Standortfaktoren, wie Bodenzustand oder extreme Witterungsereignisse (Trockenheit, Frost), nicht als Auslöser oder wesentliche Einflußfaktoren der Eichenvergilbung betrachtet werden können. Es ist auch kein Zusammenhang zwischen dem Verteilungsmuster der vergilbten Eichen und der unterschiedlichen Schadstoffbelastung durch den steilen Gradienten an verkehrsbedingten Luftschadstoffen zu erkennen, der von dem unmittelbar an den Garten anschließenden Autobahnzubringer ausgeht. Symptomatologie, Verlauf und Ausbreitungstendenz der Eichenvergilbung sprechen dafür, daß es sich um eine infektiöse Erkrankung noch ungeklärter Ursache handelt.

## 1. Einleitung

Regionale Episoden von »Eichensterben« ungeklärter Aetiologie sind seit Beginn des Jahrhunderts wiederholt beschrieben worden und treten seit Anfang der 70er Jahre erneut europaweit auf (cf. Boku-Seminar Eichensterben, 1987; Blank und Hartmann, 1992). In SO-Europa setzten sie bereits in den 70er Jahren ein, und in den 80er Jahren traten vielfach wieder Erholungen auf. Dagegen ist in Deutschland der Beginn eines »Eichensterbens« erst in den 80er Jahren beobachtet worden. Die damit verbundenen Kronenverlichtungen und Blattverfärbungen gehen als »neuartige Waldschäden« in die jährlichen Waldschadenserhebungen ein (Anonymus, 1991). So ergaben die Waldschadenserhebungen in den alten Bundesländern Deutschlands für die nordwestdeutschen Länder 1987 einen sprunghaften Anstieg der Eichenschäden (Stufe 2-4) von 8 % auf 18-22 % und 1991 wieder einen Rückgang auf 16 %. In den süddeutschen Ländern erfolgte dagegen schon 1985 ein Anstieg von 10 auf 20 %, der sich bis 1991 auf 32 % steigerte. Weder der Verlauf noch die räumliche Verteilung der Eichenschäden decken sich mit denen der Schäden bei den anderen Baumarten (Anonymus, 1991).

In Oberbayern wurde eine sich ausbreitende, neuerdings als »Eichenvergilbung« bezeichnete Erkrankung der Eiche erstmals 1982 beobachtet (Schütt und Fleischer, 1987) und zunächst als

---

\*  Eine gekürzte Fassung dieses Beitrags wurde im Rahmen der Abschlußdiskussion vorgetragen und diskutiert.
\*\* Kandler, Otto, Prof. Dr. & Senser, Margot, Dr., Botanisches Institut der Universität München, Menzinger Straße 67, D-(W)-8000 München 19

Komponente des »Waldsterbens« beschrieben (Schütt et al., 1986). Ende der 80er Jahre hat sie den Münchner Raum erfaßt und führte u. a. auch im Botanischen Garten München-Nymphenburg zur Vergilbung von ca. 25 % der dort noch vorhandenen 57 über 100-jährigen Stieleichen *(Quercus robur)* des Vorbestandes.

Der Botanische Garten bietet eine besonders günstige Gelegenheit, mögliche Zusammenhänge zwischen der Eichenvergilbung und Standorteinflüssen zu überprüfen: 1) Die Mineralstoffversorgung ist wegen der bei der Gründung des Gartens erfolgten 1 m hohen Überfüllung des glazialen Schotterbodens mit Braunerde aus dem Tertiärhügelland auf der gesamten Fläche einheitlich. 2) Die Wasserversorgung ist, bei sonst gleichen Klimabedingungen, durch die zusätzliche Beregnung einzelner Reviere in bekannter Weise verschieden. 3) Die Eichen sind, je nach Standort, sehr unterschiedlichen Konzentrationen an verkehrsbedingten Luftschadstoffen ausgesetzt, da sich der Garten in einem steilen Schadstoffgradienten befindet, der von dem im Norden unmittelbar angrenzenden Autobahnzubringer (Menzinger Straße: 48.000 Kfz-Einheiten/24 h) ausgeht.

Im folgenden werden Ergebnisse von Untersuchungen über Ausmaß, Symptomatologie und Verlauf der Eichenvergilbung sowie über die Standortsbedingungen im Botanischen Garten München-Nymphenburg berichtet.

## 2. Ergebnisse

### 2.1. Beschreibung und Bewertung des Vergilbungsgrades

Bei der Beschreibung des Syndroms »Eichenvergilbung« werden in dieser Studie nur die Vergilbungserscheinungen und die damit verbundenen Blattverluste und Absterbeerscheinungen berücksichtigt und bewertet, aber nicht die Symptome der verschiedenen bekannten biotischen Schäden, wie Fraßschäden, Mehltau etc. oder das bei Eichen von jeher bekannte, aber hinsichtlich der Ursachen weitgehend ungeklärte Vorkommen zahlreicher Totäste, Astabsprünge, Rindenrisse etc.

Bei vergilbungskranken Eichen sind die Interkostalfelder der Blätter vom Austrieb an gelb-grün, später mehr oder weniger intensiv hellgelb. Die Blattadern und deren unmittelbare Umgebung bleiben jedoch bis in den Herbst hinein grün. Ein ganz entsprechendes Schadbild bei Eiche wurde von Hartmann et al. (1988; Abb. 111c) abgebildet und als Symptom des Eisen-/Manganmangels bezeichnet.

Im Verlauf des Jahres kommt es in den fortgeschrittenen Fällen der Eichenvergilbung zu nekrotischen Flecken, insbesondere an den sich einrollenden Blatträndern, so daß ein Schadbild entsteht, wie es für Kalimangel typisch ist und von Hartmann et al. (1989; Abb. 112) auch als solches abgebildet wurde.

Im ersten Jahr der Erkrankung ist die Vergilbung nur schwach ausgebildet und betrifft meist nur einen Teil der Äste. In den Folgejahren verstärkt sich die Vergilbung der einzelnen Äste oder auch der gesamten Krone (Abb. 70 in Schütt et al., 1986; Abb. 3+4 in Schütt und Fleischer, 1987), und es kommt im weiteren Verlauf der Erkrankung zum Absterben einzelner Äste oder der gesamten Krone. Die an absterbenden Ästen auftretenden Adventivtriebe sind ebenfalls von Anfang an vergilbt und sterben vielfach noch im gleichen Jahr ab. Außerdem treten bei deutlich vergilbten Eichen bereits im Juni die bei unvergilbten Eichen erst im Herbst häufigeren Astabsprünge (Böhlmann, 1970) auf. Die verminderte Vitalität, nicht nur der vergilbten, sondern auch der noch grünbelaubten Äste von teilweise vergilbten Kronen, drückt sich auch im geringeren Trockengewicht der Winterknospen aus (Abb. 1).

Zur Charakterisierung der verschiedenen Erkrankungsstadien wurde eine Klassifizierung der Eichen in folgende Vergilbungsstufen vorgenommen:

0  gesund (gesamte Krone grün)
I  leichte, gelb-grüne Verfärbung einzelner Äste oder der gesamten Krone (Titelbild)
IIa  intensive hellgelbe Verfärbung der gesamten Krone und erste Absterbeerscheinungen an einzelnen Ästen
IIb  wie IIa, aber einzelne Äste noch grün (z. B. Abb. 67 in Schütt et al., 1986 und Abb. 3 + 4 in Schütt und Fleischer, 1987)
IIIa  wie IIa, aber mit einem erheblichen Anteil an abgestorbenen Ästen (z. B. Abb. 110 in Hartmann et al., 1988 und Abb. 70 in Schütt et al., 1986) (Titelbild)

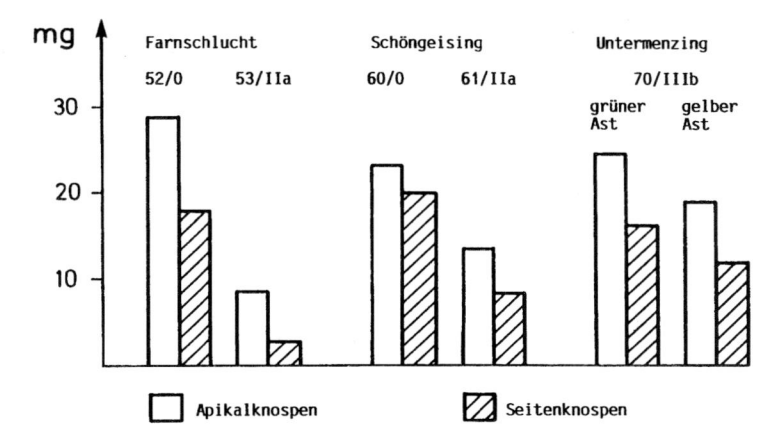

Abb. 1. Vergleich der Knospengewichte unvergilbter und vergilbter Eichen sowie von grün- und gelbbelaubten Ästen einer astweise vergilbten Eiche.

IIIb wie IIIa, aber einzelne Äste noch weitgehend grün
IV abgestorben, höchstens noch kümmernde Adventivtriebe an einzelnen Ästen

## 2.2. Standorte der untersuchten Eichen

### 2.2.1 Botanischer Garten München-Nymphenburg

Die 57, bereits vor der Gründung des Gartens vorhandenen, jetzt über 100 Jahre alten Stieleichen sind über die gesamte westliche Hälfte des Gartens verteilt (Abb. 2). Die Beurteilung des Vergilbungszustandes wurde erstmals Mitte August 1991 durchgeführt (in Abb. 2 berücksichtigt) und im Juni 1992 wiederholt. Unterschiede in der Einstufung ergaben sich bei den eingehender untersuchten Eichen (Tab. 1) im Falle von Nr. 33 und Nr. 36, die schon 1991 schwere Schäden zeigten (Stufe IIIa) und im Juni 1992 völlig abgestorben waren (Nr. 36) oder nur noch kümmernde Adventivausschläge aufweisen (Nr. 33). Bei Baum Nr. 3 starb ein Teil der 1991 vergilbten Äste völlig ab, so daß diese Eiche nunmehr der Stufe IIIb angehört. Die 1991 als gesund (0) bzw. als leicht vergilbt (I) eingestuften Eichen Nr. 2 und Nr. 26 sind 1992 schwach (I) bzw. intensiv (IIa) vergilbt. Bei den übrigen Bäumen zeigten sich vielfach Verstärkungen der Vergilbung, die aber noch nicht zur Veränderung der Stufenzuordnung führten.

### 2.2.2. Vergleichsbäume außerhalb des Botanischen Gartens

Zur Überprüfung der regionalen Synchronisierung des Vergilbungsverlaufes wurden einzelne Eichen in der näheren und weiteren Umgebung in die Fallstudie einbezogen. Bei Nr. 70 handelt es sich um eine seit Jahren beobachtete, ca. 70-jährige Eiche der Stufe IIIb in einem Garten in Untermenzing, ca. 2,2 km vom Botanischen Garten entfernt, deren Äste 1991 teils noch grün oder gelb belaubt, teils schon völlig abgestorben waren. Bei den Bäumen Nr. 60 und Nr. 61 handelt es sich um eine gesunde (0) und eine einheitlich vergilbte (IIa), jeweils ca. 70-jährige Eiche innerhalb kleiner Baum- und Gebüschgruppen in einem landwirtschaftlichen Gebiet in der Nähe der Ortschaft Schöngeising, ca. 20 km westlich des Botanischen Gartens.

## 2.3. Standortsbedingungen

### 2.3.1. Standraum

Alle Eichen waren freistehend oder nur schwach bedrängt mit freien Oberkronen (Tab. 1).

### 2.3.2. Klimabedingungen und Bewässerung

Die Eichen in Untermenzing hatten identische, die in Schöngeising weitgehend ähnliche Klimabedingungen wie die im Botanischen Garten. Letz-

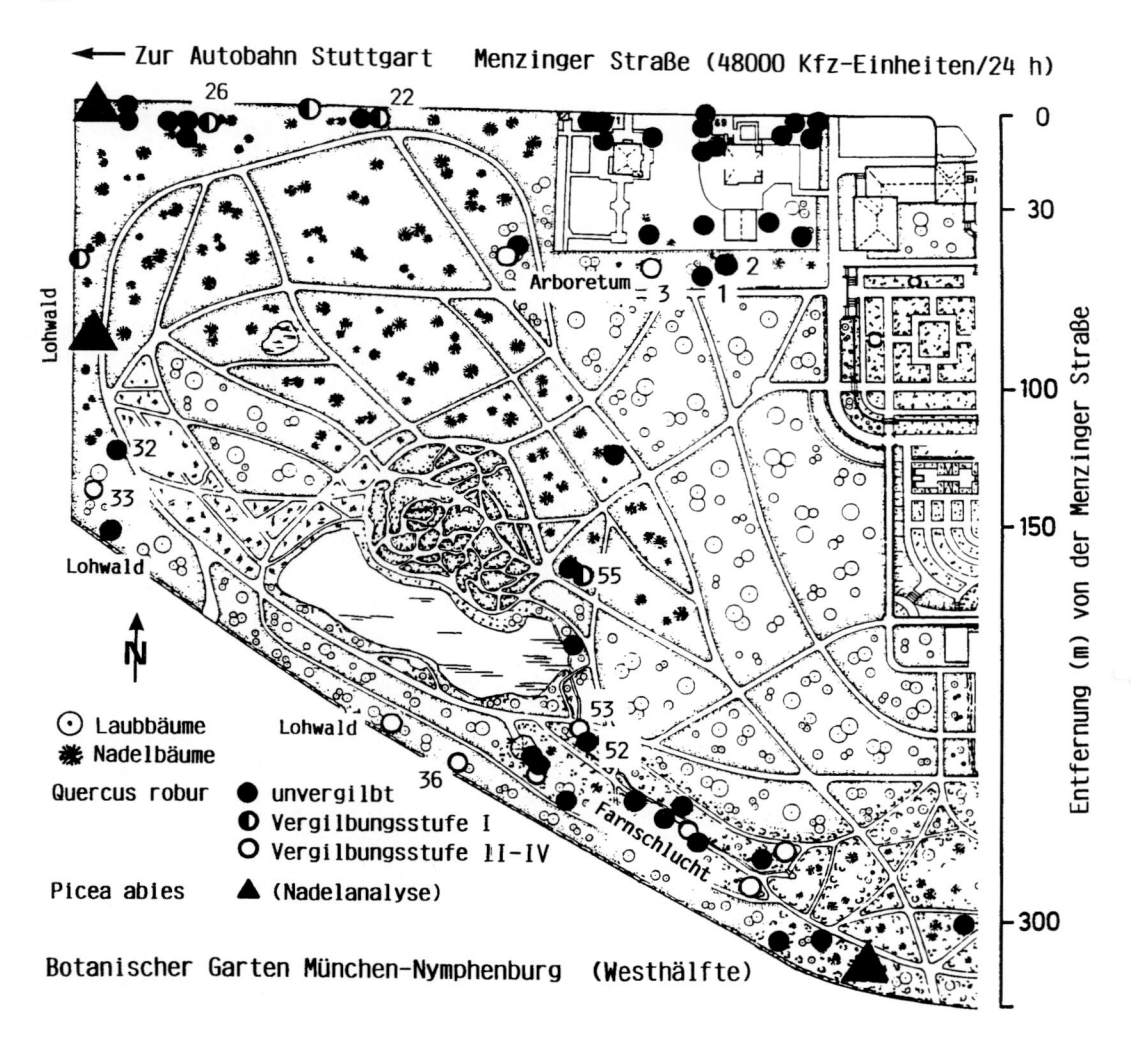

**Abb. 2.** Verteilung der Stieleichen im westlichen Teil des Botanischen Gartens München-Nymphenburg und Angabe der Standorte der drei Fichten, von denen die Nadeln für die in Tab. 2 aufgeführten N- und Pb-Analysen entnommen wurden.

tere können den Monatsberichten des Deutschen Wetterdienstes, Station München-Nymphenburg, entnommen werden.

Die Eichen Nr. 60 und Nr. 61 (Schöngeising) und Nr. 32, 33, 36 (Revier »Lohwald«; Abb. 2) erhielten keine Zusatzbewässerung, während der Rasen am Standort der Eichen Nr. 1 bis Nr. 3 (Revier »Arboretum«) bei anhaltender Trockenheit bewässert wurde. Die in einem Garten in Untermenzing stehende Eiche Nr. 70 erhielt auch schon bei nur geringer Trockenheit eine Zusatzbewässerung,

und das Revier »Farnschlucht« wurde so reichlich bewässert, daß es in den tieferen Bodenschichten stellenweise zu einer leichten Gleybildung kam (vgl. Tab. 1).

### 2.3.3. Schadstoffbelastung

Die in München-Nymphenburg bestehende Grundbelastung mit Luftschadstoffen wird im Botanischen Garten durch den von der Menzinger Straße ausgehenden, verkehrsbedingten Schad-

Tab. 1. Übersicht über den Vergilbungszustand und die Standortbedingungen der eingehender untersuchten Eichen.

| | Standort | Düngung | Zusatz-Bewässerung | Baum Nr. | Stamm-umfang [a] m | Standraum | Vergilbungs-stufe 8/1991 |
|---|---|---|---|---|---|---|---|
| Botanischer Garten München | Arboretum | 2-jährig jeweils 50 kg Patentkali/ha | nur bei andauernder Trockenheit | 1 | 2.20 | freistehend | 0 |
| | | | | 2 | 2.26 | freistehend | 0 [b] |
| | | | | 3 | 2.12 | freistehend | IIb |
| | Lohwald | keine | keine | 32 | 3.49 | freistehend | 0 |
| | | | | 33 | 1.70 | leicht bedrängt | IIIa [c] |
| | | | | 36 | 3.34 | freistehend | IIIa [c] |
| | Farnschlucht | Lauberde | sehr häufig und ausgiebig | 52 | 2.65 | leicht bedrängt | 0 |
| | | | | 53 | 2.15 | leicht bedrängt | IIa |
| | Schöngeising 20 km W des Bot. Gartens | keine | keine | 60 | 1.30 | leicht bedrängt | 0 |
| | | | | 61 | 1.41 | freistehend | IIa |
| | Untermenzing 2 km NW des Bot. Gartens | ca. 500kg NPKMg (15 : 9 : 15 : 4) + 100kg N/ha·a $(NH_4)_2SO_4$ | mäßig bei Trockenheit | 70 | 1.10 | freistehend | IIIb |

a) in 120 cm Höhe;
b) Bonitierung Juni 1992: Vergilbungsstufe I;
c) Bonitierung Juni 1992: Vergilbungsstufe IV (tot).

Tab. 2. Verkehrsbedingte Schadstoffbelastung des Botanischen Gartens in Abhängigkeit von der Entfernung vom angrenzenden Autobahnzubringer (Menzinger Straße) und N- und Pb-Gehalt ein- und zweijähriger Fichtennadeln in Abhängigkeit von der Entfernung von der Straße.

| | Schadstoffe[a] | | | | | | Fichtennadeln[b] | | | |
|---|---|---|---|---|---|---|---|---|---|---|
| Entfernung | CO | $SO_2$ | NO | $NO_2$ | Pb | Cd | N %/TG | | Pb µg/gTG | |
| von der Straße (m) | | µg/m³ | | | ng/m³ | | 1-jg | 2-jg | 1-jg | 2-jg |
| 0 | 4010 | 57 | 198 | 122 | 1.5 | 3.4 | 1.33 | 1.22 | 3.02 | 4.14 |
| 30 | 3590 | 52 | 160 | 116 | 1.2 | 3.0 | | | | |
| 100 | 2430 | 37 | 54 | 76 | 0.5 | 1.8 | 1.25 | 1.16 | 0.70 | 0.92 |
| 150 | 2300 | 36 | 42 | 60 | 0.4 | 1.7 | | | | |
| 300 | 2210 | 34 | 40 | 51 | 0.4 | 1.6 | 1.24 | 1.13 | 0.62 | 0.97 |
| Grundlast | 2100 | 33 | 30 | 44 | 0.3 | 1.5 | | | | |

a) Die Grundlast an Luftschadstoffen im Raum Nymphenburg wurde vom Oktober 1984 bis Oktober 1985 durch Stichprobenmessungen des TÜV Bayern (1986) ermittelt. Der Schadstoffgradient an der Menzinger Straße wurde freundlicherweise von Dr. Rabel vom Bayerischen Landesamt für Umweltschutz, auf der Basis von 48.000 KFZ -Einheiten/24 h, nach MLuS-82, berechnet. Die Berechnungsweise berücksichtigt nicht den Einfluß der Windrichtung. Da der Garten südlich der Menzinger Straße liegt, und Winde aus südlicher Richtung in München um 15 % häufiger sind als solche aus nördlicher Richtung, sind die absoluten Werte im Botanischen Garten vermutlich entsprechend geringer, als in der Tabelle angegeben.
b) Die Nadeln wurden jeweils aus zwei nach Norden gerichteten Ästen in 5 m Höhe von weitgehend freistehenden, ca. 40-jährigen Fichten entnommen.

**Tab. 3.** pH-Werte [a] und Gehalte der ammoniumextrahierbaren Kationen [b] im Boden des Wurzelraumes unvergilbter und vergilbter Eichen in zwei verschiedenen Revieren des Botanischen Gartens München-Nymphenburg (Entnahme der Bodenproben im September 1991).

| Stand-ort | Baum-Nr. Verg.-Stufe | Profil cm | pH H$_2$O | pH CaCl$_2$ | C % | N % | NH$_4$-austauschbare Kationen mmol IÄ/100g | | | NH$_4$-austauschbare Kationen µmol/IÄ100g | | | |
|---|---|---|---|---|---|---|---|---|---|---|---|---|---|
| | | | | | | | Ca | Mg | K | Al | Fe | Mn | Zn |
| Arboretum | 2/0 | 0-35 | 7.3 | 6.8 | 5.74 | 0.49 | 9.031 | 0.825 | 0.473 | 13.209 | 0.584 | 3.204 | 0.975 |
| | | 35-55 | 7.4 | 6.9 | 4.0 | 0.27 | 7.777 | 0.561 | 0.291 | 11.230 | 0.208 | 1.223 | 0.405 |
| | | 55-95 | 7.5 | 7.0 | 2.04 | 0.19 | 5.992 | 0.521 | 0.185 | 9.871 | 0.148 | 1.461 | 0.389 |
| | 3/IIb | 0-30 | 7.35 | 7.0 | 7.43 | 0.56 | 5.461 | 0.552 | 0.434 | 6.962 | 0.231 | 3.313 | 0.240 |
| | | 30-60 | 7.5 | 7.0 | 4.9 | 0.39 | 4.823 | 0.391 | 0.143 | 8.750 | 0.073 | 0.529 | 0.200 |
| | | 60-95 | 7.55 | 7.05 | 3.87 | 0.21 | 6.523 | 0.468 | 0.224 | 7.892 | 0.118 | 0.695 | 0.132 |
| Farnschlucht | 52/0 | 0-30 | 7.0 | 6.85 | 6.85 | 0.56 | 7.607 | 1.203 | 0.652 | 11.873 | 0.632 | 9.893 | 0.352 |
| | | 30-50 | 7.35 | 7.0 | 5.13 | 0.46 | 6.608 | 0.839 | 0.302 | 10.037 | 0.218 | 1.656 | 0.166 |
| | | 50-75 | 7.5 | 7.2 | 1.25 | 0.1 | 4.590 | 0.839 | 0.204 | 7.677 | 0.177 | 1.333 | 0.267 |
| | | 75-95 | 7.6 | 7.1 | 2.66 | 0.19 | 4.228 | 0.640 | 0.198 | 8.035 | 0.222 | 0.670 | 0.249 |
| | 53/IIa | 0-30 | 7.2 | 6.9 | 10.3 | 0.74 | 8.351 | 1.038 | 0.778 | 13.065 | 0.741 | 6.750 | 0.366 |
| | | 30-50 | 7.2 | 7.0 | 6.54 | 0.48 | 8.117 | 0.951 | 0.587 | 13.089 | 0.471 | 3.220 | 0.263 |
| | | 50-95 | 7.4 | 7.1 | 1.3 | 0.09 | 6.630 | 0.874 | 0.267 | 10.061 | 0.184 | 1.672 | 0.269 |

a) Die pH-Werte wurden nach 24 h Schütteln der Feinbodenaufschwemmungen in aqua dest. bzw. in 0.01 m CaCl$_2$-Lösung gemessen. Die NH$_4$-Extraktion wurde mit einer 0.5 m NH$_4$Cl-Lösung vorgenommen.
b) Die Mineralstoffgehalte wurden im Zentrallabor des GSF-Forschungszentrums München-Neuherberg durch Atomemissionsspektroskopie (ICP), der Gehalt an Gesamt-C und -N mit dem chromatographischen Verfahren der Firma Carlo Erba bestimmt.

stoffgradienten überlagert (Tab. 2). Das Verkehrsaufkommen der Menzinger Straße blieb nach Auskunft des Umweltreferates der Stadt München von 1985 (dem Bezugsjahr zur Berechnung des Schadstoffgradienten) bis 1991 gleich, ebenso die Grundbelastung, mit Ausnahme der Belastung durch SO$_2$, dessen Konzentration im Gesamtraum München von 1985 bis 1990 um ca. 30 % zurückging (Anonymus, 1990).

Der steile Schadstoffgradient führt zu einer 1,5-fachen (SO$_2$) bis ca. 5-fachen (NO$_X$) Belastung an der nördlichen gegenüber der südlichen Grenze des Botanischen Gartens. Diese unterschiedliche Schadstoffbelastung findet aber keine Entsprechung in der Verteilung der vergilbten Eichen, die im stark belasteten straßennahen Bereich sogar relativ selten auftreten. Der Schadstoffgradient tritt aber deutlich im Bleigehalt der ein- und zweijährigen Nadeln von Fichten hervor (Tab. 2). Er ist unmittelbar am Straßenrand um das 4- bis 5-fache höher als in 100 bzw. 300 m Entfernung von der Straße. Demgegenüber wirkt sich der steile NO- und NO$_2$- Gradient nicht eindeutig auf den Stickstoffgehalt der Fichtennadeln aus. Er ist bei den Fichten am Straßenrand nur um 0.09 Prozentpunk-

te höher als bei denen im rückwärtigen Teil des Gartens. Auch bei den grünen und vergilbten Eichenblättern zeichnet sich der NO$_X$-Gradient nicht ab. Der N-Gehalt der Blätter der ca. 40 m vom Straßenrand entfernten Eichen aus dem Arboretum ist eher niedriger als der von Eichen aus der ca. 220 m vom Straßenrand entfernten »Farnschlucht« (Tab. 4).

Die Schadstoffbelastung des Standortes Untermenzing entspricht der Grundbelastung im Botanischen Garten; die des Standortes Schöngeising ist vermutlich um ein Mehrfaches geringer als die Grundbelastung in München-Nymphenburg (Messungen liegen nicht vor), da es sich um ein landwirtschaftliches Gebiet ohne größere Industrieanlagen handelt, und der kleine Ort Schöngeising ca. 3 km von den Eichen entfernt liegt.

### 2.3.4. Bodenzustand

An den Standorten Untermenzing und Schöngeising handelt es sich um glaziale Schotter-Braunerden mit einem nur ca. 25 cm (Untermenzing) bzw. ca. 15 cm tiefen A-Horizont von neutraler bis leicht

Tab. 4. Mineralstoffgehalt [a] grüner und vergilbter Eichenblätter (Probenahme: 18.09.1991).

| Standort | Botanischer Garten München Arboretum | | | Farnschlucht | | Untermenzing | | Schöngeising | |
|---|---|---|---|---|---|---|---|---|---|
| Baum-Nr./Vergilbungsstufe | 2/0 [b] | 3/IIb | | 52/0 | 53/IIa | 70/IIIb | | 60/0 | 61/IIa |
| Gesundheitszustand | gesund | astweise vergilbt | | gesund | einheitl. vergilbt | astweise vergilbt | | gesund | einheitl. vergilbt |
| Blattfärbung | grün | grün | gelb | grün | gelb | grün | gelb | grün | gelb |
| C (mg/g TG) | 451 | 459 | 455 | 456 | 470 | 458 | 463 | 444 | 457 |
| N (mg/g TG) | 26.90 | 23.70 | 19.70 | 29.20 | 19.60 | 24.40 | 18.10 | 27.40 | 19.70 |
| P (mg/g TG) | 3.35 | 2.03 | 1.60 | 2.81 | 1.97 | 2.12 | 2.12 | 1.95 | 1.98 |
| Ca (mg/g TG) | 16.30 | 10.20 | 5.98 | 15.30 | 7.77 | 18.70 | 10.00 | 25.90 | 21.30 |
| Mg (mg/g TG) | 2.22 | 1.72 | 0.86 | 2.97 | 1.31 | 2.47 | 1.67 | 3.19 | 2.54 |
| K (mg/g TG) | 8.40 | 6.99 | 7.40 | 6.81 | 6.31 | 5.25 | 10.20 | 6.32 | 8.51 |
| Al (μg/g TG) | 47 | 43 | 30 | 48 | 51 | 51 | 43 | 57 | 55 |
| Fe (μg/g TG) | 81 | 76 | 54 | 85 | 65 | 74 | 52 | 68 | 41 |
| Mn (μg/g TG) | 23 | 24 | 7 | 52 | 13 | 71 | 38 | 68 | 18 |
| Zn (μg/g TG) | 27 | 16 | 14 | 28 | 16 | 21 | 13 | 32 | 23 |

a) Die Mineralstoffgehalte wurden im Zentrallabor des GSF-Forschungszentrums München-Neuherberg durch Atomemissionsspektroskopie (ICP), der Gehalt an Gesamt-C und -N mit dem chromatographischen Verfahren der Firma Carlo Erba bestimmt.
b) Bei der 2. Bonitierung im Juni 1992 Vergilbungsstufe I

basischer Reaktion. Im gesamten Bereich des Botanischen Gartens wurde bei der Anlage in den Jahren 1910-1912 der ursprüngliche glaziale Schotterboden mit einer ca. 15 cm starken Lehmschicht abgedeckt und mit einer ca. 80 cm hohen Schicht aus Braunerde aus dem Tertiärhügelland bei Dachau überfüllt. Inzwischen hat sich durch Humus- und Stickstoffanreicherung in den oberen Schichten eine durch die dunklere Färbung und die höheren C- und N-Gehalte (Tab. 3) erkennbare Zonierung mit unscharfer Begrenzung ergeben.

Die Bodenproben wurden aus dem Wurzelraum von jeweils einer gesunden und vergilbten Eiche der Reviere »Arboretum« und »Farnschlucht« in 2 m Abstand vom Stamm durch je 5 Bohrstockeinschläge entnommen. Auf der gesamten Tiefe (1 m) des Profils ergab die Prüfung mit 1 N HCl Kalziumkarbonat, und die rotbraune Färbung zeigte aerobe Bedingungen an. Nur im Revier »Farnschlucht« traten an einigen Stellen im Wurzelraum beider Bäume in 80 bis 100 cm Tiefe auch Zonen mit bläulich-grauer Färbung auf, die auf anaerobe Verhältnisse und lokale Gleybildung aufgrund der in diesem Revier sehr hohen Zusatzbewässerung hinweisen.

Weder die pH-Werte noch die Gehalte an Stickstoff, Kohlenstoff und an ammoniumextrahierbaren Kationen (Tab. 3) lassen zwischen den Wurzelräumen der gesunden und vergilbten Bäume Unterschiede erkennen, die auf eine unterschiedliche Mineralstoffernährung der Bäume des jeweiligen Baumpaares schließen lassen. Der höhere Gehalt an Stickstoff, Kalium und Magnesium im Boden der »Farnschlucht« ist auf die dort häufige Düngung mit Lauberde zurückzuführen.

An den Standorten der übrigen in die Studie einbezogenen Eichen wurde der Bodenaufbau ebenfalls durch Bohrstockeinschläge überprüft, aber außer dem Nachweis des Vorkommens von Kalziumkarbonat im gesamten Profil wurden keine weiteren Analysen durchgeführt. Innerhalb des Botanischen Gartens waren die Profile auch in den Randpartien (z. B. Revier »Lohwald«) einheitlich.

### 2.4. Mineralstoffgehalt grüner und vergilbter Eichenblätter

Die Analysen der im September 1991 entnommenen Blätter von gesunden und vergilbten Eichen sowie von grün- oder gelb-belaubten Ästen von

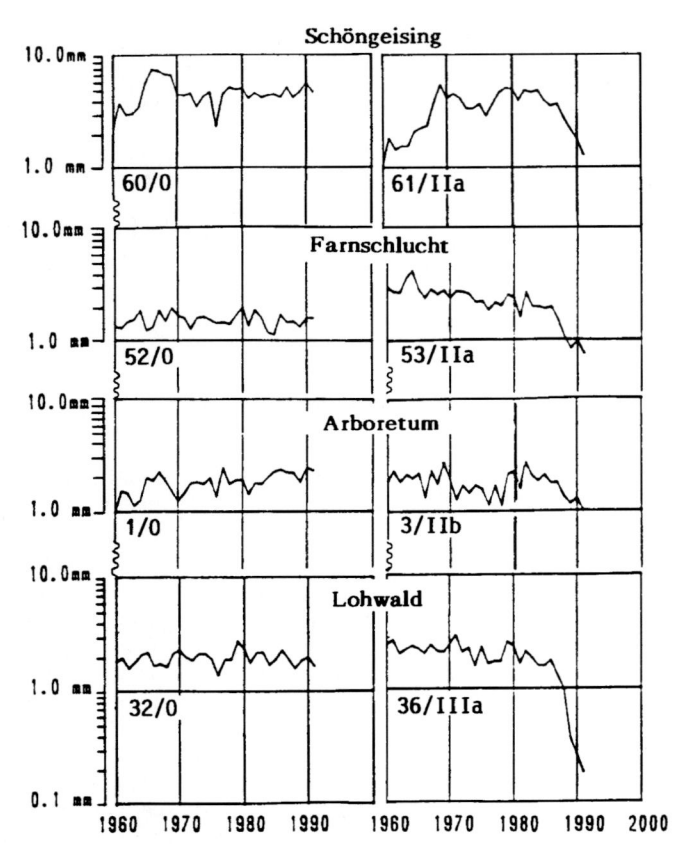

**Abb. 3.** Verlauf der Jahresringbreiten in 1,3 m Stammhöhe bei Paaren engbenachbarter unvergilbter (links) und vergilbter (rechts) Stieleichen.

astweise vergilbten Kronen ergeben klare Unterschiede im Stickstoff- und Mineralstoffgehalt (Tab. 4). Gegenüber grünen Blättern ist bei gelben Blättern auf allen Standorten der Stickstoffgehalt um ca. 30 %, der Gehalt an Ca und Mg um 20 bis 60 %, der an Fe um 23 bis 40 %, der von Mn um 70 bis 75 % und der von Zn um 28 bis 48 % vermindert. Dagegen zeigt Kalium teils nur geringe Unterschiede, teils sogar eine erhebliche Anreicherung um 50 bis 95 %. Der Phosphatgehalt weist keine einheitliche Tendenz auf. Berücksichtigt man die starke Verminderung des Stickstoffgehaltes; die meist auch von einer allgemeinen Verminderung des auf das Trockengewicht bezogenen Mineralstoffgehaltes begleitet ist, so kann man nur bei Mn von einer eindeutigen, überproportionalen Verminderung und einer Mangelsituation sprechen. Damit stimmt auch die Art der Vergilbung der Blätter - Vergilbung der Blattspreite mit noch grünen Blattadern - überein.

Bei älteren Blättern kommt es zusätzlich zur Vergilbung auch zu Blattnekrosen, wie sie für Kalimangel typisch sind. Die Blattanalysen zeigen jedoch selbst bei den im September entnommenen Blättern mit beginnenden Randnekrosen keinen Kalimangel (Tab. 4). Statt dessen tritt in einigen Fällen, besonders deutlich erkennbar beim Vergleich grüner und gelber Blätter von Ästen des gleichen, astweise vergilbten Baumes (Eiche Nr. 3 und Nr. 70), trotz der Abnahme des N-Gehaltes, eine deutliche Zunahme des Kaliumgehaltes ein. Auch die Analyse einiger Blätter mit ausgeprägten Blattrandnekrosen ergaben erhöhte, statt verminderte K-Gehalte (Daten hier nicht aufgeführt).

Der Befund, daß grüne und gelbe Blätter von verschiedenen Ästen astweise vergilbter Bäume sehr unterschiedliche Mineralstoffgehalte aufweisen, spricht mehr für eine durch die Erkrankung bedingte Veränderung der Mineralstoffaneignung

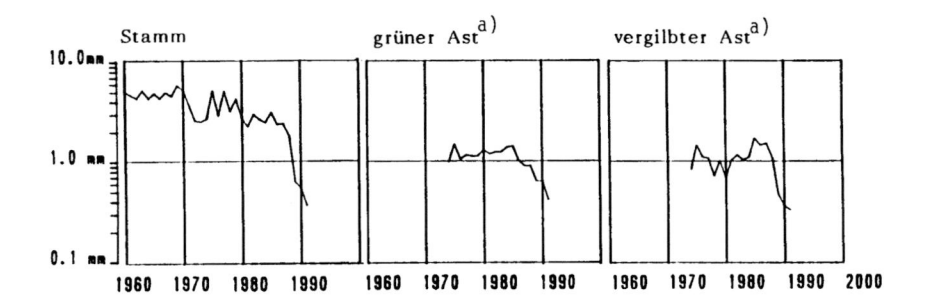

**Abb. 4.** Verlauf der Jahresringbreiten in 1,3 m Stammhöhe und in 10 cm dicken grün- bzw. gelbbelaubten Ästen der astweise vergilbten Stieleiche (70/IIIb) in Untermenzing.
a) Nur die letzten 15 Jahresringe von 10 cm dicken Ästen ausgemessen.

und Verteilung in der Pflanze, als für einen klassischen, bodenbürtigen Nährstoffmangel. Er zeigt auch an, daß die Veränderung des Mineralstoffgehaltes eine relativ späte Folge der Erkrankung ist, denn die im folgenden Absatz beschriebenen Zuwachsuntersuchungen (Abb. 4 + 6) ergaben, daß die Zuwachsabnahme in den Ästen mit unvergilbten Blättern lediglich etwas schwächer ausgeprägt ist, aber gleichzeitig einsetzte wie die im Stamm und in Ästen mit vergilbten Blättern. Besonders deutlich ist dieser Effekt bei den astweise vergilbten Eichen Nr. 3 und Nr. 70, bei denen die grünen Blätter noch einen normalen Mn-Gehalt aufweisen, während die Jahresringbreite der noch grün belaubten Astabschnitte (Abb. 6) bereits, ebenso wie die der Äste mit vergilbten, Mn-armen Blättern, auf 50 % abgefallen ist (Abb. 4 und Tab. 4). Dies bedeutet, daß die Zuwachshemmung, und damit auch die sie bewirkende Krankheit, vor der Veränderung des Mineralstoffgehaltes und der damit verbundenen Vergilbung eintritt.

## 2.5. Zuwachsverhalten

Die Jahresringchronologien von Bohrkernen gesunder und deutlich vergilbter Eichen der Stufen II und III (Abb. 3+4) zeigen bei den vergilbten Eichen ab 1987/88 einen steilen Zuwachseinbruch, der sich auch noch 1991 fortsetzte. Im Frühjahr 1992 starb bei der astweise vergilbten Eiche Nr. 3 ein Teil der vergilbten Äste ab, und die Vergilbung breitete sich auf weitere Äste aus, so daß sie nun der Vergilbungsstufe IIIb entspricht. Die schon 1991 stark geschädigte Eiche Nr. 36 trieb 1992 gar nicht mehr aus, und bei der Eiche Nr. 33, die einen ganz ähnlichen, 1987 beginnenden Wachstumseinbruch aufweist wie Nr. 36, wurden 1992 nur noch kümmernde Adventivaustriebe gebildet. Die Eiche Nr. 33 ist in Abb. 3 und Tab. 4 nicht berücksichtigt, da sie im oberen Teil des Stammes und an den stärkeren Ästen lange Rindenrisse und Rindenablösungen aufweist, so daß anzunehmen ist, daß das Vergilbungssyndrom in diesem Fall durch andere Schadfaktoren überlagert ist.

Im Gegensatz zu den deutlich vergilbten Eichen lassen die schwachvergilbten Eichen der Stufe I noch keinen eindeutigen Zuwachseinbruch erkennen (Abb. 5). Allerdings bildeten die Eichen Nr. 26 und Nr. 2 - letztere wurde 1991 als gesund eingestuft und wies einen normalen Mineralstoffgehalt auf (Tab. 4) - bereits 1991 einen deutlich engeren

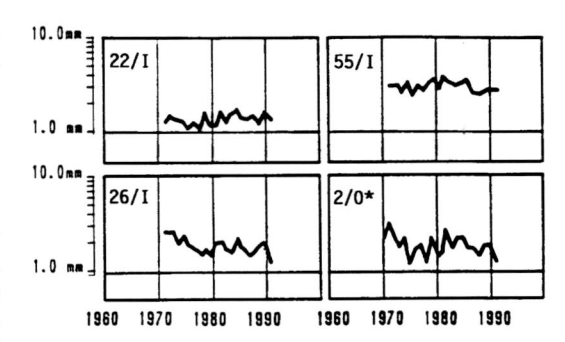

**Abb. 5.** Verlauf der Jahresringbreite in 1,3 m Stammhöhe bei 4 Stieleichen der Vergilbungsstufe I.

\* Die Eiche Nr. 2 war bei der 1. Bonitierung im Herbst 1991 noch als gesund (0), bei der 2. Bonitierung im Juni 1992 aber als schwach vergilbt (I) eingeordnet worden.

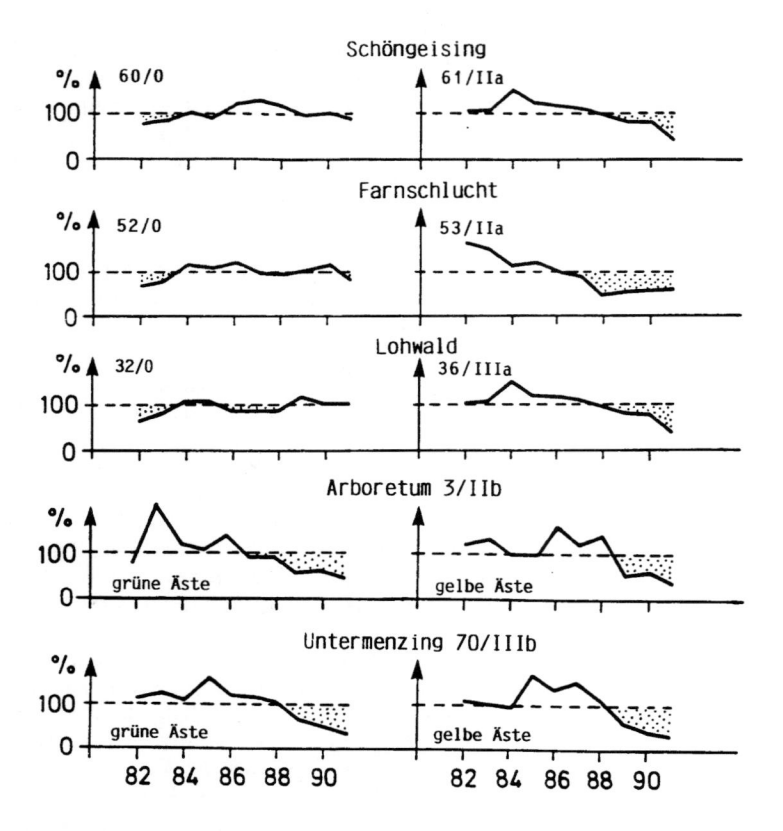

[Figure: Schöngeising 60/0, 61/IIa; Farnschlucht 52/0, 53/IIa; Lohwald 32/0, 36/IIIa; Arboretum 3/IIb (grüne Äste, gelbe Äste); Untermenzing 70/IIIb (grüne Äste, gelbe Äste); x-axis years 82–90]

**Abb. 6.** Verlauf der Jahresringbreite in Endverzweigungen unvergilbter und vergilbter Eichen sowie in unvergilbten und vergilbten Ästen einer astweise vergilbten Krone. Die Werte sind in Prozenten der mittleren Jahresringbreite der letzten 10 Jahre angegeben.

Jahresring. Erst die nächsten Jahre werden zeigen, ob es sich dabei um den Beginn eines anhaltenden Zuwachseinbruchs handelt und ob die Vergilbung tatsächlich fortschreitet. Die schwache gelbgrüne Verfärbung beruht bei diesen Bäumen vermutlich auf einem beginnenden N-, noch nicht auf einem Mn-Mangel. Auch dies können erst die weiteren Untersuchungen zeigen.

Bei der ausgeprägt astweise vergilbten Eiche Nr. 70 wurden an Scheiben größerer Äste (Durchmesser ca. 10 cm) mit grüner oder bereits vergilbter Belaubung Zuwachsmessungen durchgeführt. Unabhängig von der Blattverfärbung wiesen die Äste einen im gleichen Jahr wie im Stamm beginnenden steilen Zuwachseinbruch auf (Abb. 4), der im noch grün belaubten Ast nur geringfügig schwächer war als im Ast mit vergilbter Belaubung. Von den übrigen Versuchseichen wurden jeweils mehrere, mindestens 10 Jahre alte Endverzweigungen zur Jahresringmessung entnommen. Auch in diesen Fällen stimmt der Beginn des Zuwachseinbruches in den Ästen mit dem in den Stämmen überein (Abb. 6), und der Zuwachsrückgang ist in den noch grün belaubten Ästen nur geringfügig schwächer und eher früher als in den Ästen mit vergilbter Belaubung.

## 3. Diskussion der Ergebnisse

### 3.1. Vergleich der eigenen Befunde mit früheren Beschreibungen von Eichenvergilbungen in Bayern

Unsere Beobachtungen stimmen hinsichtlich der äußeren Symptome der Vergilbung der Eichen im Botanischen Garten und Umgebung mit der von Schütt und Fleischer (1988) und Fleischer (1989) gegebenen Beschreibung der Eichenvergilbung an zwei Standorten westlich (Eichenau bei Fürstenfeldbruck, ca. 4 km von Schöngeising, dem von uns beprobten Standort entfernt) und südlich (Wolfratshausen) von München völlig überein. Allerdings begann die Vergilbung an diesen Standorten bereits vor 1984. Sie hat sich in den folgenden Jahren nicht nur in diesen Gebieten verstärkt (Fleischer, 1989), sondern hat sich auch auf den engeren Raum Münchens und damit auch auf den Botanischen Garten ausgedehnt. Bis heute hat sie aber das dem Botanischen Garten unmittelbar gegenüberliegende, nur durch die Menzinger Straße getrennte Kapuzinerhölzl noch nicht eindeutig erfaßt. Dieser noch heute von alten (über 100-jährigen) Eichen dominierte, ca. 20 ha große Mischwaldbestand ist aus einem Eichenlohwald hervorgegangen (Bresinsky und Zeitlmayr, 1960) und weist bisher nur vereinzelt schwach vergilbte Eichen der Stufe I auf. Die weitere Beobachtung der Entwicklung der Eichenvergilbungen im Botanischen Garten und deren Übergreifen auf das Kapuzinerhölzl könnte zu einem Modellfall für die Ausbreitung und den Verlauf einer Vergilbungsepisode werden, der auch Ansätze zur Klärung der Epidemiologie und Aetiologie der Krankheit ergibt.

Im Gegensatz zur guten Übereinstimmung der Beschreibung der äußeren Symptome, weichen die von Fleischer (1989) berichteten Ergebnisse von Blattanalysen von unseren Befunden erheblich ab. Fleischer (1989) weist zwar darauf hin, daß »die zum Teil sehr niedrigen Mangangehalte einiger Bäume« einen Nährstoffmangel anzeigen, läßt aber offen, ob es sich dabei um gesunde oder vergilbte Eichen handelt. Aus seiner Tabelle geht dies nicht hervor, da sie nicht die Werte der Einzelbäume enthält, sondern nur die bei den Gruppen der gesunden bzw. vergilbten Bäume gefundenen Spannen der Mineralstoffgehalte. Die Unter- und Obergrenzen des Mangangehaltes weisen bei beiden Gruppen die gleiche Größenordnung auf, wobei die Untergrenzen erheblich unter den von Bergmann (1983) angegebenen Rahmenwerten liegen. Daher ist anzunehmen, daß in dem von Fleischer (1989) untersuchten Kollektiv die Versorgung mit Mangan in beiden Gruppen innerhalb des gleichen Bereiches variierte und Manganmangel sowohl bei »gesunden« als auch bei vergilbten Eichen auftrat. Ein Grund für die Diskrepanz zwischen unseren und den Fleischerschen Befunden ist zur Zeit nicht erkennbar. Trotz dieser Diskrepanz und dem Fehlen von Zuwachsdaten für die von Fleischer (1989) untersuchten Eichen, kann man aufgrund der guten Übereinstimmung der äußeren Symptome und des engen räumlichen Zusammenhangs der von Fleischer (1989) und von uns beobachteten Vergilbungen davon ausgehen, daß es sich um das gleiche Syndrom handelt.

### 3.2. Vergleich mit früheren Beschreibungen von Eichenschäden in Norddeutschland

In den Beschreibungen der derzeitigen Eichenschäden in Norddeutschland durch Balder (1989), Hartmann et al., (1989) und Blank und Hartmann (1993) stehen Rindenrisse, Schleimfluß, streifige Verfärbungen des Bastes entlang der Stämme und Äste sowie Kronenverlichtungen, Astabsprünge und Dürrastbildungen im Vordergrund, während Vergilbungen mehr nebenbei erwähnt werden. Ähnlich wie bei unserer Studie ergaben die Jahresringuntersuchungen bei Eichen in verschiedenen Regionen Norddeutschlands gut synchronisierte, steile Zuwachseinbrüche, die 1985 und 1986 einsetzten. Die Mineralstoffanalysen von Sammelproben von Traubeneichen im Gebiet von Lappwald (Hartmann et. al., 1989) lassen bei der höchsten Schadstufe (3), ähnlich wie bei unserem Material, aber in geringerem Ausmaß, eine Abnahme von Ca, Mg und Mn erkennen. Im Gegensatz zu den von uns untersuchten vergilbten Blättern, erreicht aber auch die Verarmung an Mn nicht das Ausmaß, das Mangelsymptome an Blättern erwarten läßt. Tatsächlich wird auch im Zusammenhang mit diesen Mineralstoffanalysen nicht von Mangelsymptomen berichtet, sondern es werden N- und Mg-Mangelsymptome bei Eichenblättern von anderen, nicht näher bezeichneten Standorten, abgebildet. Die zu diesen Abbildungen angegebenen Mineralstoffgehalte entsprechen den abgebildeten Mangelsymptomen, weisen aber ganz andere Konzentrationsverhältnisse auf als die Blattanalysen von Material aus dem Lappwald. Eine Unterscheidung verschiedener Syndrome an Hand bestimmter Kombinationen von Bastnekrosen, Blattsymptomen, Mineralstoffdefiziten und anderer Merkmale, ist den bisher vorliegenden Beschreibungen von Eichenschäden in Norddeutschland ebensowenig zu entnehmen, wie eine eventuelle Abhängigkeit einzelner Symptome oder Symptomkombinationen von definierten Standortbedingungen. Vermutlich werden unter dem Begriff »Eichensterben« mehrere, unterschiedliche Syndrome subsummiert. Ob und welches dieser Syndrome mit der in Süddeutschland beobachteten Eichenvergilbung identisch ist, kann auf der Basis der bisher vorliegenden Beschreibungen nicht entschieden werden.

Ein eindeutiger Unterschied zwischen den Eichenerkrankungen in Norddeutschland und der Eichenvergilbung in Bayern scheint das in Norddeutschland häufige Auftreten von Rindenrissen und streifenweiser Verbräunung des Bastes zu sein, das in dieser Form für Süddeutschland bisher nicht beschrieben ist. Es wäre wichtig, mit der von Hartmann et al. (1989) und Balder (1989) verwendeten Methode auch Eichen im süddeutschen Raum auf streifige Bastnekrosen zu untersuchen, denn Überlappungen des, zumindest für Südbayern, typischen Schadbildes »Eichenvergilbung« durch derartige Schäden sind durchaus denkbar. Vermutlich ist dies bei der oben erwähnten Eiche Nr. 33 im Botanischen Garten der Fall, die als einzige der stark vergilbten Eichen lange Borkenrisse aufweist, während bei den anderen nur lokal begrenzte Borkenschäden, wie sie auch bei nicht vergilbten Eichen vorkommen, gefunden wurden.

## 3.3 Ursachenhypothesen

### 3.3.1 Standortbedingungen

Von den häufig mit unterschiedlicher Gewichtung als auslösende Faktoren von »Eichensterben« diskutierten verschiedenen Standortfaktoren (Boku-Seminar, 1987; Hartmann et al., 1989; Blank und Hartmann, 1993; Balder, 1989) scheiden für die hier untersuchten Fälle von Eichenvergilbung ungünstige Bodenzustände und klimatische Faktoren, wie Trockenheit und ungewöhnlich starker Winterfrost, aus.

#### 3.3.1.1 Bodenzustand

Die große Einheitlichkeit des Bodens im Botanischen Garten schließt die Entstehung des kleinräumigen Nebeneinander (Abb. 2) von gesunden und durch Mn-Mangel charakterisierten vergilbten Eichen durch einen bodenbürtigen Mineralstoffmangel aus. Die beobachteten Veränderungen des Mineralstoffgehaltes vergilbter Blätter müssen vielmehr auf eine krankheitsbedingte Veränderung der Mineralstoffaufnahme und Verteilung zurückgeführt werden; ein Vorgang, der auch bei der Vergilbung von Fichten diskutiert wird (Sinner und Rehfuess, 1972; Kandler et al., 1987; Kandler und Miller, 1991/92). Die Art des Nährstoffmangels, der durch die Erkrankung hervorgerufen wird, ist allerdings vom Boden abhängig. Da in unserem Untersuchungsgebiet ausschließlich ein neutraler oder leicht basischer, Ca- und Mg-reicher Boden vorliegt, kommt es bei einer Hemmung der Kationenaufnahme zu einem Manganmangel und der dafür typischen Form der Vergilbung. Es ist zu erwarten, daß bei der gleichen Erkrankung von Eichen auf unterschiedlichen Böden jeweils das am nächsten am Minimum befindliche Kation zum Mangelfaktor wird, und daß, je nach Bodenart, Vergilbungen durch Mn-, Mg- oder K-Mangel hervorgerufen werden, oder daß es zu ganz anderen Mangelzuständen mit anderen Symptomen als Vergilbung kommt.

#### 3.3.1.2 Niederschläge

Die Eichen des Botanischen Gartens haben durch ihren Grundwasseranschluß (Grundwassertiefe zwischen 3 m und 5 m) und durch die Überfüllung des glazialen Schotterbodens mit einer mächtigen Braunerdeschicht mit hoher Wasserkapazität eine sehr gute Wasserversorgung. Daher zeichnen sich auch die von 1916 bis 1923 und besonders von 1942 bis 1952 gehäuften sommerlichen Niederschlagsdefizite (Abb. 7) in den Jahresringchronologien (Abb. 8) nicht deutlich ab. In den 80er Jahren, in denen sich die Vergilbung ausbreitete, hielten sich die Niederschläge auf einem ausgeglichenen, mittleren Niveau, das keinen ungewöhnlichen Wasserstreß erwarten läßt. Daß die Wasserversorgung keinen Einfluß auf den Verlauf der Eichenvergilbung ausübte, wird auch dadurch bestätigt, daß die in verschiedenen Revieren unterschiedliche Zusatzbewässerung (Tab. 1) keinen Einfluß auf die Verteilung der vergilbten Eichen hat (Abb. 2). So sind Eichen der Vergilbungsstufe II bis IV sowohl im stärkst bewässerten Revier (Farnschlucht), als auch an der unbewässerten, westlichen Peripherie des Botanischen Gartens (Lohwald) häufig vertreten.

#### 3.3.1.3 Frostereignisse

Die von Hartmann et al. (1989) und Balder (1989) als Auslöser von Eichenschäden betrachteten kalten Winter 1984/85 und 1986/87 waren zwar auch

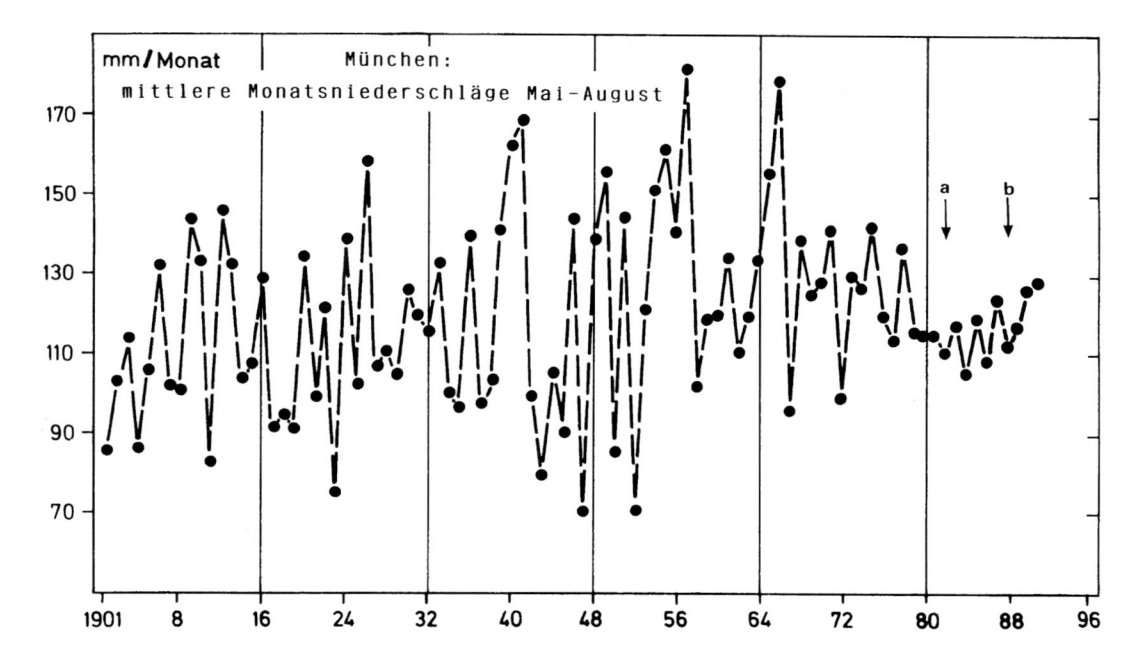

**Abb. 7.** Mittlere Monatsniederschläge während der Hauptvegetationsperiode (Mai bis August) in München. (1910-1968 Daten der homogenisierten Temperaturreihe für München (Baumgartner et al., 1972); ab 1969 Daten der Station München-Nymphenburg (Monatlicher Witterungsbericht, Amtsblatt des Deutschen Wetterdienstes, 1969-1991).

← Beginn der Eichenvergilbung südlich von München (a) nach Fleischer (1989) und im Botanischen Garten München-Nyhmphenburg (b).

in München strenger als die Winter Anfang der 80er Jahre (Abb. 9), aber ähnlich tiefe und erheblich niedrigere Temperaturen traten auch in früheren Jahrzehnten wiederholt auf, ohne daß von diesen Jahren Berichte über Vergilbungen vorliegen, oder daß die Jahresringchronologien in den entsprechenden Folgejahren steile Zuwachseinbrüche aufweisen (Abb. 8). Die von uns im Zusammenhang mit der Vergilbung beobachteten Zuwachseinbrüche (Abb. 3) traten auch nicht wie die in Norddeutschland (Hartmann et al., 1989) unmittelbar nach dem Winter 1985, sondern erst ab 1987/88 auf, und die ersten, von Schütt und Fleischer (1987) schon um 1982 beobachteten Eichenvergilbungen in Südbayern fielen in eine Periode relativ geringer Winterfröste (Abb. 9).

### 3.3.2 Luftschadstoffe

Die Einwirkung von Luftschadstoffen wird vielfach als wesentlicher, prädisponierender Faktor für die Auslösung des Eichensterbens angesehen (Boku-Seminar Eichensterben, 1987), aber bisher liegt kein konkreter Modellfall vor, in dem eine Abhängigkeit der Eichenvergilbung oder anderer Formen des Eichensterbens von der Konzentration der Luftschadstoffe nachgewiesen wurde. Unsere Fallstudie über die Eichenvergilbung im Botanischen Garten München-Nymphenburg zeigt, daß sich selbst eine extreme Belastung in einem Gradienten verkehrsbedingter Luftschadstoffe (Tab. 2), die jede bisher in einem größeren Waldgebiet gemessene Belastung um ein vielfaches übersteigt, nicht in der räumlichen Verteilung der vergilbten Eichen abzeichnet. Auch der Zeitpunkt der Erkrankung (Zuwachseinbruch) läßt sich nicht mit einer Veränderung der Schadstoffbelastung in Zusammenhang bringen, da die Verkehrsdichte in den 80er Jahren konstant blieb.

### 3.3.3 Biotische Faktoren

Für eine Verursachung der Eichenvergilbung durch übertragbare Erreger spricht:

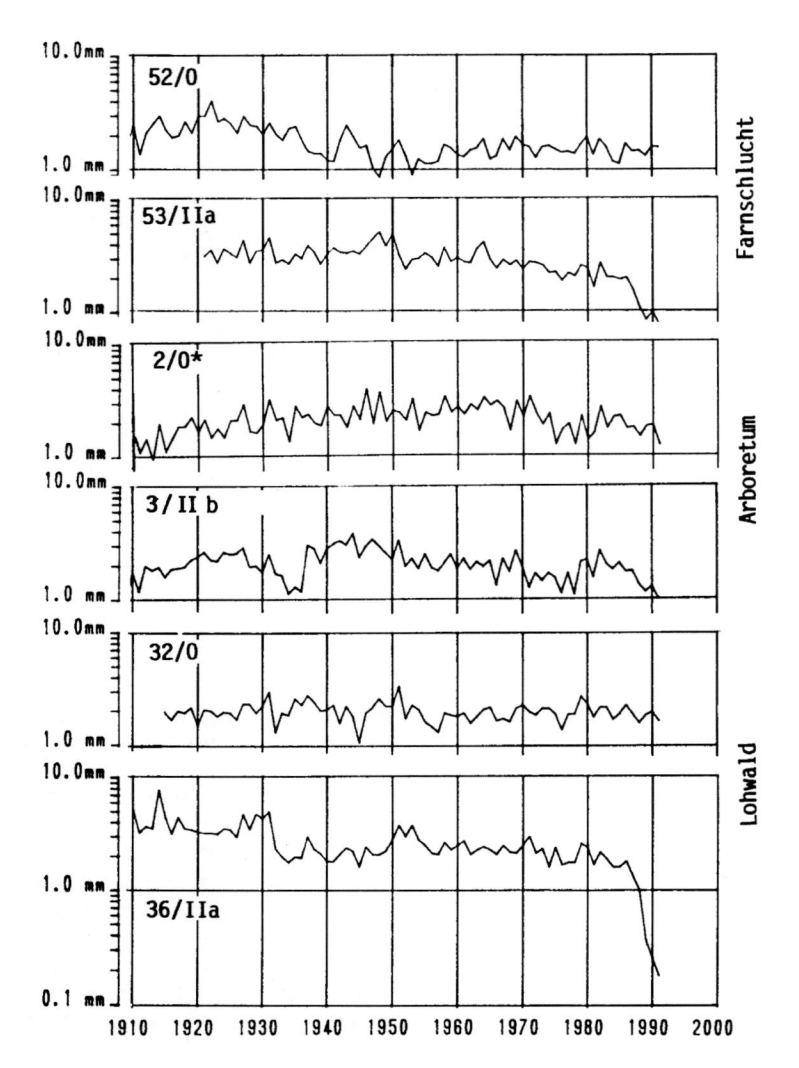

**Abb. 8.** Jahresringchronologien von 6 Stieleichen in drei verschiedenen Revieren mit jeweils unterschiedlicher Zusatzbewässerung (vgl. Tab. 1).

- die epidemische Ausbreitung der Krankheit
- das kleinteilige Mosaik gesunder und vergilbter Eichen, selbst in Beständen mit sehr einheitlichen Standortbedingungen
- der häufig astweise unterschiedliche Verlauf der Erkrankung innerhalb der Kronen
- das Fehlen eines Zusammenhanges zwischen Eichenvergilbung und pflanzenschädigenden Standortbedingungen wie Witterungsereignissen, (Trockenheit, Frost), Luftschadstoffe, etc.

Die Identität der Eichenvergilbung oder eines der anderen, unter dem Sammelbegriff »Eichensterben« zusammengefaßten Syndrome, mit einer der bekannten biotischen Eichenkrankheiten, kann nach den zahlreichen, phytopathologischen Untersuchungen (cf. Boku-Seminar Eichensterben, 1987; Hartmann et al. 1989; Fleischer, 1989) als ausgeschlossen betrachtet werden.

Symptomatologie und epidemisches Verhalten der Eichenvergilbung sprechen aber für eine infektiöse Krankheit noch ungeklärter Verursachung. Sie

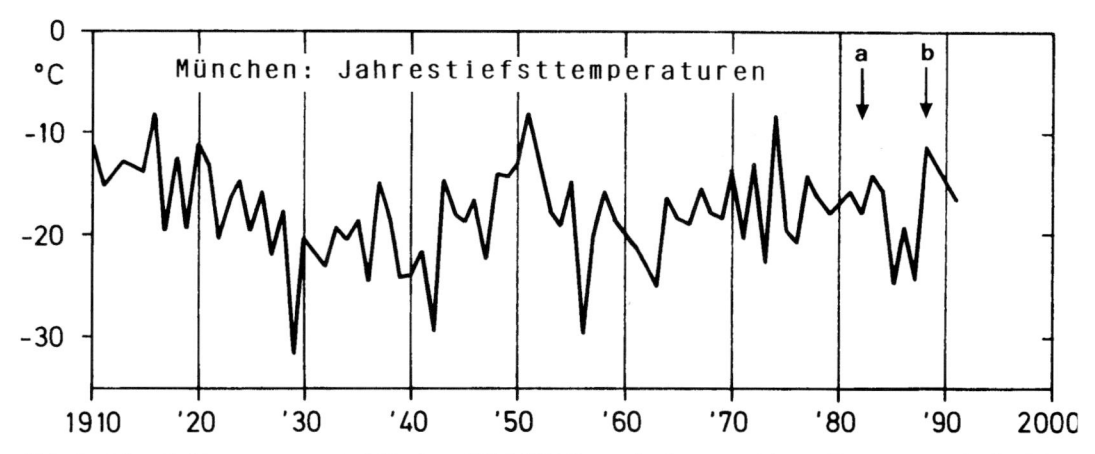

**Abb. 9.** Jahrestiefsttemperaturen in München. (1910-1968 Daten der homogenisierten Temperaturreihe für München (Baumgartner et al., 1972); ab 1969 Daten der Station München-Nymphenburg (Monatlicher Witterungsbericht, Amtsblatt des Deutschen Wetterdienstes, 1969-1991).

← Beginn der Eichenvergilbung südlich von München (a) nach Fleischer (1989) und im Botanischen Garten München-Nyhmphenburg (b).

erinnern z. B. an die durch MLO (mycoplasma-like organisms) hervorgerufenen Vergilbungskrankheiten (cf. Maramorosch und Raychaudhuri, 1981; Hiruki, 1988). Im Gegensatz zu früheren Annahmen ist die weite Verbreitung von MLO-Krankheiten bei Laubhölzern auch in Mitteleuropa durch den Nachweis von MLO mit Hilfe mikroskopischer und elektronenmikroskopischer Untersuchungsmethoden in den letzten Jahren immer offensichtlicher geworden (Seemüller, 1989; Lederer und Seemüller, 1992). Auch über das Vorkommen von MLO in Eichen liegen vereinzelte, allerdings nur vorläufige und nicht abgesicherte Angaben vor (Ploaie et al., 1987; Gasch et al., 1991). Die erst kürzlich auch für den Nachweis von MLO ausgearbeitete Methode des Sequenzvergleichs von Restriktionsfragmenten des 16S rRNA Gens nach Amplifizierung mit Hilfe der Polymerase Kettenreaktion (PCR; Deng und Hiruki, 1990; Ahrens und Seemüller, 1992; Kuske und Kirkpatrick, 1992), eröffnet die Möglichkeit eines erheblich sichereren Nachweises von MLO auch in den für mikroskopische Nachweismethoden besonders schwierigen Holzpflanzen. Proben zur Untersuchung der hier beschriebenen vergilbten Eichen im Raum München auf das Vorkommen von MLO mit Hilfe der PCR-Technik sind im Arbeitskreis von Herrn Dr. E. Seemüller, Institut für Pflanzenschutz im Obstbau der Biologischen Bundesanstalt (Dossenheim), in Bearbeitung.

**Danksagung**

Der Leitung und den Mitarbeitern des Botanischen Gartens München-Nymphenburg sind wir für die fachkundige Unterstützung und Mithilfe bei der Durchführung dieser Studie zu großem Dank verpflichtet. Herrn Dr. P. Schramel, dem Leiter des Zentrallabors des GSF-Forschungszentrums, Neuherberg, danken wir für die Durchführung der Mineralstoffanalysen und Frau Ch. Matzenbacher für ausgezeichnete technische Assistenz. Die Durchführung der Jahresringmessungen durch die Firma DENDRON, Basel, wurde durch eine Beihilfe der Bayerischen Akademie der Wissenschaften ermöglicht.

**Literatur**

Ahrens, U. & E. Seemüller. 1992. Detection of DNA of plant pathogenic MLO by polymerase chain reaction that amplifies a sequence of the 16S rRNA gene. Phytopathology. 82: 828-832.

Anonymus. 1989. 3. Bericht des Forschungsbeirates Waldschäden/Luftverunreinigungen. Kernforschungszentrum Karlsruhe GmbH, PF 3640, 7500 Karlsruhe 1

Anonymus. 1990. Lufthygienischer Jahresbericht 1990. Bayer. Landesamt für Umweltschutz, Schriftenreihe Heft 114

Anonymus. 1991. Waldzustandsbericht des Bundes. Ergebnisse der Waldschadenserhebung 1991. Bundesminister für Ernährung, Landwirtschaft und Forsten, Bonn

Balder, H. 1989. Stand der Untersuchungen zum Eichensterben in Westberlin. AFZ, 44: 845-848

Baumgartner, A., M. Paesler & R. Strauss. 1972. Temperaturmessungen in München 1781-1968. Münchener Universitäts-Schriften. Wiss. Mitteilungen Nr. 23

Bergmann, W. 1983. Ernährungsstörungen bei Kulturpflanzen: Entstehung und Diagnose. Gustav Fischer Verlag, Jena

Blank, R. & G. Hartmann. 1993. Eichensterben in Norddeutschland - Symptomatik und mögliche Ursachen. In: Zustand und Gefährdung der Laubwälder. Rundgespräche der Kommission für Ökologie der Bayer. Akademie der Wissenschaften, S. 45-58

Böhlmann, D. 1970. Anatomisch-histologische Untersuchungen im Bereich der Astabzweigung bei Nadel- u. Laubbäumen. III. Die Abzweigungsverhältnisse bei *Quercus robur* L. u. *Populus* Sektion *Aigeiros*. Allg. Forst- u. J.Ztg. 141: 224-230

Boku-Seminar. 1987. Eichensterben. Österr. Forstz. 98: 42-68

Bresinsky, A. & L. Zeitlmayr. 1960. Die Pilze des »Kapuziner-Hölzls« und des »Nymphenburger Schloßparkes«. Berichte der Bayer. Botan. Gesellschaft zur Erforschung der heimischen Flora 33: 11-19

Deng, S. & C. Hiruki. 1990. Enhanced detection of a plant pathogenic mycoplasma-like organism by polymerase chain reaction. Proc. Japan Acad. 66, Ser. B: 140-144

Fleischer, M. 1989. Untersuchungen über zwei neue Eichenerkrankungen in Bayern. Diss. Forstwiss. Fakultät Universität München

Gasch, J., G. Pekny & A. Krapfenbauer. 1991. MLO in den Siebröhren des Bastes erkrankter Eichen. AFZ 51: 500

Hartmann, G., F. Nienhaus & H. Butin. 1988. Farbatlas Waldschäden. Verlag Eugen Ulmer Stuttgart

Hartmann, G., R. Blank & S. Lewark. 1989. Eichensterben in Norddeutschland. Forst u. Holz 18: 475-487

Hiruki, C. (Hrsg.). 1988. Tree mycoplasmas and mycoplasma diseases. The University of Alberta Press, Athabasca Hall, Edmonton, Alberta, Canada

Kandler, O., W. Miller & R. Ostner. 1987. Dynamik der »akuten Vergilbung« der Fichte: Epidemiologische und physiologische Befunde. Allg. Forstz. 42: 715-723

Kandler, O. & W. Miller. 1990/91. Dynamics of »acute yellowing« in spruce connected with Mg deficiency. Water Air Soil Pollut. 54: 21-34

Kuske, C. R. & B. C. Kirkpatrick. 1992. Phylogenetic relationships between the western aster yellows mycoplasmalike organism and other prokaryotes established by 16S rRNA gene sequence. Intern. J. System. Bacteriol. 42: 226-233

Lederer, W. & E. Seemüller. 1992. Demonstration of mycoplasmas in *Prunus* species in Germany. J. Phytopathology 134: 89-96

Maramorosch, K. & S. P. Raychaudhuri. 1981. Mycoplasma diseases of trees and shrubs. Academic Press New York London Toronto Sydney San Francisco

Ploaie, P. G., M. Ionica & A. Alexe. 1987. Oak decline: A disease caused by mycoplasma-like organisms? Bull. Prot. Plant. 1: 13-21

Schütt, P., W. Koch, H. Blaschke, K. J. Lang, E. Reigber, H. J. Schuck & H. Summerer. 1986. So stirbt der Wald. 5. Auflage. BLV Verlagsgesell. München Wien Zürich

Schütt, P. & M. Fleischer. 1987. Eichenvergilbung - eine neue, noch ungeklärte Krankheit der Stieleiche in Süddeutschland. Österr. Forstz. 98: 60-62

Seemüller, E. 1989. Mycoplasmas as the cause of diseases of woody plants in Europe. Forum Mikrobiologie 12: 144-151

Sinner, K. F. & K. E. Rehfuess. 1972. Wirkungen einer *Fomes annosus* Kernfäule auf den Ernährungszustand älterer Fichten (*Picea abies* Karst.). Allg. Forst-Jagdz. 143: 74-80

TÜV Bayern. 1986. Immissions-Vorbelastung im Gebiet um die Heiz- und Wärmekraftwerke der Stadtwerke München. Abschlußbericht Oktober 1984 -September 1985. Stadtwerke München - Werkbereich Technik

## Anmerkung bei der Korrektur

Kürzlich berichtete C. M. Brasier (Nature 360: 359, 1992), daß er aus den Feinwurzeln erkrankter Kork- und Stieleichen der iberischen Halbinsel den hochpathogenen Pilz *Phytophtora cinnamomi* isolieren konnte, der als Verursacher von Baumsterben in verschiedenen Teilen der Welt bekannt ist. Da Feinwurzelschäden auch ein wesentliches Merkmal der Laubbaumschäden in Ost- und Mitteleuropa sind, weist C. M. Brasier auf die Notwendigkeit der Untersuchung aus *Ph. cinnamomi* auch in diesen Gebieten hin.

# Abschlußdiskussion

**Rehfuess:** Mein Vorschlag für die Abschlußdiskussion geht dahin, daß wir uns zunächst mit Schädigungen an den Eichen befassen, weil mir dafür die Identifikation von Schäden, die Beschreibung der Phänomene und auch die Entwicklung von Erklärungshypothesen am weitesten gediehen zu sein scheint. Im Anschluß daran können wir den Themenkreis »Buche« diskutieren. Ich schlage weiter vor, daß ich bestimmte Folgerungen, die ich für mich persönlich aus der Präsentation der Beiträge gezogen habe, in den Raum stelle. Wir können anschließend diskutieren, ob man einen gewissen Grad der Verallgemeinerung erreichen kann.

Heute morgen wurde gesagt, es sei unter anderem Aufgabe des Symposions herauszufinden, ob es verschieden Schadtypen bei der Eiche gibt. Ich würde sagen, daß sich dieses Konzept für die Eiche sehr gut bestätigt hat. Herr Hartmann arbeitet mit mindestens drei verschiedenen Schadtypen. Wir haben in Frankreich möglicherweise verschiedene Schadtypen. Herr Varga differenziert in Ungarn zwischen Stieleichen- und Traubeneichenschädigungen. Diese Differenzierung ist ein guter Ansatz, um die verschiedenen Probleme möglichst präzise zu beschreiben, lokale oder regionale Erklärungshypothesen zu erarbeiten und diese zu testen. Kommt es in einer späteren Phase des Erkenntnisfortschrittes dazu, daß wieder gemeinsame Bezüge gefunden werden, so kann man nachträglich wieder nach der übergreifenden Erklärung suchen. Zumindest in der ersten Phase, solange man noch nicht genau Bescheid weiß, erscheint es mir vorteilhaft zu sein, differenziert zu beschreiben und damit zunächst einmal das Konzept verschiedenartiger Schadtypen zu wählen. Kann man diese Folgerung so stehen lassen? Kann man diese Vorgehensweise für die Untersuchung der Ursachen für die Buchenschädigungen empfehlen?

**Hartmann:** Die Schadtypen sollten nicht starr definiert werden, sondern ein Kürzel darstellen, damit man sich unter Fachkollegen schnell verständigen kann. So aufgefaßt sind die Typen A, B und C, wie wir sie genannt haben, meiner Ansicht nach hilfreich. Man kann weitere Typen beschreiben, sofern sie eine gewisse Häufigkeit haben.

**Kandler:** Die Vergilbung der Eichen in Oberbayern scheint sich von dem zu unterscheiden, was Sie am häufigsten in Norddeutschland zu sehen bekommen. Ich vergaß zu sagen, daß man das Eintreten der Vergilbung sehr gut am Radialzuwachs erkennen kann. Bei drei Bäumen aus dem Botanischen Garten begann die Vergilbung jeweils in einem anderen Jahr. Die geschädigten Eichen, die ich Ihnen zeigte, hatten erstmals 1986/88 einen wesentlich geringeren Zuwachs. 1991 erkennt man bei einer dieser Eichen nur noch einen Zuwachs von einzelnen Tracheen. Die andere, die nur einzelne vergilbte Äste aufwies, hat erst 1987 die erste Reduktion des Zuwachses erfahren. Sie hat 1988 noch einigermaßen Spätholz produziert, 1989 konnten nur noch einige Tracheenreihen, aber kein Spätholz mehr beobachtet werden. 1991 wurde nur noch eine Reihe von Tracheen gebildet. Die Feststellung des Krankheitsbeginns ist sicherlich ein wichtiges Hilfsmittel zur Beantwortung der Frage, ob es sich um ein Frostschaden handelt oder nicht, denn meteorologischen Ereignisse müssen zu zeitlich streng korrelierten Folgen führen.

**Hartmann:** Das von Ihnen beschriebene Phänomen steht, wie Sie bereits sagten, nicht in Verbindung mit den am meisten verbreiteten Formen von Eichensterben. Wir haben es bisher als eine Form von »Kalk-Chlorose« durch mangelnde Mangan-Verfügbarkeit bezeichnet.

**Rehfuess:** Ich werte jetzt einmal das Ergebnis dieser Diskussion als Bestätigung für die Empfehlung, mit diesen Schädigungstypen zu arbeiten. Die Vergilbung ist offensichtlich ein neuer Typ, der sich abzeichnet. Er ist auf bestimmte Standorte beschränkt und geht mit Manganmangel einher.

**Balder:** Die Differenzierung nach Schadtypen kann nur eine Hilfskonstruktion sein. Wir müssen anders denken. Wir haben über ganz Europa hinweg durch einen unbekannten Faktor eine Grundschädigung bekommen. Regional treten noch weitere Stressoren hinzu. Ich wehre mich gegen diese Typisierung. Sie ist ein Hilfsmittel, das irgendwo sicherlich richtig ist, aber bei der Sukzession der Phänomene bekommt man Schwierigkeiten. Hat man nun bei Folgeorganismen einen fast primären Parasiten oder einen noch primären Parasiten? Die zunehmende Typisierung kann auch zur Verwirrung beitragen.

**Rehfuess:** Dem möchte ich heftig widersprechen. Sie gehen von der plakativen Spekulation aus, daß wir europaweit eine Überlagerung durch einen bestimmten Stressor haben, der die Gemeinsamkeit der Phänomene erklären würde. Ich würde es für gut finden, wenn wir diese Spekulation nicht brauchen und sehe einen Vorteil in den Ansatz, wenn man zunächst einmal ganz frei von solchen Grundannahmen einfach beschreibt, was man vorfindet, den Symptomkomplex genau definiert und die plausiblen potentiellen Stressoren in einer bestimmten Region abschätzt. Anschließend sollte man eine Hypothese entwerfen, die im Idealfall noch experimentell verifiziert werden kann. Erst in einer zweiten oder einer dritten Phase würde ich dann schauen, ob es Verbindungen zwischen den Schadtypen gibt, ob die Schädigungen etwa gleichzeitig auftreten oder alle Schadtypen mit einer Luftschadstoffbelastung einhergehen. Erst im zweiten Schritt würde ich versuchen, die Gemeinsamkeiten zu erklären. Ich erwarte, daß wir so schneller zum Ziel kommen.

**Hartmann:** Die Schädigung bei der Eiche durch den Manganmangel muß man im gleichen Zusammenhang sehen mit entsprechenden Erscheinungen an der Fichte, an der Kiefer oder an der Buche auf den gleichen Standorten.

**Rehfuess:** Wenn der Manganmangel seit zwanzig oder dreißig Jahren an Buche oder Eiche beobachtet wird, so ist das vom Zeitverlauf her etwas anderes als das, was ab 1985 schlagartig und großflächig eingesetzt hat und unabhängig vom Standort verläuft. Es muß noch einmal klar gesagt werden, daß es nur um Schädigungstypen geht, ohne Wertungen, ob diese neuartig oder alt sind.

**Runge:** Kann man eigentlich davon ausgehen, daß die heutige Schadenssituation in irgend einer Weise einmalig ist oder handelt es sich nur um eine Momentaufnahme eines immer schon auftretenden Auf und Ab, das wir heute aufmerksamer beobachten?

**Rehfuess:** Ich habe im Verlauf der Präsentationen den Eindruck bekommen, daß es eher ein Auf und Ab gibt und keine neuartige Erscheinung.

**Hartmann:** Herr Landmann hat heute morgen eine sehr verdienstvolle Literaturzusammenstellung über Schaden an Eichen erwähnt. Dort werden 30 Fälle von der französischen Atlantikküste bis an den Ural beschrieben. Die zitierten Untersuchungen gehen bis an den Anfang dieses Jahrhunderts zurück. Darunter befinden sich Studien aus Westfalen aus den zwanziger Jahren. Es handelt sich dabei um das gravierendste Ereignis aus unserem Bereich. Die Schädigungen sollen einen wesentlich größeren Umfang gehabt haben als die heutigen. Die Schädigungen treten also in diesem Jahrhundert nicht zum erstenmal auf. Herr Balder sagte heute morgen, daß die Schäden etwa alle zwanzig Jahre vorkommen.

**Donaubauer:** Das Eichensterben oder andere Baumsterben korrelieren eher mit der Dichte der Phytopathologen. Die Kommunikation und die

Berichtsdichte hat erheblich zugenommen. Eine gewisse Häufung der Baumschäden in den letzten 50 Jahren könnte möglich sein. Wenn wir die Berichte von Rumänien bis Frankreich betrachten, so kommen mehrere Typen von Eichensterben vor, die in ähnlichen Symptompaketen enden.

**Weber:** Mir fiel auf, daß es sehr schwer ist zu quantifizieren, ob nur die Schadfläche zugenommen hat oder ob auch die auf die Fläche bezogenen Schäden angestiegen sind. Mir haben dehalb die Ausführungen von Herrn Donită sehr gut gefallen. Er hat Rahmenwerte angegeben für den Schadholzanfall z. B. 4,4-10 Festmeter/ha und Jahr. Das scheint mir eine Größe zu sein, die für jeden faßbar ist und mit der man letztlich die tatsächlichen Abgänge standarisieren kann. Auf dieser Basis kann man auch die Einwirkung von früheren Schadereignissen mit der heutigen Situation wesentlich besser vergleichen.

**Ziegler:** Da Mangan hauptsächlich im Xylem transportiert wird, könnte ich mir vorstellen, daß ringporige Bäume empfindlicher reagieren. Das wurde zwar vorhin etwas neutralisiert. Ich könnte auf diese Weise auch Mosaikerkrankungen erklären, wenn z. B. Tracheomykosen hinzukommen. Dabei würde speziell bei den ringporigen Bäumen das empfindliche Wasserleitungssystem außer Gefecht gesetzt. Man sollte untersuchen, ob in den befallenen Ästen von Mosaikeichen verstärkt Tracheomykosen vorkommen. Wie verhält sich das eigentlich bei der Ulme und bei der Robinie? Sind die nicht auch speziell manganempfindlich?

**Kreutzer:** Wir haben keine Untersuchungen gemacht, sind jedoch der Meinung, daß der Manganmangel der Eichen immer eine sekundäre Erscheinung ist. Primär tritt eine Störung der Wasserleitung auf, z. B. durch *Ceratocystis* oder durch Mykoplasmen.

**Kandler:** Am Sproßquerschnitt von vergilbten Ästen sieht man einzelne Inseln, die stark gebräunt sind. Der innere Bast erscheint häufig stellenweise geschädigt.

**Schwertmann:** Ich finde Ihren Gedanken sehr wichtig, Herr Kandler, weil Sie zeigten, daß die Eiche auf den feuchten Standorten besonders viele »rote Punkte« hatten. Diese feuchten Böden müßten eigentlich in der Manganlieferung besonders gut sein, weil sie reduzierende Verhältnisse aufweisen und Mangan in reduzierter Form aufgenommen wird. Trotzdem sind die Bäume auf feuchten Standorten besonders stark geschädigt. Das heißt, daß der Manganmangel ein sekudärer Effekt sein muß.

**Balder:** Die Variabilität ist noch wesentlich größer, als wir es uns vorstellen können. Es gibt in der Literatur Berichte aus dem 17. Jahrhundert, wo flächendeckend sämtliche Eichenwälder über 50 Jahre hinweg abgestorben sind. Das hat es alles bereits gegeben. Wir haben gerade vor vier Wochen Eichen gefällt in Versuchen, die vor vier Jahren angelegt wurden; dabei ging es darum, die Pflanzenverträglichkeit von Holzschutzmitteln im Bastkambium der Eichen zu untersuchen. Wir haben die Bäume auseinander genommen und konnten erkennen, daß jeder Baum auf jede Wunde unterschiedlich reagierte. Auch die Reaktionen am einzelnen Baum auf die Wunden waren unterschiedlich. Man findet Abschottungen und direkt daneben Streifen in den Gefäßen, die fünf bis sechs Meter lang sind. Aus diesen Ergebnissen etwas herauszurechnen und zu einer Grundformel zu kommen, wird wahnsinnig schwierig sein. Sie werden alle Variationen in allen Regionen finden. Aus diesem Grund wehre ich mich gegen die Typisierung.

**Rehfuess:** Wir sollten nun dieses Thema verlassen und nicht weiter über den Typenansatz diskutieren. Mich würde es jetzt interessieren, ob Sie eine weitere persönliche Schlußfolgerung hinsichtlich der Ursachen für die verschiedenen Eichenschäden teilen: Witterungsphänomene, teils Winterkälte, teils Trockenheit, und Schadorganismen ganz im Vordergrund. Für mich war das ein überraschendes Ergebnis, das bei breiter Präsentation der Phänomene von Frankreich bis nach Rumänien auftrat. Andererseits spielen in den Erklärungen die Böden und die Luftschadstoffe als Streßfaktoren kaum eine Rolle. Zu diesen Faktoren lag eigentlich kein konkreter Hinweis vor. Das heißt nicht, daß man Böden oder Luftschadstoffe als prädisponierende Faktoren völlig aus dem Kalkül lassen sollte. Sie können immer noch lokal und regional, wo kritische Zustände herrschen, zur Schädigung beitragen. Bei allen Vorträgen lief es jedoch vorrangig auf ein Zusammenspiel von Witterung und Schädlingen heraus. Die Witterungsverhältnisse wirkten häufig als induzierender Faktor; aus Witterungsschäden entwickelten sich Epidemien. Diese äußerten sich zum Teil als Insekten- und zum Teil als Pilzbefall. Ich gehe soweit anzunehmen, daß dies bei genauerer Betrachtung auch für die Schäden an der Buche gelten könnte. Teilen Sie diese Schlußfolgerung?

**Balder:** Das wurde bereits 1990 bei einem Eichenkongreß schriftlich fixiert, bei dem alle europäischen Länder mitsprachen (legt eine Folie auf).

**Rehfuess:** Ich bin in meinen Folgerungen etwas drüber hinaus gegangen, denn ich stellte in Frage, ob überhaupt noch anthropogene Ursachen an der Laubwaldschädigung beteiligt sind. Ich wagte außerdem, die natürlichen Stressoren noch mehr zu präzisieren und zum Beispiel die Witterung anzusprechen.

**Runge:** So wie ich heute die Vorträge verstanden habe, kann ich Ihnen nur zustimmen. Es gibt nur eine Ausnahme, die von Kollegen Varga vorgestellt wurde. Diese Vergilbung von *Quercus petraea* in Ungarn machte doch sehr den Eindruck einer Epidemie. Man würde zunächst erwarten, daß irgendein spezifischer Erreger beteiligt sein muß. Vielleicht habe ich das falsch verstanden. Können Sie mir dazu etwas sagen?

**Varga:** Die ganze Erkrankung und das Absterben sind epidemieartig.

**Runge:** Die Erkrankung hat sich doch von einem Ort räumlich immer mehr ausgebreitet. Das kann ich schwer mit dieser allgemeinen Erklärung, die Sie als Schlußfolgerung hingestellt haben, in Einklang bringen.

**Rehfuess:** Dies sieht tatsächlich nach einer Epidemie aus. Der Erreger ist vielleicht nur deshalb noch nicht identifiziert, weil man nicht intensiv danach gesucht hat. Die epidemieartige Ausbreitung von Ost nach West spricht jedoch gegen Luftschadstoffe und auch gegen eine Schädigung der Böden.

**Donaubauer:** U. U. hat die Mehrfacheinwirkung solcher Witterungsereignisse eine Bedeutung, d. h. eine Anhäufung von Jahren mit Winterfrösten oder Trockenheit.

**Rehfuess:** Das kam besonders schön bei der Zusammenstellung von Herrn Hartmann heraus. Es ist offensichtlich nicht das einzelne Trockenjahr oder der einzelne Frost, sondern die Sequenz solcher Witterungsereignisse. Meist ist so ein mehrfacher Witterungseffekt mit Fraß durch Insekten gekoppelt.

**Kandler:** Ich bin ziemlich skeptisch, was die Beurteilung von Trockenheitsphänomenen betrifft. Die Niederschlagskurven von Mitteleuropa zeigen, daß die Niederschläge im ersten Drittel dieses Jahrhunderts durchwegs wesentlich geringer waren als später. Wenn wir die Trockenheit für das Eichensterben verantwortlich machen wollen, dann müßte das Eichensterben damals sehr viel stärker aufgetreten sein als heute. Tatsächlcih gab es zwar in den 20er Jahren ebenfalls Eichensterben, aber offensichtlich war es weniger ausgeprägt. Auch mit der räumlichen Verteilung der Niederschläge in Mitteleuropa können wir das heutige Eichensterben nicht klären.

**Hartmann:** Es erscheint mir viel zu pauschal, ein solches Phänomen mit großräumigen und auch zeitlich groß gestreckten Daten anzugehen. Die Verhältnisse müssen aktuell am jeweiligen Standort festgelegt werden. Häufig residiert ein Jahr wie 1976 in unseren Köpfen als Trockenjahr. Betrachtet man die Verhältnisse in jenem Jahr einmal detaillierter, so stellen sich Standorte heraus, an denen von einem Trockenjahr nicht die Rede sein kann.

Die Niederschlagswerte im Jahr 1976 erreichten an verschiedenen Stationen in Niedersachsen zwischen 58 % und 120 % der Niederschläge im langjährigen Mittel. Der jeweilige Standort spielt also ein entscheidende Rolle. Genauso verhält es sich mit dem Wicklerfraß. Es gibt Dauerschadgebiete, Randschadgebiete und Gebiete, in denen der Schädling nicht auftritt. Diese Daten lassen also eine pauschale Zusammenfassung zu. Es gibt eventuell exzessiv starke Schadereignisse, wie z. B. den Frost von 1740 in der Mark-Brandenburg, der alle Traubeneichen in der Gegend getötet haben soll. Sowohl diese exzessive Dosis einzelner Faktoren, als auch die Häufung mittelstarker Faktoren ist selten.

**Kandler:** Sie sprechen mir aus der Seele. Ich betone immer, daß man auch die Ergebnisse der

Zuwachsmessungen jeweils auf die lokalen Klimaverhältnisse beziehen muß. Die pauschale Niederschlagskurve spricht degegen, daß wir in den letzten 50 Jahren insgesamt besonders schlechte Niederschläge hatten. Die einzelnen Regionen unterscheiden sich jedoch drastisch. So weist z. B. Bayreuth in der ersten Hälfte des Jahrhunderts in Übereinstimmung mit den Durchschnittswerten von Mitteleuropa geringere Niederschlagswerte auf als in der zweiten, während in Hof die Niederschläge in der zweiten Hälfte eher etwas niedriger sind. Bezieht man die Zuwachskurven im Bereich von Hof auf die Klimakurve von Bayreuth, wofür es in der Literatur ein Beispiel gibt, dann kann man nur ein falsches Ergebnis erhalten. Will man den Effekt des Trockenjahres 1976 als auslösendes Extremereignis für das Eichensterben betrachten, so muß man untersuchen, ob das Eichensterben an den Standorten, an denen 1976 keine ausgeprägte Trockenheit herrschte, tatsächlich nicht oder zumindest schwächer auftrat.

**Rehfuess:** Die Diskussionsbeiträge widersprechen sich m. E. nicht. Sie werden alle zustimmen, daß man nach den Ergebnissen der heutigen Diskussion die Trockenheit berücksichtigen muß, jedoch individuell oder spezifisch auf die Schadtypen und die Regionen bezogen. Genauso muß man Frostereignisse prüfen. Es ergab sich jedoch eine unterschiedliche Gewichtung. Die Trockenheit als Auslöser spielte bei den Darstellungen für Ungarn, Rumänien und eventuell auch für Frankreich eine relativ große Rolle. Bei den Darstellungen von Herrn Balder und von Herrn Hartmann wurde die Winterkälte im Jahr 1985 ganz markant herausgestellt.

**Pfanz:** Ich muß Ihren Schlußfolgerungen widersprechen, womit Sie sicherlich gerechnet haben. Luftschadstoffe überlagern schließlich in Mitteleuropa jeden Wald und jeden Baum. Ob Schäden eintreten oder nicht, ist durch den Bodenzustand, durch den Nährstoffhaushalt und den Zustand des Baumes selber determiniert. Die Reparatur-, die Entgiftungs- und die Abwehrmechanismen funktionieren nur, wenn der Baum im Prinzip gut mit Nährstoffen versorgt ist, also wenn alle enzymatischen Reaktionen gut funktionieren. Ist das nicht der Fall, dann wird der Baum geschädigt. Auf Mangelstandorten werden sich Luftschadstoffe ausprägen. Auf optimalen Standorten kommen Luftschadstoffe sicherlich nicht zum Tragen. Sie werden Luftschadstoffe nur erkennen, wenn im Boden eine Mangelsituation herrscht.

Andererseits ist ein schadstoffbelasteter Baum anfälliger für den Befall von irgendwelchen Insekten und anfälliger für Frostschäden. Aus diesem Grund verstehe ich überhaupt nicht, warum die Luftverschmutzung nicht mehr zu den Ursachen für das Laubbaumsterben zählt. Wir sehen überall, daß die Frostresistenz ab- und der Insektenbefall zunimmt.

**Rehfuess:** Das stelle ich in Frage. Wo wurde in einer klaren Zeitreihe nachgewiesen, daß sich die Frostresistenz tendenziell und trendmäßig geändert hat? Wo wurde nachgewiesen, daß Insektenbefall oder Pilzbefall wirklich zugenommen haben?

**Pfanz:** Ich habe nicht behauptet, daß man hier quantifizieren kann.

**Rehfuess:** Das ist doch das Entscheidende. Meiner Meinung nach stimmt auch die Voraussetzung nicht, daß ganz Europa gleichförmig mit Luftschadstoffen zugedeckt ist. Wir haben heute von großen Gradienten gehört. Bereits bei den Untersuchungen im Botanischen Garten von München gibt es erhebliche Unterschiede zwischen der straßennahen und der straßenfernen Zone. Herr Zöttl erwähnte, daß man die $SO_2$-Belastungen im Schwarzwald vernachlässigen kann.

**Pfanz:** Sie müssen auch Ozon und HF berücksichtigen.

**Rehfuess:** Alle diese Luftschadstoffe wirken regional unterschiedlich ein. Ich möchte jedoch den konkreten Nachweis dafür haben, wie ein bestimmter Luftschadstoff oder eine definierte Luftschadstoffmischung beim Zustandekommen einer Schädigung maßgeblich mitwirkt. Darüber habe ich heute nichts gehört. Ich schließe die Luftschadstoffe nicht aus der Betrachtung aus, wo immer es konkrete Hinweise dafür gibt. Um 1985 traten jedoch Schädigungen an der Eiche an der Ostseeküste, in Berlin, in Niedersachsen und in Süddeutschland auf. Dabei handelte es sich um Regionen mit vollkommen unterschiedlicher Luftschadstoffbelastung und mit ganz verschiedenen Standorten. In diesem Fall kann es nicht sein, daß Luftschadstoffe die Auslöser waren. Auch Bodenzustände können nicht der entscheidende Faktor für dieses generelle Geschehen sein. Lokal können diese Faktoren natürlich dort, wo die Luftschadstoffbelastung hoch und der Boden schlecht ist, einen nicht unerheblichen Beitrag zum Schädigungsgeschehen leisten.

**Balder:** Das kann ich voll unterstreichen. Man sollte auch andere Kulturpflanzen in die Betrachtungen einbeziehen. Ich habe gerade von riesigen Schäden in der Landwirtschaft gehört, aus dem Obstbau und aus dem Weinbau. Die Schäden erstrecken sich bis weit nach Nordafrika. Dieses Ereignis hat mit Sicherheit über Gesamteuropa eine Dimension erreicht, die seit langem nicht mehr aufgetreten ist.

**Hartmann:** Es ist jedoch eine vernünftige Arbeitshypothese zu prüfen, ob heute die Frostempfindlichkeit z. B. der Eiche in extrem stark stickstoffbelasteten Bereichen höher ist als in Regionen, die weniger oder gar nicht belastet sind.

**Rehfuess:** Ich würde gerne noch eine dritte Folgerung in der Raum stellen. Es scheint so, daß Witterungsstreß auf der einen Seite, Pilze, Insekten und Mykoplasmen auf der anderen Seite eine entscheidende Rolle bei der Erklärung der Eichenschädigungen und möglicherweise auch für die Buchenschädigungen spielen. Das bedeutet, daß für die Aufklärung dieser Schädigungen immer Phytopathologie und Entomologie mitbetrieben werden muß. Im interdisziplinären Ansatz zur Aufklärung der Schädigungen müssen also diese Disziplinen maßgeblich vertreten sein. Das ist eine Folgerung, die man bei den Korrelationsstudien, wie sie in Österreich geplant sind, berücksichtigen sollte. Sie sollte auch in Inventuren, wie sie Herr Strohbach vorstellte, Eingang finden. Auch die Buchen müßte man intensiv phytopathologisch studieren, dies gilt im besonderen auch für das Wurzelsystem. Zusätzlich werden die Untersuchungen durch die Verzögerungsphase zwischen dem auslösenden Ereignis und der Symptomausprägung erschwert.

**Kandler:** Ich möchte Ihren ersten Vorschlag die Typen zu definieren, noch einmal sehr unterstützen. Meiner Meinung nach sollten die Syndrome herausgearbeitet werden, um sicher zu sein, daß man nicht ein Gemisch von Bäumen untersucht, die an unterschiedlichen Krankheiten leiden. Natürlich gehört zur Charakterisierung der Syndrome auch die Analyse des Mineralstoffgehaltes der Blätter und des entsprechenden Bodens. Ein und dieselbe Krankheit kann auf unterschiedlichen Böden durchaus verschiedene Mineralstoffmangelsymptome hervorrufen.

**Hartmann:** Da die Schädigungen immer erst untersucht werden, nachdem ihre Auslösung zeitlich zurück liegt, brauchen wir eine retrospektive Methodik. Nehmen wir die Versauerungseffekte und ihre angenommene oder belegte Schädigung der Wurzel. Wie sollen wir heute prüfen, ob in den Trockenjahren an den Eichen Versauerungsschübe mit Wurzelschäden auftraten? Außer der Jahrringanalyse fällt mir leider keine retrospektive Methodik ein. Man sollte darüber nachdenken, ob es noch andere Möglichkeiten gibt.

**Balder:** Wenn wir weiterhin Eichen exportieren und importieren, dürfen wir die Rassenfrage nicht außer acht lassen. Wir sind seit zwei Jahren dabei, Eichen aus der GUS in Berlin in Quarantäne zu halten und sie im Vergleich mit heimischen Herkünften zu testen. Es gilt zu identifizieren, ob die Pilze und Nematoden dort in gleichen Kombinationen vorkommen, wie bei uns in Mitteleuropa. Oft geht es beim Import um Fragen der Vitalität. Wir müssen ausschließen, daß Schädlinge importiert werden, die uns dann erst recht Schwierigkeiten in gestreßten Beständen bereiten.

**Rehfuess:** Ich bin jetzt insofern zufrieden, als zwei oder drei mögliche Schlußfolgerungen zur Diskussion standen, die unter Umständen am Ende des Berichtes über dieses Symposium stehen könnten. Ich habe ein schlechtes Gewissen, weil ich die mir am Herzen liegenden Aspekte vorrangig in den Raum gestellt habe. Darf ich deshalb fragen, ob nicht auch Sie noch wichtige Konsequenzen genereller Art aus dieser Veranstaltung gezogen haben, die in der Veröffentlichung erscheinen müßten?

**Schmidt:** Ich habe keine Schlußfolgerung zur heutigen Veranstaltung, aber vielleicht eine interessante Information für Sie alle. Der neue Bayerische Waldzustandsbericht liegt vor. Er wurde heute Nachmittag im Bayerischen Landtag beraten und vorgestellt. Ich darf Ihnen gleich das wichtigste Ergebnis mitteilen. Über alle Baumarten hinweg haben die Schäden stark zugenommen. Während im Jahr 1989 18 % der Bäume als geschädigt bezeichnet werden mußten, wiesen 1991 30 % der Bäume deutliche Schäden auf. In Ergänzung zum Vortrag von Herrn Dr. Reindl, der nur die Schadenssituation bis zum Jahr 1989 vorstellen konnte, kann gesagt werden, daß sich bei den Eichen ein Zunahme der Schädigung von 38 % im Jahr 1989 auf 58 % im Jahr 1991 zeigt. Ich lege einige Exemplare diese Berichtes zum Mitnehmen aus.

**Balder:** Sind bei der Darstellung der Ergebnisse die diesjährigen Trockenschäden abgezogen?

**Schmidt:** Nein, wir haben die Schäden nicht korrigiert. Wir sind dazu auch nicht in der Lage. Der Bericht bezieht sich nur auf den aktuellen Zustand der Baumkronen. Im Rahmen der Erfassungen für den Waldzustandsbericht kann keine Ursachenforschung betrieben werden.

**Balder:** Wir sollten noch überlegen, wie der praktischen Forstwirtschaft in der jetzigen Situation zu helfen ist.

**Rehfuess:** Diese Frage können wir nur unsicher beantworten. Diese Thematik haben wir nicht miteinander diskutiert. Wir haben mehr den Blick auf die Symptomatik und auf die Ursachen gerichtet. Das Anliegen ist jedoch sicherlich äußerst wichtig.

**Knoppik:** Die Störung des Wasserhaushaltes oder der Wasserleitung wurde häufig erwähnt. Ich würde vorschlagen, daß bei den Methoden ergänzend zur Phytopathologie und zur Entomologie auch der Wasserhaushalt untersucht werden muß.

**Rehfuess:** Meine Forderung war, daß man nicht ohne Phytopathologen arbeiten sollte, aber die anderen Untersuchungen dürfen natürlich nicht vernachlässigt werden. Auf jeden Fall müssen der Wasserversorgungs- und der Ernährungszustand der Bäume ebenso wie die Standorts-, die Emission- und die Depositionssituation erfaßt werden. Alle diese Faktoren sind zu kennzeichnen, wenn es darum geht, die plausiblen Streßfaktoren bei einer noch unbekannten Schädigung zu ermitteln.

**Hartmann:** Zur Maßnahmenempfehlung für die Praxis stehen zwei Dinge im Raum. Zum einen könnten die Blattfresser bekämpft werden. Zum anderen wären Hygienemaßnahmen gegen *Agrilus* durchzuführen. Die Bekämpfung der Blattfresser erfolgt in der BRD nicht. Der Beweis dafür, daß die Bekämpfung eine wesentliche Erleichterung bringen würde, fehlt. Wenn wir durch Ursachenforschung diesen Zusammenhang beweisen könnten, wären die Gegenmaßnahmen wohl möglich. Auch was die Hygiene betrifft, herrscht Informationsmangel. Bei Escherich steht schon, daß man die von *Agrilus* befallenen Eichen im Mai fällen, schälen und aus dem Wald schaffen muß, da im Juni die Imagines ausfliegen. Durch Entnahme der Bäume im Wintereinschlag erreicht man wahrscheinlich nicht viel. Hygiene gegen *Agrilus* ist schwierig, aber ich bleibe bei der Einschätzung, daß der *Agrilus* derzeit 80 % der Eichenschäden in Norddeutschland steuert.

**Balder:** Wir sind nun ein Jahr weiter und müssen uns fragen, ob wir eine Sukzessionsfolge aufhalten können und welche Maßnahmen ergriffen werden müssen.

**Hartmann:** Hygienemaßnahmen sind sehr schwer durchzuführen. Hygienemaßnahmen gegen das Ulmensterben wurden jahrzehntelang ohne Erfolg durchgeführt.

**Donaubauer:** In Bezug auf Empfehlungen an die Praxis kann man sagen, daß die gegebene Situation nicht dazu führen darf, einen Bestokkungswandel einzuleiten, wie man dies seit zweihundert Jahren immer wieder gefordert hat. Alte standortsgemäße Eichenwälder sollten erneuert werden. Es darf nicht wieder empfohlen werden, daß man die Eiche durch Kiefern oder durch Douglasien ersetzen sollte.

**Rehfuess:** Wir haben das ursprünglich vorgesehene Ende der Veranstaltung um eine Stunde überzogen. Wenn keine ganz dringenden Wortmeldungen mehr vorhanden sind, möchte ich diese Diskussion beschließen und das Wort an Herrn Ziegler zurückgeben.

**Ziegler:** Meine Damen und Herren, ich will Sie jetzt nicht mehr aufhalten, sondern nur allen Vortragenden, allen Diskussionsteilnehmern und auch allen, die an der Organisation des Rundgespräches beteiligt waren, herzlich danken. Ich habe mir überlegt, was wir bei der Programmgestaltung verkehrt gemacht haben. Wir haben sicher einen Fehler begangen, der immer gemacht wird: Wir haben zu wenig Zeit für die Diskussion eingeräumt. Es blieben viele Fragen ungestellt. Wir haben z. B. nicht über den Bergahorn gesprochen, den wir jetzt nicht mehr diskutieren können. Ich danke Ihnen allen herzlich. Ich hoffe, daß Sie ebensoviel mitgenommen haben wie ich und schon begierig auf den Berichtsband sind, der mit Sicherheit über den Zustand unserer Laubbäume eine vernünftige und weitgehend objektive Auskunft gibt.